中國學術思想 研究輯刊

三八編

林慶彰 主編

第12冊

倫理與文化論集（上）

肖群忠 著

花木蘭文化事業有限公司

國家圖書館出版品預行編目資料

倫理與文化論集（上）／肖群忠 著 -- 初版 -- 新北市：花木
蘭文化事業有限公司，2023〔民112〕
序 4+ 目 2+198 面；19×26 公分
（中國學術思想研究輯刊 三八編；第 12 冊）
ISBN 978-626-344-400-3（精裝）
1.CST：中國文化 2.CST：倫理學 3.CST：文集
030.8   112010424

ISBN-978-626-344-400-3

中國學術思想研究輯刊
三八編 第十二冊   ISBN：978-626-344-400-3

倫理與文化論集（上）

作　　　者　肖群忠
主　　　編　林慶彰
總 編 輯　杜潔祥
副總編輯　楊嘉樂
編輯主任　許郁翎
編　　　輯　張雅淋、潘玟靜　美術編輯　陳逸婷
出　　　版　花木蘭文化事業有限公司
發 行 人　高小娟
聯絡地址　235 新北市中和區中安街七二號十三樓
　　　　　電話：02-2923-1455 ／傳真：02-2923-1452
網　　　址　http://www.huamulan.tw 信箱 service@huamulans.com
印　　　刷　普羅文化出版廣告事業
封面設計　劉開工作室
初　　　版　2023 年 9 月
定　　　價　三八編 16 冊（精裝）新台幣 42,000 元　　版權所有‧請勿翻印

倫理與文化論集(上)

肖群忠 著

作者簡介

　　肖群忠，哲學博士，中國人民大學哲學院教授、博士生導師。主要從事倫理學與中國傳統倫理研究。「全國優秀博士學位論文獎」獲得者。「教育部新世紀優秀人才培養計劃」入選者。中國人民大學「十大教學標兵」稱號獲得者。

　　曾在《哲學研究》《北京大學學報》等報刊雜誌發表學術論文 200 餘篇，已出版學術著作 10 餘部。代表作主要是：《孝與中國文化》（2001 年，人民出版社）；《傳統道德與中華人文精神》（2019 年，中國人民大學出版社）。

提　要

　　倫理是中華文化的核心與靈魂，中華文化是中華倫理的土壤與基礎，研究揭示並弘揚中華文化的崇德特質，增強文化與倫理自信是實現中華民族偉大復興的精神動力。本書是作者近八年來對相關主題的系統研究論文之結集。對中華文化的價值取向、精神特質、現代價值進行了宏觀的分析論述，另外，對傳統倫理的修齊治平諸方面即個體私德，家庭道德、職業倫理、政治倫理、天下倫理或者國際倫理諸方面都有論及，條分縷析，對其現代性轉化與創造性發展給予了分析闡發，還對近現代以來的重要學術人物和文本如蔡元培、朱光潛、成中英、韋政通、羅國傑等人的倫理思想進行了分析研究。本書對理解、弘揚中華文化與倫理提供了有益的啟示與借鑒。

自序：歲月流逝又八年
耆後回望集新卷

　　又是一個金秋十月，再過兩個多月，又要迎來 2023 新年了，本人也將是 63 歲的人了，雖然目前仍在職在崗，但還有兩年多時間就退休了，今年預期中的最後一篇文章也已經發表了，隨著學術職業生涯的結束，也許以後的歲月，寫論文就比較少了，自 1982 年首發學術論文以來，自己從事學術工作已整整 40 年了，因此，就想再編一本說文集，回望總結一下近八年的學術歷程和成果。

　　把這個想法告訴門下在學博士生、我的學術助理李雙同學，讓她先在「知網」將我近八年發表的論文檢索並下載下來，再由我編定。在電子化的時代，編論文集的方法與以前也不一樣了，不用自己再去找自己過去留存的文稿，而是直接從「知網」上下載，一是本來想集的就是公開發表的，另外，凡是正式發表的文章，上了知網，一般來說都是經過比較嚴格的校對、修改，因此，比自己留存文稿還更準確可靠些。

　　首次檢索得到 46 篇的結果，一看目錄，其中有 19 篇是與自己學生合作的，這是這八年學術道路上的一個新的特點，即研究與培養學生相結合，以前的論文都是自己獨立寫的，這次竟然有這麼多篇都是師生合作的。經過一一回憶審查，刪除了 12 篇，留下了 7 篇。現在的學術生態就是這樣，雜誌都喜歡發表教授的文章，年輕人的文章很難獨立發，這種唯人論而不是唯文論，是一種不好的學術風氣，但一己之力也沒辦法改變這種現象。學生不發核心期刊的論文，就不能推薦參加博士論文答辯，也就畢業不了，更別論找工作了，作

為一個比較愛生的教員，這種成人之美之事不能不做，但在當下編自己論文集時，不能貪人之功，據為己有，因此，刪除的 12 篇都是自知主要是學生寫的，而留下有 7 篇則確實是合作的結果，其中有關「愛國主義」的三篇是和兩位學生一起承擔以王澤應教授為課題負責人的教育部重大委託項目「愛國主義」的相關子課題，文章都是我給了思想和寫作大綱，寫成初稿後我又進行了修改提升，還有一些是應報刊雜誌約稿，我給學生一個思路和寫作大綱，由學生寫出初稿，我再進行修改定稿，因此，這些都是真正意義上的學術合作的成果，而非佔有學生的勞動成果，還有個別的論文主要是由我寫的，學生先期做了一些資料工作，為了鼓勵和提攜學生，給他們也署了名，總之，學術合作的形式是多樣的，但都是合作的成果。當然除此以外的論文仍然是我自己獨著的，總之，經過檢索彙集才呈現出這八年學術道路的這一鮮明特點。

近八年是指 2015～2022 年，為什麼是這八年呢？在我 40 年的學術經歷中，有幸將自己的主要論文成果都進行了結集出版：第一本是《道德與人性》（河南人民出版社，2003 年 8 月版）選輯了我 1982～2002 年 20 年間任職於西北師範大學時期的主要論文，第二本《倫理與傳統》（人民出版社，2006 年 9 月版）集匯了我 2002 年調入人大至 2006 年 3～4 年間的論文。第三本是《倫理與傳統倫理論集》（上、下，臺灣花木蘭文化出版社，2015 年 9 月版）則集匯了我 2007～2014 年八年間的論文，第四本則是這本《倫理與文化論集》，集匯了我 2015～2022 年發表的主要論文。這樣，40 年學術歷程中的淺薄論文得以系統收集並公開出版，內心充滿感恩意識。

這次選輯的原則就是以公開發表的論文為標準，相對來說，發表的學術期刊大多都是比較好的，比如《北京大學學報》《中國人民大學學報》《教學與研究》《光明日報》哲學版等。還有如本人從事的倫理學專業的非常專業且有很大很好影響力的《道德與文明》《倫理學研究》等等，有的論文也曾被《新華文摘》轉載。在匯輯之際，對這些原發刊物，深懷感恩，也在文末注出了原發刊物名和期號，以示尊重。

40 年來，我的研究方向主要是倫理學原理與中國傳統倫理，這個研究方向一直沒變，也相對集中，這一點從上幾個論文集書名也可看出來。近 10 多年，我逐步形成自己的文化—道德觀，即認為以中國視角看倫理，它既不完全是馬克思主義把倫理僅僅看作是社會的一種意識形態，也不是像西方那樣僅僅將倫理看作哲學與理性反思的對象，這種認識論與知識論的追求，與中國倫

理的知行合一追求的旨趣是很不相同的。所謂「文化—道德觀」，即以中國的視角看，倫理是中國文化的組成部分，並且是中國文化的核心、靈魂與特質，而中國文化則是傳統倫理的基礎和母體，這種道德觀自以為比較符合中國的實際，且使倫理道德的主體多樣化，這樣的研究視角必然使倫理道德更加貼近民眾、貼近生活、貼近實踐。這種觀點在論集的「論中國倫理的文化根基與詮釋路徑」一文中有較詳細的論證說明，並將此文作為首篇以明本書旨趣。這些年的研究大概是以這樣的理念為支撐的，因此，這本書集取書名為《倫理與文化論集》。

本書的內容大概可分為如下幾部分：

正如上述，闡發我的「文化—道德觀」的論文，作為首文，可視作一篇主旨闡發的序言論文章，自可獨立成一個單元。正編部分可分三大部分：

第一部分即以文化與道德的關係，或者說主要論及中華優秀傳統文化與傳統道德的關係，其立意旨趣大多從總體上論及中華傳統文化的崇德特質、時代價值。以現在的學術範式，問題似乎要越小越好，但我自己並不這樣認為，我向來認為，問題不僅有真假之別，還有大小之異，不同學者的治學興趣、思考與研究範式不同，應該求同存異，各美其美，美人之美。

我是以文化為視角，以中國傳統文化與倫理為主要學術資源，但畢竟我的專業是倫理學，這次這麼一編，噢，原來我對倫理的諸方面的問題還是進行了無意間的系統研究，2020 初，陳來先生在《文史哲》雜誌發文並提出近代以來的公、私德之辨問題，我也應邀撰文參加了討論，之後，我又深化了對個體道德或者私德的研究，兩篇系列論文都發表在《倫理學研究》上。我長期研究孝道，這些年，社會上比較注重家庭道德、家風家教的研究，因此，我受邀或者自覺研究了這方面的問題，發表了相關論文，涉及到孝道、女德、家風家教等方面。職業道德一文是應《道德與文明》雜誌之約撰寫的。工匠精神一文是指導在學博士生寫博士論文時，給他出的這個題目，寫出後經我修改並推薦發表，過了半年之後，國務院時任總理講了這個問題，結果我們這篇論文創造了我發表的論文的下載量最高記錄。正如上述，愛國主義三文也是我和學生合作完成的，人類命運共同體這篇相當於我們中國傳統倫理的治平倫理中的平天下倫理，這麼一編，看來，修身（私德）齊家、治國（愛國主義）、平天下倫理都有了，這可算是一個單元，即我的倫理學研究，仍然是立足於中國學術資源的。

　　第三單元是人物、文本個案研究。蔡元培先生是 20 世紀最早寫出《中學修身教科書》和《中國倫理學簡史》的學者，我撰書注評了先生的《中學修身教科書》和《華工學校講義》，將二者合為一書以《修身行世指南——蔡元培國民修養兩種注評》在高等教育出版社出版。涉及蔡先生的兩文第一篇原是該書長序前言的精要部分，第二篇蔡先生對社會價值觀問題的論述相當準確精當且有現代借鑒價值，就撰專文發表。朱光潛先生大多被認為是 20 世紀的著名美學家，但讀蔡先生相關書時，覺得蔡先生的倫理學修養非常深厚，在倫理學思想上也很有建樹，因此，就專門寫了「朱光潛倫理思想析論」一文，也許具有倫理學專業敏感，選題獨特，且朱先生長期在北大任教，因此，寫完投給《北京大學學報》，很快就發表了。韋政通先生是我喜歡的當代著名學者，他的書我買和讀的都算比較多，也曾指導自己的博士生以他為研究對象，學生去臺灣輔仁大學訪學幾個月，數次拜訪先生，也帶去了我的問候致敬，先生還委託學生給我贈送了他的《倫理思想的突破》臺灣初版書，以及簽字標準照等，沒想到由於偶發的交通事故，韋先生不久就去世了，享壽 92 歲，我所撰讀書筆記兼評論式的這篇論文，在發表前曾讓先生過目，他引以為同道知己，結果論文還未正式見刊，先生卻駕鶴西去了。「真誠性……」一文是成中英先生來人大講學時，是我作為評論人的評論稿，經過修改後發表的。最後一篇紀念先師羅公的文章，嚴格意義上不是學術論文，而是回憶紀念文章，由於羅國傑先生是當代中國馬克思主義倫理學的開創者和奠基人，在其仙逝時，這篇回憶紀念文章也得以及時在《倫理學研究》雜誌刊出，這次彙集時，也輯錄於此，一方面顯示本人也是學自有師有出，另外，也是對先師的緬懷與紀念。

　　最後一文是第三本書集的自序，概述了其中的基本內容，曾刊發於《船山學刊》2015 年第 3 期。該書是在臺灣出版，只能在大陸一些圖書館看到，為了方便大家瞭解，也可以使第三本和第四本書集之間有個銜接，也就集匯在這裡了。以上就是本書的基本內容了。

　　編輯此文集，一方面是對自己近八年的學術做一個總結，另外，也期望結集甚至出版後，能夠方便學生和學界同道閱讀、交流、借鑒，以促進倫理學術事業進步，也想為弘揚中華優秀傳統文化和崇德精神做出自己一點綿薄貢獻。

　　　　　　　　　2022 年 10 月 6 日於北京世紀城時雨園幽風軒

目

次

在書房工作 講課

閉戶全家福（2022年9月）

論中國倫理的文化根基與詮釋路徑

　　隨著中華民族文化自信心的增強，在實現中華民族文化復興和學術發展的過程中，如何用中國的話語講好中國的故事，這是當前學界普遍關注的一個問題。在中國哲學界，已經有學者對長期以來用西方哲學的解釋路徑來「反向格義」中國思想資源的方法路徑提出了質疑，強調中國哲學思想的特殊性與話語方式。那麼，如何理解、解釋中國倫理？也是一個有重要意義的問題。筆者認為：中國倫理是中國文化的重要組成部分或者說是其核心，文化是中國倫理的基礎與母體。當代學術界如何解釋倫理與中國倫理？主要是西方哲學反思型、馬克思主義的意識形態論和筆者所要堅持倡導的中國式的文化─道德觀，本文將對上述觀點展開闡述並分析這三種詮釋路徑的利弊得失，並重點分析文化─道德觀的合理性與優勢。

一、中國文化是中國倫理的根基和母體

　　何謂文化？文化這個概念一般是指人們在器物（物質）、制度、觀念上創造的一切人類文明成果，其狹義是指觀念文化。山東大學陳炎這樣區別「文明」與「文化」：「所謂『文明』，是指人類借助科學、技術等手段來改造客觀世界；通過法律、道德等制度來協調群體關係；借助宗教、藝術等形式來調節自身情感，從而最大限度地滿足人的基本需要、實現全面發展所達到的程度。」「所謂『文化』，是指人在改造客觀世界、在協調群體關係、在調節自身情感的過程中所表現出來的時代特徵、地域風格和民族樣式。」〔註1〕這個定義認為「文明」重在強調發展程度，而「文化」重在強調其時代、地域和民族特點，

〔註1〕陳炎，《「文明」與「文化」》，《學術月刊》，2002 年第 2 期。

這種觀點是有啟發性的。中國文化是中國人民在東亞大陸上，以其上下五千年的歷史實踐所創造的具有鮮明中國特色的一種價值體系和生活方式。它顯然不同於其他民族文化的特色與發展道路。

錢穆對文化是這樣規定的：「文化只是『人生』，只是人類的『生活』。唯此所謂人生，並不指個人人生。每一個人的生活，也可說是人生，卻不可說是文化。文化是指集體的、大群的人類生活而言。在某一地區、某一集團、某一社會，或某一民族之集合的大群的人生，指其生活之各部門，各方面綜合的全體性而言，始得曰之為文化。」〔註2〕錢穆首先認為文化是人生，是生活，這無疑是對的，因為人類的一切文明成果創造如果不是為了使人的生活和人生更加美好，那創造這些文明有什麼用呢？離開了生活和人生，文明和文化的創造就失去了動力和目標，人類創造的文明成果就是為了生活和人生，這種成果和人的生活是一體的，「成果」會體現並運用於生活中，這些「文明成果」使「生活」成為人類更加文明和幸福的生活和人生。這種生活與人生的文化觀，可以使我們的文化研究更加貼近生活、民眾與實踐。另外，錢穆特別強調了文化是一個群體的生活和人生，這使得文化具有超越於個體的先在性、綿延持續和歷史傳承性，也告訴我們，不同的群體可能產生不同的文化。「在中國春秋時代的文化背景裏，只會產生孔子，絕不會產生釋迦與耶穌。同樣的理由，在古代的猶太社會裏，絕不會產生孔子與耶穌。在釋迦時的印度，也絕不會產生孔子與耶穌。」〔註3〕另外，錢穆還特別強調文化的整體性與綜合性，也就是說文化是由各種要素組成的。它既包括「物質的」「自然的」「經濟的」，也包括「社會的」「政治的」「集團的」，自然還包括「精神的」「心靈的」。其中，這種物質的文化包括器物、建築等有形的文化，這種社會或者制度層面的文化包括政治、法律、制度等，這種精神的文化包括藝術、宗教與道德、教育等。

那麼，在這種整體的中國文化和豐富人生中，什麼是文化的核心與靈魂呢？文化的本質是人的觀念、價值—規範系統，中國倫理就是中國人民在自己的生存生活條件下，創造的符合自己的一套關於何為好生活、好社會、好人生的價值觀念—規範系統並將之凝結在自己的實踐中所形成的行為和生活方式。在各民族文化中，一般來說，價值觀念—規範系統都是該民族文化的核心

〔註2〕錢穆，《文化學大義》〔M〕，北京：九州出版社，2012年，第4頁。
〔註3〕錢穆，《文化學大義》〔M〕，北京：九州出版社，2012年，第5頁。

與靈魂，這一點在中國文化中體現得更為突出，可以說是中國文化較之西方與印度文化的一種特點。一般認為，西方文化是一種倡導科學與理性的智性主義的文化，印度文化則是一種神性主義的文化。而中國文化是人文性、道德性的「德性」主義文化，道德本位、道德至上是中華文化的鮮明特點。

李澤厚從發生學的角度描述了這三大文化的上述特點，他說：「先秦各家為尋求當時社會大變動的前景出路而授徒立說，使得從商周巫史文化中解放出來的理性，沒有走向閑暇從容的抽象思辨之路（如希臘），也沒有沉入厭棄人世的追求解脫之途（如印度），而是執著人間世道的實用探求。以氏族血緣為社會紐帶，使人際關係（社會倫理和人事實際）異常突出，佔據了思想考慮的首要地位。」〔註4〕梁漱溟、韋政通都認為道德是統括中國文化的根本，是各種文化現象的根基。梁漱溟說：「融國家於社會人倫之中，納政治於禮俗教化之中，而以道德統括文化，或至少是在全部文化中道德氣氛特重，確為中國的事實。」〔註5〕韋政通則說：「在中國文化中，有『一本萬殊』的理念，於是堅信一切文化都有一個共同的基礎，這基礎就是道德。中國傳統中講道德，不像西方人講道德只限制在人生的範圍內，而是彌漫在文化的一切領域。因此，中國的政治理想是『德治』，文學理想是『文以載道』，經濟的理想是『不患寡而患不均』，其他如教育、法律、也莫不以道德為基礎。」〔註6〕錢穆甚至認為中國文化是以道德為其最高領導精神的。他說：「中國文化是以『道德精神』為其最高領導的一種文化。由道德精神具體落實到政治。這一種政治，亦該是道德性的政治。再由政治控制領導著經濟。這一種經濟，亦該是道德性的經濟。至於文學藝術，莫不皆然，其最高領導者，還是道德精神。」〔註7〕

在中國人的生活和人生實踐中，形成了中國倫理，倫理產生於生活，生活需要倫理的指導。在中國文化的豐厚土壤中孕育了中國倫理，因此，中國文化是中國倫理的文化根基和母體，中國倫理是中國文化的核心與靈魂。中國人日常生活無不受到文化和倫理的影響和指導。以衣服來講，《左傳·定公十年》曰：「中國有禮儀之大故稱夏，有服章之美謂之華」。《書經》曰：「冕服采裝曰華，大國曰夏」。《尚書正義》注：「冕服華章曰華，大國曰夏」。中國文化把服章之美與自己華夏民族的自豪感緊緊聯繫在一起。中國美食更是享譽全

〔註4〕 李澤厚，《中國古代思想史論》〔M〕，北京：人民出版社，1986年，第304頁。

〔註5〕 梁漱溟，《中國文化要義》〔M〕，上海：上海人民出版社，2003年，第27頁。

〔註6〕 韋政通，《中國文化概論》〔M〕，長沙：嶽麓書社，2003年，第58頁。

〔註7〕 錢穆，《文化學大義》〔M〕，北京：九州出版社，2012年，第75頁。

球，四合院住宅方式體現著中國倫理的等差精神，「男行左，女行右，車行中央」以及相關車乘制度無不是中國倫理政治精神的體現，甚至「人家騎馬我騎驢，回頭看還有挑腳漢」的俚語無不反映著中國人的價值觀、道德觀和人生智慧。

中國人的制度生活更是受到倫理的影響，政治是倫理政治，道德是政治和權利的基礎，「明德」是親民、至善的基礎，修身是齊家、治國、平天下的基礎，內聖是外王的基礎，國不以利為寶，而以德與善為寶。

倫理道德在中國人的精神生活中更是起到了決定性的作用。梁漱溟甚至認為中國文化是以道德代替宗教的，由於道德在精神生活中的主導與強勢作用，使宗教的必要性大大減弱，道德直接規定了人們的行為與生活方式，甚至把道德的價值推到極致的境界，實際上，它已然變成了一種道德宗教。人們視道德為絕對與神聖，自然就未能給宗教留下更多的精神空間，而是讓宗教幫忙支持道德。一般認為，中國後世社會人們的精神生活就是儒家的道德規範加上道教的神佑鬼懲和佛教的三世兩重因果合在一起，制約著中國人的精神生活。藝術雖有其相對的獨特價值，但卻要求「詩言志」「文以載道」，服從禮樂教化的目的。中國的教育更是以德教為本，「孝者，德之本也，教之所由生也。」（《孝經》）

二、對倫理本質的三種解釋路徑

倫理學是研究倫理道德現象的一門學問，對道德的本質與基礎的合理解釋是倫理學的基本理論問題，也事關學科的致思路徑和方法問題。任何一種科學的理論和詮釋方法與客觀對象越發接近，就越有科學性、真理性，因此，對中國文化與中國倫理的上述客觀關係的揭示，是正確理解道德本質及其解釋路徑的前提。

倫理學作為一門現代學科，形成於二十世紀初，一般認為中國古代是沒有嚴格學科意義上的「倫理學」的，雖然我們有以道德為核心內容的儒家學派，有關於倫理的豐富思想，卻沒有這樣一門學科。一般認為，「倫理學」這個詞是嚴復在翻譯赫胥黎《天演論》時的另一譯名：《進化論與倫理學》。還有一種說法是「倫理學」是直接從日語中翻譯過來的。中國人最早寫的一部中國倫理學思想史是蔡元培寫的《中國倫理學簡史》，倫理學著作較早的為劉師培的《倫理學教科書》。在二十世紀的前半葉，倫理學科有一定的發展，在 20 世紀 50～80 年代，倫理學發展基本上處於相對落後甚至停滯的狀態。自 20 世

紀 80 年代後的當代中國倫理學，是如何解決道德本質和基礎這個最根本的問題呢？筆者認為主要存在這樣三種理論路徑和方法：哲學反思的西學路徑，意識形態論的馬克思主義解釋方法，另外一種則是文化史觀的解釋路徑。筆者認為，對中國倫理更為合理、科學的解釋方法是文化─道德觀。

西方哲學反思的倫理觀，即認為倫理是建立在理性反思基礎上的人的行為方式，誠如蘇格拉底所說，未經反思的生活是不值得過的。誠如前述西方文化是一種智性主義文化，西方哲學特別看重思想認識、理性反思對於生活的意義，這是他們的哲學和文化傳統。柏拉圖的理念論哲學認為物質世界之外還有一個非物質的觀念（本體）世界。理念世界是真實的，而物質世界是不真實的，是理念世界的模糊反映。這種觀念若以中國人的常識理性來看，是本末倒置的瘋話。笛卡爾認為「我思故我在」，正是因為我思考我才存在。當然西方文化中也不乏詩人歌德「理論是灰色的，生活之樹常青」這樣清醒的生活理念。由西方哲學的這種重智主義傳統所決定，西方倫理也是一種非常重視知性反思的倫理，人的一切行為都要在理性的面前重新審視，甚至把反思和知識看作是行為實踐的前提與必備條件。西方雖然也有「信、愛、望」的基督教三主德，但是在世俗「四主德」中即「智慧、勇敢、節制、公正」四德中，是以智德為基礎的。在柏拉圖看來，理性是僧侶、貴族、哲學家的心理秉賦，智慧是這些人的德性品質，而意志與情慾則是軍人、百姓的心理品質，他們的德性品質分別應該是勇敢與節制，只要第一種人成為統治者並且三個階層的人各安其分、各守其責就會實現城邦與社會的公正。顯然，道德是以理性認知和實踐智慧為基礎的。

從倫理學思維看，在古希臘羅馬時期雖也有一些生活化傾向，可在近代，各種倫理學理論都試圖給人的複雜生活與行為作出一種統一的理論解釋，功利論倫理學力圖論證人們的行為都是利益最大化的結果，康德的道義論又力圖證明道德的理性主義基礎和規範的普遍性，但實踐證明這兩種主要倫理學理論都只是解釋人們倫理生活和實踐的一種理論知識，人們在實踐中並不是按其中一種理論生活與實踐的。人們的行為中可能有利益驅動也可能有道義情感等各種因素的驅動。康德抽象或者理想的道德理論圖式雖然高揚了道德的崇高性與形式上的普遍性，但在實踐中卻是蒼白無力的，這種一元化的哲學反思的倫理解釋，確實增加了人們認知倫理的知識，但卻難以完全解釋生活，最終又不得不回到基於歷史和文化傳統的「美德倫理學」和基於實踐條件的

「境遇倫理學」，由此可見，僅把倫理作為哲學反思和知識論的對象顯然是不夠的。正如萬俊人教授所說：「如果脫開具體的道德文化傳統或道德譜系，倫理學的知識最多也只能是一種純形式的知識，不具有任何實質性的內容，因而很難對人們的道德實踐發生普遍的實質性價值影響。」〔註8〕

在西方哲學傳統的影響下，不僅是中國哲學採取一種「反向格義」的方法，以西方哲學話語方式和理想模型作為剪裁中國思想的工具和方法，倫理與中國倫理也被當代大多數學者僅僅看作是思想認知和理性思考的對象，鮮有《中國道德生活史》（這幾年開始有了），而多有《中國倫理思想史》的著作。這種思想史只記述了一些思想家關於倫理的思想，卻基本沒有記述實際發生的中國人民的道德生活史，只高揚儒家的「義以為上」，卻很少能看到國民性中的重視人倫日用甚至急功近利。倫理學長期被當作哲學的二級學科，所用方法主要也是哲學反思、知性認識的知識論特徵。倫理作為文化即群體生活方式最終卻是要實踐的，而不僅僅是為了認識和知識，後者只能從屬於前者，而不能本末倒置。認識、知識是為了更好的生活，不是生活是認識和知識的註腳。行一定是先於知的，而不是先知了才能行的。因為如前所述，作為文化經驗、實踐理性、價值系統一定是先於個人而存在的，不管你是否認識到，你總是要首先面對並接受這個群體文化傳統，先做起來才會成為群體的一員，至於它是否合理，你也許是群體的先知先覺者，認識並欲改變一些文化傳統，你的這種新理念也要得到他人的普遍同意才會成為新的傳統和文化。倫理作為一種實踐理性是具有強烈的實踐品質的，如果只知不行，那是片面的。總之深受西方哲學的認識—知識論方法影響的部分倫理學人，總是以追求知識為目的，這與中國文化、中國倫理重生活、重實踐、重人格、重成人的目標追求大異其趣。以此方法來研究中國倫理，只能看到思想的零枝碎葉，卻不能全面掌握中國人的文化與生活。

在當代中國倫理學的發展中，還有一種關於道德本質的理論，這就是堅持馬克思主義立場觀點的意識形態論：即認為「道德是一種特殊的社會意識形態，受社會關係特別是經濟關係的制約。」〔註9〕道德本質上是一種建立在社會經濟基礎之上的意識形態。是統治階級整體利益的自覺表達，是實現社會整

〔註 8〕 萬俊人，《正義為何如此脆弱——悠齋靜思下的哲學回眸》〔M〕，北京：經濟科學出版社，2012 年，第 162 頁。

〔註 9〕 羅國傑，《倫理學》〔M〕，北京：人民出版社，1989 年，第 7、46 頁。

合、政治治理的主要手段。這是當代中國倫理學的主流觀點，筆者曾撰文對這種觀點進行過評析〔註10〕，道德的本質是指道德是什麼，它的基礎是什麼，而不是道德在社會中處於什麼地位以及發揮了什麼作用。如果說道德在階級社會中，由於階級的對立，使掌握經濟政治權力的統治階級主要把道德當作社會意識形態和思想的上層建築，從而用來作為實現其思想控制和政治統治的手段，那麼這是一個客觀的事實。馬克思的意識形態概念主要是一種社會結構的分析性概念，是說在階級社會中，道德屬於經濟基礎——上層建築這個基本結構的思想的上層建築或社會意識形態，這當然不能理解為對道德是什麼這樣一個根本性問題的回答，而只是指出了道德在社會結構中處於社會意識形態的地位。這種意識形態的道德論其實只是一種寬泛意義上的唯物史觀意義上的道德觀，從唯物史觀的角度看，指出道德處於社會結構中的上層建築地位，能發揮意識形態的作用，這並沒有錯，符合馬克思主義的物質—經濟第一性的唯物論，也符合物質決定意識，意識反作用於物質的辯證法。但如果把作為人類文化重要組成部分的道德僅僅看作是社會結構中的意識形態，那就過於簡單化了。因為人的生活不僅會有制度化的政治生活，也有每天都在發生的日常生活、集團生活、社會生活。道德的社會政治作用並不能取代它指導其他生活領域的作用。如果僅僅以政治道德指導全部日常生活的話，就會出現問題。作為社會的意識形態是不能窮盡豐富的人類生活實踐的。我們不能把意識形態當作剪裁豐富社會生活的唯一尺度。一切從意識形態出發，把豐富變化的社會生活都拉到意識形態面前加以審判，以此判定是非、決定取捨，這必然走向教條主義。會產生以政治取代道德，或者保守地說以政治道德取代全部道德（如生活道德，職業道德、社會公德、家庭美德等）。

　　雖然這種意識形態道德論是新中國倫理學的主流觀點並在相當長的歷史時期發揮著重要的影響。但學界已經有學者看出這種道德觀的侷限性，並初步提出了文化—道德觀。如萬俊人就認為道德不僅僅是一種社會意識形態，同時是一種人類文化現象。「馬克思用以分析道德異質的哲學前提是歷史唯物論及由其演繹出來的階級的革命學說，它的根本出發點是把道德作為一種社會的、甚至是階級的意識形態和上層建築。但是，人類的道德不僅是一種意識形態，同時也是一種人類文化現象，一種人性化的價值觀念或價值精神。這也就是說，除了其階級性特徵之外，道德也還具有其文化價值和人性理想化追求的特

〔註10〕肖群忠，《倫理與傳統》〔M〕，北京：人民出版社，2006年，第1～18頁。

徵，具有作為社會整體生活秩序的公共規範性普遍道義約束力。因此，除了與社會生活密切關聯（這種關聯賦予了道德倫理作為社會意識形態和上層建築的政治屬性）之外，道德總是同時與特定的文化傳統、社會生活秩序以及個體的人格理想相關聯，並由此構成人類道德現象複雜多樣的特徵。」〔註11〕同時他認為人作為文化的創造者，在文化的創造發展實踐中也在不斷提升和豐富自身的人性。「道德是人類文化的精神內核。人性的文化特質和文化的價值取向決定了道德必定成為人類自身的內在目的之一，甚至是最為重要的內在目的。」〔註12〕萬俊人將道德視為凝聚著價值觀念和價值精神的文化現象，道德既是關於人對理想化人性的目的性渴望，又是對人具有約束力的規範約束，而且更為深刻的是他將道德與一個民族的歷史文化傳統聯繫起來，具有宏大的理論視野。

筆者堅持這種文化—道德觀。在《道德究竟是什麼？》一文中曾經指出：「道德是主體基於自身人性完善和社會關係完善的需要而在人類現實生活中創造出來的一種文化價值觀念、規範及實踐活動。基於對道德本質的這種理解，筆者認為道德有如下幾個特點：第一，文化性。這是說道德本質上是人類的一種文化現象和文化創造，它主要體現為一種觀念文化或精神文化，但可以通過制度文化和人類實踐加以確證和體現。道德在階級社會中主要發揮了社會意識形態的作用與功能，這只是道德文化發展的一種特殊歷史現象。第二，價值性。道德是人類實踐精神的即價值的掌握世界的方式，道德意識本質上是一種價值意識、價值觀念和價值精神，一般價值意識在道德領域體現為主體的觀念、行為對他人、社會的有利或有害的善惡意識，因此，道德是以善惡作為評價觀念與實踐的標準的，善與惡的矛盾是道德領域的特殊矛盾。第三，應然性。道德不僅是一種文化現象、文化創造，是一種善惡價值觀念，而且也是一種應該的、正當的規範意識和行動指令，它不僅是思想觀念也是行為準則。應然性、正當性是道德的重要特徵，它是道德的理想性和導向性的體現，也是道德的實踐性的先導和前提。第四，實踐性。道德不僅僅是一種社會意識形式或社會意識形態，它作為一種人類在實踐中創造出來的文化價值觀念和規範，必然源於實踐，離不開實踐並要指導實踐，它是實踐精神。

〔註11〕萬俊人，《道德的譜系與類型》〔M〕，見《新哲學》（第一輯），鄭州：大象出版社，2003 年，第 30 頁。
〔註12〕萬俊人，《人為什麼要有道德？》（下），《現代哲學》，2003 年第 2 期。

這就意味著，它是寓於實踐中的精神，精神指導下的實踐，精神與實踐密不可分、二位一體，知行統一甚至是知行合一，鮮明的實踐性是道德的重要特點。總之，道德就是這樣一種具有文化性、價值性、應然性、實踐性的社會文化現象。」〔註13〕

三、文化—道德觀的真理性與合理性

　　文化—道德觀即是一種以文化視角來看待道德的理論觀點。這種文化—道德觀對道德本質的理解筆者認為更符合歷史與生活的真實，特別對於中國倫理來說就更是這樣。以這種文化—道德觀來研究中國倫理，自有其優勢。

　　筆者認為，堅持西方哲學反思的道德觀，其好處是有利於提高對道德現象的認知水平和自覺意識，但其可能導致知識、思想與生活、實踐的脫離，「極高明」的哲學玄思與「道中庸」的日常生活的脫節。在倫理生活中，固然離不開知，但最終要落實到行，因此，中國倫理修養堅持知行合一，堅持「博學、慎思、審問、明辨」與「篤行」的統一。倫理不僅是思考的對象，更是生活實踐本身。

　　意識形態的道德觀重視道德對社會政治治理的作用，但有把人類豐富多樣的倫理生活片面政治化的危險，不僅對道德的認識有侷限性，而且在實踐中可能會片面化，這種情況已經為當代中國人的道德生活實踐所證明。社會主流道德的作用式微，是一種客觀存在的狀態。一方面可能由於社會價值觀與道德觀的內容發生了實質性的變化，再有一種可能就是因為單向度的政治道德已經不能適合變化了的豐富社會生活，因為政治生活不再是所有民眾的價值追求，人民群眾的生活日常性日益凸顯，因此，指導民眾日常生活的、更為廣泛的文化—生活道德觀必然應運而生，以適應民眾的需要。道德來源於民眾鮮活的生活實踐，道德的形成，不是自上而下的單純論證和教化，而是民眾在實踐中通過互動、協商、契約、履行而逐步形成的。離開了民眾的生活實踐，道德將會成為無源之水。

　　因此，筆者認為文化—道德觀的合理性及詮釋路徑的優勢，主要體現為它更符合人類倫理生活的真實，因此，就更具有真理性與合理性。它的優勢簡單地說就是有利於倫理更加貼近生活，貼近實踐，貼近民眾。

　　倫理實際上是一定民族群體所創造的凝結著他們的價值觀念與行為規範

〔註13〕肖群忠，《倫理與傳統》〔M〕，北京：人民出版社，2006年，第9～10頁。

系統的一種生活方式。或者說倫理就是人們生活方式中所體現出來的價值觀念與行為規範。生活需要產生倫理，生活需要倫理的規範與指導。理論是灰色的，生活之樹常青。生活不僅是處於社會上層的政治生活，而且包括民眾的日常生活。衣食住行中有倫理，工作休閒中有倫理，人際交往中有倫理，家庭生活、職業生活、社會生活中都需要倫理指導，也會在這種豐富多彩的生活中形成相應的生活倫理規範和生活方式。文化即是群體的生活方式所凝結的價值觀念，因此，在一定意義上說，文化即是倫理或者說倫理是文化之魂。因此，文化、倫理與生活之間有高度的一致性和融合性，它們相互規定、相互支持，內在地聯繫在一起。因此，我們以文化即群體生活方式的視角來詮釋倫理道德，更加符合人類倫理生活的真實，因而具有更多的真理性和合理性。

倫理不是一種純粹認知理性，而是一種實踐、價值理性，倫理不僅是認知的，更是實踐的。韋政通有言：西洋的哲學偏向的是精確的概念定義，清晰的邏輯推理、嚴密的理論證明等，中國的哲學跟西洋的很不同。中國哲學注重的是精神修養，無論是儒家還是道家，都有這樣的偏向。西方哲學與精神修養沒有什麼關係（神學例外），它注重的是抽象理論和邏輯思考。

中國人講倫理學，一開始就和西方哲學講的倫理學是兩碼事，性質上有根本的區別。中國人的倫理，我們稱之為規範性的倫理，它是要用行為去實踐的倫理；西方人的倫理學，主要問題不在實踐，西方的傳統裏面，道德的實踐問題是屬於宗教負責的。

當代的新儒家受西方的影響，思想力求系統化、哲學化。這個也很重要，因為你受到西方的挑戰，必須把中國哲學變成抽象的思考，也要變成系統化，要能翻譯成英文給西方人看。過去那些大儒，像王陽明、像朱熹、像程頤、程灝，像孟子、荀子，他們當時有很大的影響力，他們的影響力不是靠寫書，而是靠對社會有種教化的責任〔註14〕。

從上面引述的韋政通的相關論述中可以看出，僅以西方哲學反思的、知識邏輯的形式來詮釋中國倫理的侷限性。而以我們的文化—道德觀來詮釋倫理會更加突出倫理的實踐性品質，因為文化在我們看來就是群體生活方式，生活必然是實踐的而不僅僅是反思的，知識的，終日思考不如起而行之，這是中國文化和道德精神所倡導的。劉笑敢也認為：「中國哲學這個術語同時代表『現

〔註14〕韋政通，《韋政通八十前後演講錄》〔M〕，武漢：華中師範大學出版社，2009年，第 111、36、127～128 頁。

代學術』與『民族文化』兩種身份。前者同時擔當現代學科和世界文化資源兩種角色，後者同時擔任民族文化的主體和個人修身養性的精神指南。所謂『國學熱』的出現凸現了儒、釋、道作為民族文化代表和個人精神生命資源的功能在現代社會復興的需要」〔註15〕，這種觀點與我們以民族文化的角度來解釋中國哲學與中國倫理的觀點是一致的，也反映了中華民族文化出現復興曙光條件下的當代學人的文化自覺。

文化─道德觀的詮釋路徑還有一個更明顯的優勢就是強調了人民群眾作為文化主體的積極性與創造性。哲學反思的主體似乎只是一些高高在上的哲學家，意識形態的道德觀往往把統治階級及其代言人作為道德創造與教化的主體，民眾似乎只是他們教化的客體與對象，既然要把道德作為實現社會政治治理的手段，自然是要把民眾作為教化的對象。而文化─道德觀卻認為所有民眾都是文化與倫理的創造者、參與者與實踐者。我們既不需要聖人立法，又不需要統治者教化，「從來就沒有什麼救世主，要創造人類的未來，全靠我們自己」（《國際歌》詞）。人民是文化的主人，是道德的主人，他們在自己的生活中探索、實踐、總結、概括，協商、交流，形成源於自己的生活並能指導自己生活的價值觀念與行為規範，這就是以他們為主體的生活倫理，這種生活倫理必然會指導他們過上倫理的、和諧的和幸福的生活。

原載《新疆師範大學學報（哲學社會科學版）》，2016 年第 5 期

〔註15〕劉笑敢，《四海遊學記》，《中華讀書報》，2011 年 2 月 16 日。

論中華文化的崇德精神特質
及其當代價值

自 20 世紀 90 年代以來，我國就興起國學或者傳統文化熱，黨的十八大以來，弘揚優秀傳統文化更成為文化建設的重要時代價值導向，到了 2021 年，黨和國家領導人提出了如下新的重要論述：沒有五千年的中華文明，就沒有中國特色，也就沒有中國道路，要把馬克思主義基本原理同中華優秀傳統文化相結合，這是新中國成立以來，黨和國家對傳統文化價值的最高肯定。那麼，為什麼在中華民族最接近偉大復興的當下，我們要大力弘揚中華優秀傳統文化？我們到底要弘揚它的什麼核心精神？其時代價值何在？這是本文欲加以探討的問題。

一、近現代以來對中華文化崇德特質的探討與認知

對中華傳統文化總體特點的認識，是我們與西方文化有了交涉、比較之後才產生的問題。眾所周知，在五四運動時期，傳統文化及其核心——傳統道德受到了啟蒙激進知識分子的激烈批判。當時，這批知識分子出於反思與啟蒙的需要，引進了西方的科學與民主，卻拋棄甚至將激烈批判的矛頭對準了中華民族的傳統文化和傳統道德，之後，一些堅持民族文化保守主義立場的新儒家知識分子出於維護中華民族文化的立場，探討並堅持了中華民族文化的崇德精神傳統。由於道德是一種實踐理性，涉及到社會的價值引領與整合、文化的發展方向和民眾實踐，因此，在這一百年來，不僅知識分子參與了探討，而且政治領袖也對相關問題做出了重要論述。比如早在 20 世紀 20 年代，孫中山先生就在其《三民主義》的演說中這樣說到：「有了很好的道德，國家才能長治

久安……有了固有的道德，然後固有的民族地位才可以恢復。」〔註1〕這是最早把對傳統道德的恢復與民族地位、民族復興聯繫起來的論述，可謂是高瞻遠矚。

第一代新儒家知識分子如梁漱溟先生出於辯護和維護的保守主義立場，對以儒家為核心的中華傳統文化與西方文化、印度文化進行了分析比較，在此過程中初步揭示了中華傳統文化的崇德精神。早在 20 世紀 20 年代初期寫作並出版了他的代表作之一《東西文化及其哲學》，在分析西、中、印三種文化時，他認為文化的最終動力和根源是一種人生態度：西方文化有兩個根源——希臘文化和希伯來文化，希臘文化向前奮鬥。產生了科學與民主制度，希伯來文化向後否定現世、產生禁慾主義和基督教文化，西方啟蒙運動後的近現代文化是復興了希臘文化向前奮鬥之傳統！西、印、中三種文化體現著三種人生路向：西方向前奮鬥。印度轉身向後要求：取消問題、禁慾主義，因此印度文化以宗教最為發達。科學是知識的，宗教則是行動的。因此印度產生了佛教和瑜伽修煉等等。梁先生認為，中國文化或者儒家學說以重視變易為形上學，以重生為價值觀，直覺則是人生方法論和心理基礎。西方哲學是知識論的，中國哲學是生命論的。他認為，對三種文化，我們現在應持的態度是：「第一，要排斥印度的態度，絲毫不能容留；第二，對於西方文化是全盤承受，而根本改過，就是對其態度要改一改；第三，批評的把中國原來態度重新拿出來。」〔註2〕所謂印度的態度就是出世主義、禁慾主義的態度，按時下的話說就是「佛系」的生活態度。梁漱溟最初是一位學佛修佛之人，但他認為在當時必須排斥這種生活態度；對於西方文化的功利精神、科學精神、民主精神他並不是一味反對，而是持一種揚棄的態度，即既承受，又要採取一種批判繼承的態度。對於中國文化也不是簡單復古，而是一種在批評基礎上的重新拿來即復興。而且他在將近 100 年前就得出了未來世界文化就是中國文化的復興這樣具有歷史前瞻性的預見。

梁漱溟分析論證了以儒學為核心的中國文化為什麼能夠成為世界未來文化的方向。他認為，這是由於社會經濟事實、科學文化等的變遷帶來的。社會經濟的發展使人的生存需要已經基本滿足，人類精神心理的滿足成為時代問

〔註1〕 孫中山，《三民主義・民族主義》〔M〕，廣州：廣東人民出版社，2007 年，第72 頁。
〔註2〕 梁漱溟，《東西文化及其哲學》〔M〕，北京：商務印書館，1999 年，第 204 頁。

題，因此，西方文化通過外求征服自然的文化就難以完全適應時代要求了，而如何協調人際關係，使自己安身立命，儒學恰恰能夠滿足這種時代需要。之後，梁先生在其四十年代的名著《中國文化要義》中對中國傳統文化的這種重德精神特質給予了更進一步的分析論述。他在書中明確地把「道德氣氛特重」列為中國文化的一大特徵〔註3〕。

錢穆在其《中國文化精神》中也對中西方文化的差異和特質進行了比較分析：「中國文化精神最主要的，乃在『教人怎樣做一個人』。做人的道理和理想，應該怎樣做人，這是中國人最喜愛講的。西方文化，似乎比較並不看重此方面」〔註4〕。「西方科學該學，但不能學西方人做人。」〔註5〕「照中國人想法，無論學什麼，先要學『為人』，學為人，要『盡人道』。」〔註6〕「我們固是要現代化，但不能把現代化轉成為非中國化，把中國的一切都在現代中化掉了。」〔註7〕言下之意就是在現代化的過程中仍然要傳承弘揚我們民族固有的文化和崇德精神。倫理道德就是人生要義、做人之道、行為之方、心靈之素，因此，中國文化重在學做人也即以倫理道德為根本特質，這是不言而喻的道理。正如他所強調的那樣：「中國文化，最簡切扼要言之，乃以教人做一好人，即做天地間一完人，為其文化之基本精神者。此所謂好人之好，即孟子之所謂善，中庸之所謂中庸，亦即孔子之所謂仁。而此種精神，今人則稱之曰道德精神。換言之，即是一種倫理精神。」〔註8〕這句話明確指出中國文化的基本精神就是一種道德精神或者倫理精神。而且，他還認為這種道德精神是貫穿於中國歷史全過程中的，它是我們悠久歷史和光明前途的根本所在：「中國民族經過千辛萬苦，綿歷四五千年的歷史生命，直到現在，始終存在著，就是依靠這一種道德精神。」〔註9〕也就是說我們可以以自己的文化和道德的文明光輝促進人類命運共同體的形成和發展。

其實，在20世紀前半葉，不僅是中國新儒家學者對中國文化的這種崇德特質與精神有明晰論述，而且，即使是外國學者也持有相同的看法。比如阿爾伯特・史懷哲就曾指出：中國古代思想雖然是從過去慢慢演化形成的，「但這

〔註3〕 梁漱溟，《中國文化要義》〔M〕，上海：上海人民出版社，2003年，第27頁。
〔註4〕 錢穆，《中國文化精神》〔M〕，北京：九州出版社，2012年，第20頁。
〔註5〕 錢穆，《中國文化精神》〔M〕，北京：九州出版社，2012年，第22頁。
〔註6〕 錢穆，《中國文化精神》〔M〕，北京：九州出版社，2012年，第88頁。
〔註7〕 錢穆，《中國文化精神》〔M〕，北京：九州出版社，2012年，第212頁。
〔註8〕 錢穆，《人生十論》〔M〕，桂林：廣西師範大學出版社，2004年，第100頁。
〔註9〕 錢穆，《中國歷史精神》〔M〕，北京：九州出版社，2012年，第140頁。

種道德習俗卻幾千年來一直處在對世界和人類的思考的影響之下，並且在這樣的思考中不斷地變得精緻而深入。」〔註10〕「沒有哪種倫理教育像中國倫理那樣致力於內在的修養。」〔註11〕史懷哲先生不僅對中國文化的這種倫理特質有清晰的瞭解，而且對其歷史價值、世界影響和未來價值給予了非常高的評價和展望：「世界上沒有任何一個地方有這樣一個建築在倫理思想之上的文化，能與中國這塊土地上存在的相匹敵。」〔註12〕當讀到史懷哲先生這些形成於20世紀30～40年代的卓見時，我們不僅感到敬佩而且汗顏。當國人在否定自己的文化特質與精神時，一位西方人則揭示了其價值與未來。他對以孔子和儒家為核心的中華文化的內在生機與活力的信心，倫理文化對物質主義文化的針砭和勝利的普遍意義與價值的論述等，直到今天仍然具有振聾發聵的作用，值得我們珍視。

現代著名學者樓宇烈先生也深諳中國傳統文化的人文主義和崇德本質。他說：「中國文化不是靠外在的神或造物主，而是靠人本身道德的自覺和自律，強調人的主體性、獨立性、能動性，這就是中國文化以人為本的人文精神。」〔註13〕「人文就是不以武力，而以一種文明的辦法，以詩書禮樂來教化人民，由此建立起一個人倫有序的理想的文明社會。」〔註14〕「中國教育的最終目的就是『化民成俗』，它不在於傳授知識，而在於形成良好的習俗。」〔註15〕「中國的文化非常強調道德的問題，包括每個人的道德修養和整個社會的道德準則，對君主的要求也是以道德為根本的，中國文化是一種重視道德、強調人自覺性的文化，而神的觀念很淡薄。」〔註16〕以人為本的人文精神不能完全等同於道德，但卻是以道德為核心的，以文化民成俗，建立理想和諧社

〔註10〕〔德〕阿爾伯特・史懷哲，《有大用的中國思想史》〔M〕，常暄譯，南京：江蘇人民出版社，2018年，第84頁。

〔註11〕〔德〕阿爾伯特・史懷哲，《有大用的中國思想史》〔M〕，常暄譯，南京：江蘇人民出版社，2018年，第83頁。

〔註12〕〔德〕阿爾伯特・史懷哲，《有大用的中國思想史》〔M〕，常暄譯，南京：江蘇人民出版社，2018年，第247頁。

〔註13〕樓宇烈，《中國的人文信仰》〔M〕，北京：中國大百科全書出版社，2021年，第3頁。

〔註14〕樓宇烈，《中國的人文信仰》〔M〕，北京：中國大百科全書出版社，2021年，第5頁。

〔註15〕樓宇烈，《中國的人文信仰》〔M〕，北京：中國大百科全書出版社，2021年，第6頁。

〔註16〕樓宇烈，《中國的人文信仰》〔M〕，北京：中國大百科全書出版社，2021年，第16頁。

會在一定意義上也就是以德化民成俗，而且中國文化的重德精神也強調人在道德生活中的自覺性、自律性，強調自我控制與管理，樓先生對這種內在的道德精神機制的分析更加深入地闡明了中國文化的崇德精神，並且也明確地得出了「中國文化是一種重視道德、強調人自覺性的文化」的結論，非常準確深刻。

現代著名學者陳來認為，「崇德尚義」是中華文化人文精神的首要內含。他指出，重視德性品格和人格提升的儒家思想「在社會上營造了『崇德尚義』的氣氛。這種精神追求，通過古代的文明規範體系『禮』，形成了中華這一『禮義之邦』的社會風尚。」〔註17〕內重人格德義，外成禮儀之邦，在價值觀上堅持義以為上，在群己觀上堅持群體優先，在政治上支持以德服人而非以力服人，「這些都凸顯了中國傳統文化特別重視道德文明的特色。」〔註18〕可以說，這種非常簡約而準確的概括彰顯了中華尚和崇德精神特質。

現在受聘於北京大學的美國學者安樂哲先生對中國傳統文化的崇德特色則是這樣描述論述的：「中華文化的傳統是一種基於倫理角色『適宜度』的家國情懷，並以此服務於社會與政治秩序，是對法治的必要補充。中國傳統的治國理念要求治國理政之人要受過良好的教育，並有良好的人格修養。中國人的文化傳統是注重儒家角色（身份）的，它根植於對家國關係之珍重，講究共贏，而不是共損。」〔註19〕這是安樂哲接受媒體採訪與陳來對話時所說，雖然主要是從倫理與政治治理關係的角度來說的，但在強調中華文化具有崇德特質和精神這一點上仍是一致的。

對中國文化根本精神和特質的探討不僅是學者的責任，它不僅是我們中華民族深厚的文化傳統，作為民族的靈魂和基因，至今仍然對民眾生活、國家治理和社會文明發揮著長久的影響。因此，近年來也受到黨和國家領導人及黨中央的重視，以實踐導向和文化政策的形式也進行了探索和實踐。

治理國家主要靠政治和法律，治理社會、協調人際、安頓人心、化民成俗則需要道德與教化，儒家學說核心就是道德和政治，倫理化政治，政治化倫理，即好的政治必須以道德作為基礎，內聖才能外王，自天子以至於庶人壹是皆以修身為本，倫理政治要依靠領導人發揮表率作用。因為政者正也，其身不

〔註17〕陳來，《儒家文化與民族復興》〔M〕，北京：中華書局，2020 年，第 102 頁。
〔註18〕陳來，《儒家文化與民族復興》〔M〕，北京：中華書局，2020 年，第 103 頁。
〔註19〕陳來，《儒家文化與民族復興》〔M〕，北京：中華書局，2020 年，第 262 頁。

正，難以正人。也要通過有修養的賢才教化民眾，化民成俗，即先覺覺後覺。最終培養民眾具有高尚的品格與人格，形成良好的社會風氣和理想境界。為此，對於一個社會來說，以儒學為核心的中華傳統文化作為我們民族文化的根與魂，對於現代社會是不可缺少的，這也許就是新時代國家領導人在文化建設上高度重視中華優秀傳統文化的原因和理由吧！

　　2013 年 11 月底，習近平總書記在考察曲阜孔府和孔子研究院時向社會發出了這樣的號召：「國無德不興，人無德不立」，必須加強全社會的思想道德建設，「引導人們嚮往和追求講道德、尊道德、守道德的生活，形成向上的力量，向善的力量。只要中華民族一代接著一代追求美好崇高的道德境界，我們的民族就永遠充滿希望。」這是他任黨和國家領導人以來最早明確向全社會發出弘揚優秀傳統文化的號召。可見，從一開始，他就非常清晰地掌握了中國傳統文化的崇德特質和弘揚優秀傳統文化的實踐關懷，態度明確而堅定，要加強當代社會的道德建設，以德興國，以德立人，必須傳承弘揚中華優秀文化與傳統美德。指明了我們弘揚優秀傳統文化和傳統美德的目的就在於「國無德不興，人無德不立」。儒家思想的核心是一種倫理道德思想，它塑造了中華民族重視道德、崇德向善的文化特點和價值取向。因此，只有很好地傳承儒家文化所代表的這種民族精神和價值取向，並以此為重要的精神營養來加強當代社會的思想道德建設，才會提升當代中國社會的道德文明水平，提高人民的整體道德素質。〔註20〕之後，他於 2014 年 2 月在中共中央政治局的專題學習討論會上發表講話，明確指出：「培育和弘揚社會主義核心價值觀必須立足中華優秀傳統文化。中華傳統美德是中華文化精髓，蘊含著豐富的思想道德資源。不忘本來才能開闢未來，善於繼承才能更好創新。要深入挖掘和闡發中華優秀傳統文化講仁愛、重民本、守誠信、崇正義、尚和合、求大同的時代價值，使中華優秀傳統文化成為涵養社會主義核心價值觀的重要源泉。」2014 年五四青年節，習近平總書記赴北京大學看望師生，並在師生座談會的講話中再次高度肯定中華優秀傳統文化與傳統道德的價值。他說：「中華文明綿延數千年，有其獨特的價值體系。中華優秀傳統文化已經成為中華民族的基因，植根在中國人內心，潛移默化影響著中國人的思想方式和行為方式。」2014 年 9 月 24 日，習近平總書記又在「紀念孔子誕辰 2565 週年國際學術研討會上的講話」中對以

〔註20〕肖群忠，〈論中華傳統美德的當代地位與作用——兼論傳統美德與社會主義道德的關係〉〔J〕，《中國特色社會主義研究》，2021 年第 1 期。

儒家為核心的中華傳統優秀文化進行了全面的概括和論述，提出中華傳統文化主要包括哲學思想、人文精神、教化思想、道德理念，還是突顯了道德在其中的核心地位。這次講話為 2017 年兩辦弘揚優秀傳統文化專門文件全面概括中華優秀傳統文化的核心內容奠定了基礎。2017 年 1 月 25 日，中共中央辦公廳、國務院辦公廳印發了《關於實施中華優秀傳統文化傳承發展工程的意見》，認為中華優秀傳統文化代表中華民族獨特的精神標識，是中國特色社會主義植根的文化沃土，進而明確將中華優秀傳統文化的主要內容概括為三個方面：核心思想理念、中華傳統美德、中華人文精神。中華傳統文化的崇德向善特質以中央文件的形式得到了明確表達。

二、崇德特質在中華傳統文化中的主要體現

以上我們簡單回顧了近百年來學術文化界主要代表性學者對中華文化崇德特質的探討與論述，也敘述闡發了孫中山先生、新時代黨和國家領導人以及中央文件對這一問題的認知與表述。我們要進一步探討，為什麼中華文化會具有這種崇德特質？或者說這種崇德特質主要表現在哪些方面？在筆者看來主要體現在以下幾個方面。

第一，道德是中華文化形成發展過程的鮮明特色

中華文化的德性主義特點在文化的經典原創或所謂軸心時代就已經表現出來了，並在文化發展的長河中得以延續。李澤厚先生是這樣描述這一特點的最初狀態的：「先秦各家為尋求當時社會大變動的前景出路而授徒立說，使得從商周巫史文化中解放出來的理性，沒有走向閑暇從容的抽象思辨之路（如希臘），也沒有沉入厭棄人世的追求解脫之途（如印度），而是執著人間世道的實用探求。以氏族血緣為社會紐帶，使人際關係（社會倫理和人事實際）異常突出，占居了思想考慮的首要地位。」〔註21〕中華文化從其發端時就體現出一種人文性和現實性的特性。

任何一種文化，從最初的形態上看都表現為神話和宗教意識，中國文化也不例外。中國文化在周代就有祖先神的崇拜，而不是純粹的超越神的崇拜。祖先神既是神，又是人，說它是神，因為它已經確實不在現實社會中存在了，或者已經不是活著的人了，作為已經死去的人，被人們認為有某種與上天對話的神性；而說它又是人，因為它又是我們的祖先，和我們有著血緣的聯繫，它能

〔註21〕李澤厚，《中國古代思想史論》〔M〕，北京：人民出版社，1986 年，第 304 頁。

夠護佑著我們後代子孫。這種祖先神的崇拜，本身就未能區隔神與人，這從一開始就給中國文化打上了現實性、人文性的烙印。天人合一，以人為本的思想長期存在於我們的傳統文化中。

儒家文化在中國文化中佔據主導地位，儒家文化更是一種人倫性的現實主義文化。孔子在其學生問到關於死的問題時，他說「未知生，焉知死」，連生都沒搞清楚，怎麼可以知道死呢？「子不語怪力亂神」，這說明儒家文化是不太關心人死後的超越的、神性的事，而更為關注現實人生的問題，人倫關係、社會治道、修身養性、內聖外王、修齊治平，這是儒家學派所著力關心的問題。儒家文化在漢唐前，被稱為周孔之教，周指周公，實際上，中華文化的崇德精神早在周初的人文主義文化中就形成德治主義的雛形，到了孔子創建儒家學派，則將這種崇德精神發揚光大，成為中華文化的鮮明特色。

第二，道德是中華文化各要素的核心

從文化的橫向諸要素的關係來看，中國文化是以道德為其核心的。韋政通先生在其《中國文化概論》一書中指出：「在中國文化中，有『一本萬殊』的理念，於是堅信一切文化都有一個共同的基礎，這基礎就是道德。中國傳統中講道德，不像西方人講道德只限制在人生的範圍內，而是彌漫在文化的一切領域。因此，中國的政治理想是『德治』，文學理想是『文以載道』，經濟的理想是『不患寡而患不均』，他如教育、法律，也莫不以道德為基礎。」〔註22〕錢穆說得更加明確：「中國文化是以『道德精神』為其最高領導的一種文化。由道德精神具體落實到政治，這一種政治，亦該是道德性的政治。再由政治控制領導著經濟。這一經濟，亦該是道德性的經濟。至於文學藝術，莫不皆然，其最高領導者，還是道德精神。中國文化之最弱點，則在宗教與科學。中國亦有宗教，然宗教地位仍受道德精神之支配。如祭祖宗、祭聖賢、祭各地有功德之人物，乃至祭天地諸神，亦一切以頌德報功之道德意義為骨幹。中國是以道德精神來洗煉了宗教信仰，並非由宗教信仰來建立道德根據。」〔註23〕梁漱溟認為，中國傳統文化具有「以道德代宗教」的特點，儒家的學說是一種準宗教，也發揮了宗教的一些基本功能。哲學思想也是以倫理思想為核心的，本體論、認識論思想都是相對薄弱或者說是服從於倫理學的。就倫理與政治法律的關係來說，倫理是政治法律的基礎，這就是所謂的政治倫理化，而所謂倫

〔註22〕韋政通，《中國文化概論》〔M〕，長沙：嶽麓書社，2003 年，第 58 頁。

〔註23〕錢穆，《文化學大義》〔M〕，北京：九州出版社，2017 年，第 75～76 頁。

理政治化是指道德是政治的基礎，政治是推行道德的手段。法律是以道德為基礎的，法律也是用以保障道德實行的。藝術音樂也是與道德相聯繫的，正如《禮記·樂記》中所說：「樂者，通倫理也。」藝術要「文以載道」，「詩言志」，樂教重在發揮「正人心」的作用。禮樂文明是緊密相聯繫的。禮是指導我們生活的行為規範，禮治秩序是我們的基本生活情態。禮儀之邦是我們民族的精神標識。

可見，傳統道德是傳統文化諸要素的核心與靈魂。中華文化是一種倫理本位型的德性主義文化，其核心和精華體現為倫理精神和價值觀，這是中華文化的特質，也是它對人類的突出貢獻。

第三，儒家學說的根本是道德至上

儒家學說是傳統文化的核心，中華傳統文化的德性特質在一定意義上可以說是由儒家塑造的。作為儒家學說的一篇綱領性文本，《大學》很好地體現了儒家學說以道德為本的思想。

「大學之道，在明明德，在親民，在止於至善。」這是儒家學說為學修身和治世的三條根本原則，也稱「三綱」，即為學的首務在於弘揚我們人性中光明的道德，並用這種道德去推己及人，親近影響民眾，使人民日新其德，成為新民，從而達到社會和人生的至善境界。三綱的總體目標要通過「八條目」加以貫徹落實。「古之欲明明德於天下者，先治其國；欲治其國者，先齊其家；欲齊其家者，先修其身；欲修其身者，先正其心；欲正其心者，先誠其意；欲誠其意者，先致其知；致知在格物。物格而後知至，知至而後意誠，意誠而後心正，心正而後身修，身修而後家齊，家齊而後國治，國治而後天下平。」格物、致知、誠意、正心、修身、齊家、治國、平天下，這「八條目」中，修身是關鍵，格物、致知、誠意、正心都是修身的過程和工夫，而齊家、治國和平天下被看作是修身的目的。修身是齊家、治國、平天下的基礎，如果沒有好的道德，或者說是「內聖」，就不可能有家齊、國治、天下平的結果。道德是政治的基礎，後者被稱為「外王」，因此，儒家這種通過修養自己的道德並通過道德的推擴來實現家齊、國治、天下平的倫理政治之道也常常被稱為「內聖外王之道」。

倫理道德不僅是做人、齊家、治國、平天下的基礎，相較於經濟、軍事的硬實力，作為一種文化軟實力也為儒家所推崇。「子貢問政。子曰：『足食，足兵，民信之矣。』子貢曰：『必不得已而去，於斯三者何先？』曰：『去兵。』

子貢曰：『必不得已而去，於斯二者何先？』曰：『去食。自古皆有死，民無信不立。』」（《論語・顏淵》）可見，在儒家的價值序列中，誠信這一道德價值是高於軍事、經濟價值的。

由於儒家在中國歷史發展過程中，是佔據統治地位的學派，它的學說的這種崇德特質深深影響了中國文化，使中國文化也具有了鮮明的德性主義特點，崇德向善成為中國文化的重要特徵。

第四，道德為本是民眾文化認同和日常生活的靈魂

每一個生活在中國文化背景下的人，不管他有沒有系統學習過中國傳統文化，相信這些話他都曾經通過文化的口頭傳承方式耳熟能詳：我國自古以來就是一個禮儀之邦；中華民族是一個自強不息、勤勞勇敢的民族；修身為本，德教為先；「己所不欲，勿施於人」、「己欲立而立人，己欲達而達人」；「君子坦蕩蕩，小人常戚戚」；「君子一言，駟馬難追」；「平日不做虧心事，不怕半夜鬼敲門」；「但行好事，莫問前程」；「君子謀財，取之有道」；「人之初，性本善」；「百善孝為先」等等。顧炎武所言「天下興亡，匹夫有責」，范仲淹的「先天下之憂而憂，後天下之樂而樂」，文天祥的「人生自古誰無死，留取丹心照汗青」，這些名人名言、俚言俗語所包含的道德教訓和人生智慧都為大家所熟悉。「二十四孝」的故事按魯迅先生的說法是「家喻戶曉、婦孺皆知」的，岳飛之忠，關羽之義，諸葛亮之智，則是不論文化高低的人都知道的。這些名言警句、名人事蹟和人格之所以為中國人世代傳誦，就是因為其中蘊含著中國人所信奉的核心價值觀、人生觀與道德智慧。〔註24〕

人的名字是一個文化符號，它往往是文化沉澱和人們的核心價值追求的直接體現，或者說直接體現著當時社會的價值取向。如果我們稍微分析一下60 歲以上甚至年齡更大的我們祖輩人的名字就會發現，不少男性的名字是以儒家倫理範疇命名的，例如馬有德、劉尚智、王有仁、張忠信、趙孝義、李有德、許惠敏、侯寬仁等，其實，不僅是男性，女性雖大多以表示美的字詞如瓊、瑤、玉、娥等來命名，但也有許多傳統女性的名字是以道德德目來命名的，比如，貞、惠、賢、淑等字都被女性拿來命名，不難看出其女性道德追求。中國傳統社會是家族社會，血緣宗法關係備受重視，所謂「人倫」就是不同輩份和類別的人際關係，同時，倫理又強調家族團結，因此，過去人取名，

〔註24〕肖群忠，〈以文化與倫理塑造引領美好生活〉〔J〕，《中國特色社會主義研究》，2019 年第 3 期。

大多都是一輩人中親兄弟、堂兄弟要連字，一看所連之字，就知道你是哪一輩，這樣輩份就不會亂。兄弟之間連字又加強了同胞之情，如用的最多的是「宗」字，如宗仁、宗禮、宗義、宗智、宗信、宗儒、宗財等都是很常見的人名。

在中國人實際的交往和生活中，道德無處不在。僅以婚禮為例，儒家經典《禮記‧昏義》篇開篇是這樣的：「昏禮者，將合二姓之好，上以事宗廟，而下以繼後世也，故君子重之。」這是說人們結成婚姻的目的不像今天是為了實現愛情，而主要是兩家結親，其目的是為了替祖先生兒育女，傳遞香火，從而起到承先啟後、血脈不斷的作用，這是婚姻的主要意義，顯然強調的是一種對家族的倫理責任。可見，道德是廣泛滲透於傳統中國人的生活中的核心價值觀念、行為規範和生活方式。

三、中華傳統文化崇德特質的當代價值

在筆者看來，傳統美德是中華傳統文化中最有實踐價值並能直接發揮現實社會作用的核心要素和精神特質。雖然對中華優秀傳統文化的弘揚是全面的，但從官方和民眾的實踐與生活方面看，實際上首先要弘揚的就是傳統美德，那麼，弘揚傳統美德對於今天的社會究竟有哪些作用與價值呢？

（一）引領整合社會

狹義的道德自然是指協調人與社會、人與人關係的規範和個人的品格、情操、人格等，但在廣義上，價值觀、人生觀也是道德的內含，因為，人如何正確行動和人應該成為什麼樣的人，這樣的問題總是以什麼才是正確的、應該的、好的這樣的價值觀問題為前提的，也是與人生的意義、目的與理想這樣的人生觀問題相聯繫的。道德包含價值觀、人生觀，或者反過來說價值觀、人生觀也是一種德，這種認識符合中外古今人們對各民族文化與道德的普遍認知。文化學的共識就是每一種民族文化的核心都是其中的價值觀念─規範系統，而道德又是這種價值觀念─規範系統中最核心的部分。中華傳統文化作為中國人的一種價值觀念─規範系統和生活方式的體現，重德精神又是其核心精神和顯著特質。如果一個民族、一個國家沒有共同的核心價值觀，莫衷一是，行無依歸，那這個民族、這個國家就無法前進。對一個民族、一個國家來說，最持久、最深層的力量是全社會共同認可的核心價值觀。顯然這種價值標準和精神追求必然會作為社會的燈塔和目標引領著社會，並以社會混凝土、黏合劑

的作用整合著社會，使全民族同心同德，萬眾一心。

當代社會，我們為什麼要大力弘揚中華優秀傳統文化？因為它承載著中華民族最核心的思想理念和價值觀，會成為我們實現中華民族偉大復興的價值指引和定海神針。在新時代，我們要發展 21 世紀的馬克思主義，就是要把馬克思主義基本原理同中國具體實際相結合，同中華優秀傳統文化相結合，這是中國化馬克思主義的新高度、新境界、新要求，是對馬克思主義的原創性貢獻。因為沒有中華五千年文明，就不會有中國特色，也不會有中國道路。中華優秀傳統文化是中華民族的精神命脈，是發展中華文明、實現民族復興的強大根基和不竭動力。「現代生活中仍有傳統，也不可能離開傳統。現代人仍需要在終極關懷、價值理想、人生意義、社會交往方面汲取傳統的智慧，因此繼承、弘揚傳統文化價值體系仍具有十分重要的意義。……發達的、現代的市場經濟與商業化趨勢更凸現出道德規範和精神文明的價值，……在現代社會，傳統是我們引導現實的方向、重建價值觀的重要資源。」〔註25〕

用哪些傳統文化的價值觀念引領當代中國社會？筆者曾在《優秀傳統文化的核心價值與當代中國社會文化發展》〔註26〕一文中有過集中的探討。黨和國家領導人在歷次講話中也都有重要論述，比如最全面的論述當數 2014 年 9 月 24 日，習近平總書記在「紀念孔子誕辰 2565 週年國際學術研討會上的講話」中指出：「中國優秀傳統文化的豐富哲學思想、人文精神、教化思想、道德理念等，可以為人們認識和改造世界提供有益啟迪，可以為治國理政提供有益啟示，也可以為道德建設提供有益啟發。」陳來認為：中國傳統文化「在社會層面滿足社會秩序、倫理、文化、心靈的需要，建設社會的精神文明；在政治層面上探求以中國傳統文化為基礎來構建共同價值觀，鞏固國家的凝聚力，積極地運用中國文化的資源重建和鞏固政治合法性。」〔註27〕那麼，具體來看，儒家重德精神的哪些觀念可以發揮這種引領整合社會的作用呢？本文認為最重要的表現在如下幾方面：

首先是儒家所講的和的觀念。在當今世界，和平與發展仍是主流，我們要堅持建設和諧社會的目標。和諧是中國傳統文化追求的核心價值目標和鮮明

〔註25〕陳來，《儒家文化與民族復興》〔M〕，北京：中華書局，2020 年，第 264～265 頁。

〔註26〕肖群忠，〈優秀傳統文化的核心價值與當代中國社會文化發展〉〔J〕，《中國特色社會主義研究》，2021 年第 5 期。

〔註27〕陳來，《儒家文化與民族復興》〔M〕，北京：中華書局，2020 年，第 215 頁。

特色。《中庸》認為「和也者，天下之達道也。致中和，天地位焉，萬物育焉」。當代中國社會也處於一個和平發展時期，經過革命鬥爭，我們取得了政權，我們黨也已經由革命黨轉變為執政黨，因此，我們適時放棄了過去的鬥爭哲學，而堅持建設和諧社會。社會和諧是人類追求的一種理想狀態，人類在「和」與「鬥」的矛盾中走過了漫長而艱難的歷程，但「和」終究是人類的夙願和理想。歷史經驗證明社會在經濟、文化上的進步必須以一個穩定祥和的社會秩序為基礎。另外，社會利益分配公平正義，人際之間誠信友愛，社會風俗祥和淳美，甚至人與自然萬物和諧相處，這正是人們世代追求的價值目標和社會理想。中華民族素以「貴和」著稱，「親仁善鄰」「講信修睦」「天時不如地利，地利不如人和」「怨家宜解不宜結」等格言，始終是我們這個多民族大家庭的精神紐帶。在相當長的時期內，這已經成為我黨的執政理念，也向國際社會進行了宣示。在黨的十八大以後，這種觀念得到了進一步強化，明確將社會和諧列為我們的五大建設目標，其實精神文明、生態美麗是和諧在人際和自然方面的體現，而經濟上的富裕、政治上的民主是和諧社會的基礎與前提。

其次，在國際觀上，我們要汲取儒家思想中的大同思想，樹立天下一家的世界情懷，構建人類命運共同體。中華文明堅持天下為公，追求大同理想。大同就是天下大同，「天下一家」的實質和核心是實現世界大同，從而協和萬邦，大同理想主張人與人、國與國之間都是平等的，人們都是天地之子，四海之內皆兄弟。聖人以天下為一家，這樣才能達到天下和合。由此，講信修睦成為人際、社會、國家、國際間相處相交的基本原則，這不正是人類永恆的追求嗎？也不正是構建人類命運共同體的終極目的嗎？「這大同兩字是中國人觀念，西方沒有。」〔註28〕「你去閱讀西洋史，看現代的西洋各國，可見他們實在沒有一大同的理想。第一次第二次世界大戰，這是西洋文化的破裂。現在不是英國法國，是美國蘇維埃了。」〔註29〕儘管如此，我們還是要用大同世界的理想來影響世界，追求全人類的普遍幸福，和平發展，普惠共享，攜手創造美好未來。

再次，在國內治理理念上要繼續堅持以人為本、為人民服務這樣的初心，這既是儒家民本思想的自然發展，也是其在現代的傳承創新。堅持一切都是為了人民，人民的幸福是治理的終極目標，也是中華民族偉大復興的核心內含，

〔註28〕錢穆，《人生十論》〔M〕，桂林：廣西師範大學出版社，2004年，第99頁。
〔註29〕錢穆，《人生十論》〔M〕，桂林：廣西師範大學出版社，2004年，第98頁。

因此要求我們情為民所繫，權為民所用，利為民所謀。人民至上，國家才會長治久安。

最後，堅持義利統一的社會價值導向。義以為上，義利統一是中華民族傳統價值觀念的重要價值趨向和特點，近幾十年來，我們在發展經濟的過程中，無形地強化了功利主義價值觀，要使社會長期可持續發展，要使人民群眾實現物質與精神的長遠內在幸福，必然堅持這種正確的價值觀，否則會產生諸多社會問題。「西方人生是以個人主義的功利觀點為主。今天我們世界有四十億人口，如果大家都要求個人的功利，這個世界當然要爭要亂，不會安定的。」〔註30〕當前中國社會處在西方文化影響最廣泛而深刻的時期，自由主義、個人主義、功利主義、權利思想深入人心，自然有其一定積極意義，但也帶來諸多負面影響。現代化並不是西方化，也不是被西方化掉，我們要保持民族文化自信，中華文化的重德精神表現在價值觀上，就是重義輕利，義務高於權利，這種正確的價值觀應該成為我們長期堅持的，並成為我們引領整合社會的價值趨向。

（二）協調人際關係

協調人際關係，本身就是道德的功能，儒家重德精神的形成基於此，也長於此。陳來曾經指出，「儒家很重要的貢獻是致力於群體生活規則的研究。比如提出了『己所不欲，勿施於人』等積極主張，增強了民族發展的凝聚力。調整和處理好人際關係是需要智慧和能力的，在這方面，儒家的貢獻是巨大的。」〔註31〕清初思想家顧炎武曾經說過：「國家之所以存亡者在道德之淺深，不在乎強與弱；曆數之所以長短者在風俗之厚薄，不在乎富與貧。」〔註32〕此話將道德之淺深與國家之存亡強弱聯繫起來，以現在的觀點看講的可能過了點，似乎有一種道德至上的思維，但不可否認，在我們近幾十年的歷史中，經濟建設的確取得了長足的進步與發展，但加強道德建設，提高中華民族的整體道德素質，建設和諧文明社會，則成為黨和國家以及民眾普遍的關懷與訴求，因為僅有經濟的富裕，還不能使民眾實現精神幸福，也不能重現禮儀之邦的文明形象。我國是一個具有深遠道德傳統的國家，儒家思想塑造了崇德向善的文

〔註30〕錢穆，《人生十論》〔M〕，桂林：廣西師範大學出版社，2004年，第104頁。
〔註31〕陳來，《儒家文化與民族復興》〔M〕，北京：中華書局，2020年，第236頁。
〔註32〕〔清〕顧炎武，《日知錄集釋》（上）〔M〕，黃汝成集釋，欒保群、呂宗力校點，
　　　　上海：上海古籍出版社，2014年，第299頁。

化特質，道德在中國古代歷史上也確實很好發揮了協調人際關係、提高社會文明的作用。因此，我們今天重新重視並弘揚優秀傳統文化和傳統美德，就是要汲取傳統道德智慧，以資於現代道德文明建設。

狹義的道德就是指協調人際、己群甚至群際關係的規範，它的作用本身就是不僅協調個人與整體如民族、國家和社會的關係，而且協調人與人的人際關係。在前一方面，中國傳統的價值觀與道德觀是整體主義導向的，如強調士人要以天下為己任、天下為公，要與民同樂，如范仲淹所說「先天下之憂而憂，後天下之樂而樂」、顧炎武所說「天下興亡，匹夫有責」等等。屈原為表愛國志而投江，諸葛亮鞠躬盡瘁，岳飛精忠報國，鄭成功收復臺灣，很多仁人志士都為國家民族建功立業，推動了中華民族多元一體共同體的形成與發展壯大。

在人與人關係上，是他人為先的，「互以對方為重」，「中國以前的舊人生，可以說不看重個人，而是重大群的。可以說是以群體主義的道義觀點為主。」〔註33〕「我們今天老是講獨立，這是西洋人個人主義的觀念。……你看中國這個人字，一撇不成，一捺也不成，要一撇一捺相配合，才是一個人字。」「人與人相偶，都要有愛。而中國人講法，要講愛同時一定要講敬。」〔註34〕仁者愛人，義以正己。「己所不欲，勿施於人」、「己欲立而立人，己欲達而達人」。要像明代思想家呂坤所說「肯替別人著想，是第一等學問」那樣待人，這種利他主義的先人後己思想是一種優良的道德傳統，對於克服西方個人主義的消極影響，協調人際關係，顯然是寶貴的精神資源。

（三）培育高尚人格

中華文化的重德精神體現在人或者個體層面，就是非常重視個人修身和高尚人格培育。《大學》有言：「自天子以至於庶人壹是皆以修身為本。」也就是說不管是貴為皇帝，還是普通老百姓，都要修身。「怎麼叫修身呢？修身就是講一個人做人的道理。」「西方人所要求於人的就是個守法。政府就代表著國家，這便是所謂法治，法治之外，便一切都自由，一切都平等。」〔註35〕但中國人正要在這些自由處來講究，也就是在這個法律不再管束的自由領域裏自覺地修身做人，在各種人倫關係中，自覺地履行我們的角色義務，以求得自

〔註33〕錢穆，《人生十論》〔M〕，桂林：廣西師範大學出版社，2004 年，第 104 頁。
〔註34〕錢穆，《人生十論》〔M〕，桂林：廣西師範大學出版社，2004 年，第 105 頁。
〔註35〕錢穆，《人生十論》〔M〕，桂林：廣西師範大學出版社，2004 年，第 100 頁。

我的人格完善、道德實現。一方面修身必須在人倫關係中去修，另一方面又必須有主體或者個體的道德自覺性和能動性。

修身，成就高尚人格，就不僅僅是做一名守法的公民，而是要成聖成賢，起碼也應該做一名有德的君子而非小人。因此，我們今天僅講公民道德建設是不夠的。也就是說僅僅守法，只能算是遵守了社會的底線倫理，合法而不夠高尚，而儒家倫理是倡導人們在道德上做得更好更高尚。因為法的精神是防制人，而道德則在啟發人、誘導人。「孔子說：克己復禮為仁，為仁由己而由人乎哉：這是中國觀念教人完成為我的大教訓。」〔註36〕可見，在當代進行公民道德教育，法制觀念教育雖然是基礎，是必要的，但還是不夠的，我們還必須傳承和弘揚中華傳統文化中的重德和修身精神，通過不斷的社會教化和個人修養，培育高尚人格，實現個體的道德完善。

按傳統文化重德主義的理解，人生的成功幸福與自我實現，並不在於外在的功名利祿，而在於內在道德的完善。幾十年前，我們引進了馬斯洛的需要層次理論，把「自我實現」多理解為人的智力的充分發揮和成功學意義上的有地位、有金錢，也就是我們傳統的說法「大富大貴」，因此，現在的年輕人多追慕有錢的老闆、有權的官員、有名有利的明星，道德與人格的價值空前失落了。在這個功利主義的現時代，以儒家為核心的傳統文化的這種重德和修身精神是多麼珍貴的精神營養，它對於糾正時下人們一味追求外在利益而忽視內在的道德追求的偏頗提供了寶貴的精神啟示與借鑒，對於人們實現心身和諧與持久深刻的幸福是寶貴的精神營養。

以上我們具體分析論述了中華文化的崇德精神的現代價值。我們知道，中華文化的崇德精神主要是由儒家所塑造的，儒家的創始人，中華民族的至聖先師又是孔子，因此，中華文化的崇德精神在某種意義上就是孔子思想的崇德精神。如果放在一個更大的時空範圍裏看，孔子或者儒家甚至中華文化的崇德精神有無普遍的世界意義呢？在本文末尾，筆者引述美國人邁克爾·舒曼（Michael Schuman）在《孔子改變世界》一書的某些觀點，可以說是對這個問題的很好回答和論證。這本書名其實已經就告訴了我們一個基本結論，就是孔子的崇德精神具有改變世界的力量，是有超越時空的普遍意義的。

該書認為，孔子「致力於以德育人、倡導善政、重視家庭、促進社會繁榮。他以道德教育為目標，並主張將道德用於實踐，以創造更美好的社會。在

〔註36〕錢穆，《人生十論》〔M〕，桂林：廣西師範大學出版社，2004 年，第 49 頁。

他看來，更重要（更實際）的任務是建設和諧社會。」〔註37〕「儒家也提出了
一套類似於《十誡》的教義和道德規範，用來指導人們的行為。」〔註38〕「他
構想了一個這樣的社會：人人盡責，將家庭和社會的利益放在自己的利益之
上。他為了將飽受自私和戰爭折磨的世界改造為無私、和平的世界不懈努力。
他認為，我們修身，社會就會完美。最重要的是，他認為，我們每個人投入時
間和精力提高自我，就能形成改變世界的力量。」「孔子的一生很大程度上就
是追求完美道德的一生。」〔註39〕「孔子最核心的思想是對個體力量的信仰。
如果人人有德行，世界就會安寧。相反，自私無德會導致社會混亂、貧窮和戰
爭。……我們的做法決定了貧窮與富貴、戰爭與和平、有序與無序、公正與不
公。個人的德行具有改變世界的神奇魔力。」〔註40〕顯然邁克爾·舒曼對孔子
儒家的崇德精神特質是有深刻瞭解的，並對道德的力量體現出高度的信心。另
外，孔子思想對世界的未來能否發揮影響？在該書作者看來：「孔子足以成為
史上最重要的人物。他的學說塑造了當今超過十六億人——占世界人口的近
四分之一——的日常生活，其影響範圍北起中國南至印度尼西亞爪哇島的廣
大地區。他對全球現代文化的影響僅次於基督教。」〔註41〕最起碼對儒學文化
圈國家的影響是客觀的。「在除中國外的亞洲各國，例如韓國和日本，孔子融
入了當地的文化，孔子學說整合了當地的習俗和信仰。」〔註42〕「東亞道德標
準的制定者不是摩西，而是孔子；公民與國家關係、個體在社會中的地位的定
義者不是洛克或托馬斯·傑佛遜，而是孔子。」〔註43〕「千百年來，孔子已經
成為了本地區生活的一部分。……對東亞人而言，遵循儒家準則習以為常，是

〔註37〕〔美〕邁克爾·舒曼，《孔子改變世界》〔M〕，路大虎、趙良峰譯，北京：中
　　　　國青年出版社，2022 年，第 13 頁。
〔註38〕〔美〕邁克爾·舒曼，《孔子改變世界》〔M〕，路大虎、趙良峰譯，北京：中
　　　　國青年出版社，2022 年，第 11 頁。
〔註39〕〔美〕邁克爾·舒曼，《孔子改變世界》〔M〕，路大虎、趙良峰譯，北京：中
　　　　國青年出版社，2022 年，第 307 頁。
〔註40〕〔美〕邁克爾·舒曼，《孔子改變世界》〔M〕，路大虎、趙良峰譯，北京：中
　　　　國青年出版社，2022 年，第 14 頁。
〔註41〕〔美〕邁克爾·舒曼，《孔子改變世界》〔M〕，路大虎、趙良峰譯，北京：中
　　　　國青年出版社，2022 年，第 6 頁。
〔註42〕〔美〕邁克爾·舒曼，《孔子改變世界》〔M〕，路大虎、趙良峰譯，北京：中
　　　　國青年出版社，2022 年，第 11 頁。
〔註43〕〔美〕邁克爾·舒曼，《孔子改變世界》〔M〕，路大虎、趙良峰譯，北京：中
　　　　國青年出版社，2022 年，第 7 頁。

普通的日常生活。」〔註44〕「東亞文明史實際就是儒家思想發展史。」〔註45〕最後，此書作者認為，「無論情況如何發展，它都將影響全球。」〔註46〕孔子的學說和著述「蘊含著適用於任何時代、政治制度和文化的人文觀，無論國籍、種族和宗教信仰，孔子學說都具有普遍性和超越時空的特點。孔子，過去重要，未來也同樣重要。」〔註47〕這是一個外國人以「第三隻眼睛」看中國的角度，對孔子、儒家、中華文化的崇德精神和現代價值的最好論述，對我們具有重要的借鑒價值。

　　文化自信是一個民族的精氣神，而這種文化自信最重要的是本民族的文化自信和歷史自信，傳承弘揚中華優秀傳統文化，離不開對其本質特性的把握，認識中華文化的重德精神特質並加以弘揚光大是時代賦予我們的歷史使命。

原載《西北師大學報（社會科學版）》，2022 年第 6 期

〔註44〕〔美〕邁克爾‧舒曼，《孔子改變世界》〔M〕，路大虎、趙良峰譯，北京：中國青年出版社，2022 年，第 20 頁。

〔註45〕〔美〕邁克爾‧舒曼，《孔子改變世界》〔M〕，路大虎、趙良峰譯，北京：中國青年出版社，2022 年，第 8 頁。

〔註46〕〔美〕邁克爾‧舒曼，《孔子改變世界》〔M〕，路大虎、趙良峰譯，北京：中國青年出版社，2022 年，第 22 頁。

〔註47〕〔美〕邁克爾‧舒曼，《孔子改變世界》〔M〕，路大虎、趙良峰譯，北京：中國青年出版社，2022 年，第 23 頁。

論中華傳統美德的當代地位與作用
——兼論傳統美德與社會主義道德的關係

　　黨的十八大以來，習近平高度重視傳承弘揚中華優秀文化與傳統美德，對此做出了一系列重要論述。當前我們不僅要大力弘揚中華優秀傳統文化和傳統美德，而且要繼續堅持弘揚社會主義道德、培育社會主義核心價值觀。那麼，這兩者之間是什麼關係，中華傳統美德與社會主義價值觀、道德觀在當代社會生活中會發揮怎樣的作用，如何對待外來的西方道德，這是本文欲探討的問題。

一、傳統美德與社會主義道德的本來與未來關係

　　道德、傳統道德、傳統美德這三個概念構成了總屬關係。「道德」中的「道」指的是人與人之間相互交流的規範，「德」指的是人的品德和情操；「傳統道德」是指我國先哲概括創造出的道德規範，是在歷史長河中為老百姓所長期踐行的一種實踐文化。「傳統美德」則是對「傳統道德」這個總屬概念做出的進一步的價值界定，指的是「傳統道德」中那些以當今時代為衡量標準仍然合理的成分和精華部分。

　　20世紀90年代以來，隨著民族文化自信心的增強，中國民間社會重新燃起對傳統文化和傳統美德的熱情，民間的傳統文化熱持續高漲。由於傳統美德是傳統文化的核心，因此民眾對傳統文化的熱情實際上主要還是對傳統美德中的為人處事、安身立命等道德價值的重視，儒家的和諧理念也一度成為我們建設和諧社會的思想觀念基礎。對於中華優秀傳統文化和傳統美德的明確重視和肯定始於黨的十八大以後的新時代，那麼，黨和國家所長期重視並成為指

導國家和國民精神生活主流價值的社會主義道德與在新的形勢下所重視的傳統文化與傳統美德，二者之間是什麼關係？只有釐清了這個問題，才能深入把握中華傳統美德在當代中國社會的地位與作用。

本文主要以習近平系列重要講話精神和中央的兩個相關文件即 2017 年 1 月中共中央辦公廳、國務院辦公廳印發的《關於實施中華優秀傳統文化傳承發展工程的意見》以及 2019 年 10 月中共中央、國務院發布的《新時代公民道德建設實施綱要》為根據，分析中華傳統美德與社會主義核心價值、主流道德的關係。

習近平於 2013 年 11 月底考察曲阜孔府和孔子研究院時指出：「國無德不興，人無德不立」，必須加強全社會的思想道德建設，「引導人們嚮往和追求講道德、尊道德、守道德的生活，形成向上的力量，向善的力量。只要中華民族一代接著一代追求美好崇高的道德境界，我們的民族就永遠充滿希望」。〔註1〕習近平明確提出要加強當代社會的道德建設，以德興國、以德立人就必須傳承弘揚中華優秀文化與傳統美德，並指明了我們弘揚優秀傳統文化和傳統美德是因為「國無德不興，人無德不立」。儒家思想的核心是一種倫理道德思想，它塑造了中華民族重視道德、崇德向善的文化特點和價值取向，因此，只有很好地傳承儒家文化所代表的這種民族精神和價值取向，並以此為重要的精神營養來加強當代社會的思想道德建設，才能提升當代中國社會的道德文明水平，提高人民的整體道德素質，形成向上、向善的社會風氣和人民講道德、尊道德、守道德的生活方式，進而使全民族一代接著一代追求美好崇高的道德境界，這樣我們的民族就會永遠充滿希望。這是向全社會發出尊重、傳承、弘揚中華優秀傳統文化和傳統美德的號召，為進一步弘揚中華優秀傳統文化與傳統美德吹響了動員號令。

那麼，中華傳統美德與社會主義核心價值觀、道德觀究竟是什麼關係？在 2014 年 2 月中共中央政治局的專題學習討論會上，習近平明確指出：「培育和弘揚社會主義核心價值觀必須立足中華優秀傳統文化。中華傳統美德是中華文化精髓，蘊含著豐富的思想道德資源。不忘本來才能開闢未來，善於繼承才能更好創新。要認真汲取中華優秀傳統文化的思想精華和道德精髓，大力弘揚以愛國主義為核心的民族精神和以改革創新為核心的時代精神，深入挖掘和

〔註 1〕 中共中央文獻研究室，《習近平關於社會主義文化建設論述摘編》〔M〕，北京：中央文獻出版社，2017 年，第 137 頁。

闡發中華優秀傳統文化講仁愛、重民本、守誠信、崇正義、尚和合、求大同的時代價值，使中華優秀傳統文化成為涵養社會主義核心價值觀的重要源泉。」這段話明確肯定中華傳統美德是中華文化的精髓，中華傳統美德是社會主義核心價值觀的源泉和基礎，二者是本來與未來的關係。中華優秀傳統文化中包含著培育社會主義核心價值觀與道德觀的豐富思想資源，是我們民族文化傳統的根源與根本，是我們民族精神的核心與靈魂，如果缺乏這個源頭和根本，在當代培育社會主義核心價值觀與道德觀就是無源之水，無本之木，我們要不忘本來才能開闢未來，要善於繼承才能更好創新。講話中重點提出的六大觀念都是傳統文化中的核心要素，如仁愛、誠信、正義就是「五常」中的三個德目即仁、義、信，其他三條恰恰是在此基礎上擴展出來的核心政治理念和崇高至善理想，即民本、和合、大同。這次講話明確指出了中華優秀傳統文化、傳統美德與社會主義核心價值觀的關係是本來與未來的關係。在習近平後來的講話與黨的文件中，這一核心觀點和論述一直沒有改變。

2014 年五四青年節，習近平在與北京大學師生座談會的講話中再次高度肯定中華優秀傳統文化與傳統美德的價值。他說：「中華文明綿延數千年，有其獨特的價值體系。中華優秀傳統文化已經成為中華民族的基因，植根在中國人內心，潛移默化影響著中國人的思想方式和行為方式。今天，我們提倡和弘揚社會主義核心價值觀，必須從中汲取豐富營養，否則就不會有生命力和影響力。比如，中華文化強調『民惟邦本』『天人合一』『和而不同』，強調『天行健，君子以自強不息』『大道之行也，天下為公』；強調『天下興亡，匹夫有責』，主張以德治國、以文化人；強調『君子喻於義』『君子坦蕩蕩』『君子義以為質』；強調『言必信，行必果』『人而無信，不知其可也』；強調『德不孤，必有鄰』『仁者愛人』『與人為善』『己所不欲，勿施於人』『出入相友，守望相助』『老吾老以及人之老，幼吾幼以及人之幼』『扶貧濟困』『不患寡而患不均』，等等。像這樣的思想和理念，不論過去還是現在，都有其鮮明的民族特色，都有其永不褪色的時代價值。」〔註2〕習近平在講話中指出中華優秀傳統文化作為一種價值體系是中華民族的基因，對中國人的思想和行為發生了決定性的影響，因此培育社會主義核心價值觀與道德觀必須從中吸取營養，否則就不會有生命力和影響力。除了一些哲學思想理念外，習近平從價值觀與道德

〔註 2〕 習近平，《青年要自覺踐行社會主義核心價值觀——在北京大學師生座談會上的講話》〔M〕，北京：人民出版社，2014 年，第 7 頁。

觀的角度講到了自強不息的民族精神、崇德向善的文化特徵、天下為公的崇高理想和義以為上的責任擔當，還講到了仁愛之德的諸多體現，「言必信、行必果」的信德等，對傳承弘揚傳統美德做出了重要論述。「基因說」實際上是對優秀傳統文化與傳統美德的本來、根本地位的進一步形象化的論證，再次肯定了其對中國人的思想與行為的根本性、基礎性影響。

2014 年 9 月 24 日，習近平在紀念孔子誕辰 2565 週年國際學術研討會上的講話中對中華優秀傳統文化進行了全面的概括和論述：「中國優秀傳統文化中蘊藏著解決當代人類面臨的難題的重要啟示，比如，關於道法自然、天人合一的思想，關於天下為公、大同世界的思想，關於自強不息、厚德載物的思想，關於以民為本、安民富民樂民的思想，關於為政以德、政者正也的思想，關於苟日新日日新又日新、革故鼎新、與時俱進的思想，關於腳踏實地、實事求是的思想，關於經世致用、知行合一、躬行實踐的思想，關於集思廣益、博施眾利、群策群力的思想，關於仁者愛人、以德立人的思想，關於以誠待人、講信修睦的思想，關於清廉從政、勤勉奉公的思想，關於儉約自守、力戒奢華的思想，關於中和、泰和、求同存異、和而不同、和諧相處的思想，關於安不忘危、存不忘亡、治不忘亂、居安思危的思想，等等。中國優秀傳統文化的豐富哲學思想、人文精神、教化思想、道德理念等，可以為人們認識和改造世界提供有益啟迪，可以為治國理政提供有益啟示，也可以為道德建設提供有益啟發。」〔註 3〕這次重要講話闡發了國家治理的文化理念和政策，為 2017 年中共中央辦公廳、國務院辦公廳在弘揚優秀傳統文化的專門文件中全面概括中華優秀傳統文化的核心內容奠定了基礎，即中華優秀傳統文化包括思想理念、傳統美德、人文精神三個核心部分。

2017 年 1 月 25 日，中共中央辦公廳、國務院辦公廳印發了《關於實施中華優秀傳統文化傳承發展工程的意見》（下文簡稱《意見》），認為中華優秀傳統文化代表中華民族獨特的精神標識，是中國特色社會主義植根的文化沃土，因此我們要堅守中華文化立場，傳承中華文化基因，不忘本來，吸收外來，面向未來，汲取中國智慧、弘揚中國精神、傳播中國價值，不斷增強中華優秀傳統文化的生命力和影響力，創造中華文化新輝煌。這充分體現出我們的民族文化自信和弘揚民族文化的堅定決心。黨的文件貫徹了習近平重要講話的相關

〔註 3〕 習近平，《在紀念孔子誕辰 2565 週年國際學術研討會暨國際儒學聯合會第五屆會員大會開幕式上的講話》〔M〕，北京：人民出版社，2014 年，第 6～7 頁。

思想，明確將中華優秀傳統文化的主要內容概括為三個方面：核心思想理念、中華傳統美德、中華人文精神，闡明中華優秀傳統文化的本來、根本、基因地位，並指出了「不忘本來，吸收外來，面向未來」對待中、西、馬三種精神和文化資源的態度，這也是對三者關係更為明晰的表述。

習近平在 2014 年所講的六大觀念被放在「核心思想理念」中，正如前文所分析，六大觀念中的三條都是「五常」的內容，這也印證了中華傳統美德是中華優秀文化的核心和靈魂。《意見》對中華傳統美德做出了這樣的概括：「中華優秀傳統文化蘊含著豐富的道德理念和規範，如天下興亡、匹夫有責的擔當意識，精忠報國、振興中華的愛國情懷，崇德向善、見賢思齊的社會風尚，孝悌忠信、禮義廉恥的榮辱觀念，體現著評判是非曲直的價值標準，潛移默化地影響著中國人的行為方式。傳承發展中華優秀傳統文化，就要大力弘揚自強不息、敬業樂群、扶危濟困、見義勇為、孝老愛親等中華傳統美德。」將傳統義德、忠德、崇德風尚和宋代所講的「八德」作為核心內容，並將當代社會所評選的五類道德楷模作為傳統美德的現代傳承和創新的典型加以總結概括，這充分體現出傳統美德是當代中國人道德實踐的基因、根源以及傳統美德的根本性地位與作用。

2019 年 10 月中共中央、國務院發布的《新時代公民道德建設實施綱要》（下文簡稱《綱要》）開篇寫道：「中華文明源遠流長，孕育了中華民族的寶貴精神品格，培育了中國人民的崇高價值追求。中國共產黨領導人民在革命、建設和改革歷史進程中，堅持馬克思主義對人類美好社會的理想，繼承發揚中華傳統美德，創造形成了引領中國發展進步的社會主義道德體系。」這段話簡單準確地闡述了中華傳統美德與社會主義道德體系的關係。中華優秀文化是源頭和根本，中國共產黨人堅持了馬克思主義的美好社會理想，正是在中華優秀文化和馬克思主義的社會理想的基礎上創造形成了社會主義道德體系。簡單地說社會主義道德體系就是在中華傳統美德這個文化傳統和馬克思主義社會理想二者相結合的基礎上形成的，它們融合在一起成為當代中國社會主義道德體系，發揮著引領社會發展進步的作用。

綜上所述，中華傳統美德與當代中國社會主義核心價值觀、社會主義道德存在著本質上的一致性，筆者曾經撰文〔註4〕指出：儒家仁愛精神中的「博施

〔註 4〕 肖群忠，〈仁愛與為人民服務——道德建設的內在起點與目的〉〔J〕，《江海學刊》，1998 年第 2 期。

於民而能濟眾」與社會主義道德的核心「為人民服務」有著本質上的一致性，與我們黨堅持的以人民為中心、以人為本的思想都是一致的。它們是基礎與根本、本來與未來的關係，培育社會主義價值觀必須立足於中華優秀傳統文化，弘揚社會主義道德也必須以中華美德為源頭活水和文化基礎。

二、堅持社會主義價值觀與道德觀的頂層價值引領

以馬克思主義為指導的社會主義道德對我國社會生活將持續發揮其價值引領和頂層設計作用。《綱要》的「總體要求」指出：「堅持馬克思主義道德觀、社會主義道德觀，倡導共產主義道德，以為人民服務為核心，以集體主義為原則，以愛祖國、愛人民、愛勞動、愛科學、愛社會主義為基本要求，始終保持公民道德建設的社會主義方向。」「堅持以社會主義核心價值觀為引領，將國家、社會，個人層面的價值要求貫穿到道德建設各方面，以主流價值構建道德規範、強化道德認同、指引道德實踐，引導人們明大德、守公德、嚴私德。」這兩段話明確指出當代中國的道德建設仍然要以社會主義道德和社會主義核心價值觀甚至共產主義道德作為我們的崇高理想和價值指引，只有這樣，才能引導人們不斷增強道路自信、理論自信、制度自信、文化自信，把共產主義遠大理想與中國特色社會主義共同理想統一起來，把個人理想融入國家富強、民族振興、人民幸福的偉大夢想之中。上述內容是我們在道德建設中應當長期堅持的社會主義道德的核心精神、基本要求，有些內容甚至被寫進國家憲法。可見，堅持社會主義價值觀、道德觀仍然是我國國家治理、文化發展頂層設計的價值思想基礎，也是理想、信仰引領的燈塔和方向。

我們國家是社會主義國家，共產主義和社會主義道德是中國共產黨人把馬克思主義的理論和社會理想與中國革命的實際相結合後，在革命年代形成的無產階級道德的基礎上形成發展而來的，雖然當前處於社會主義建設和發展時期，與革命時期的情況有所不同，但我們的社會理想沒變，未來目標沒變，因此仍然要堅持共產主義與社會主義道德的頂層設計和價值引領作用。堅持社會主義核心價值觀與道德觀仍然是當代中國道德建設的首要任務和重中之重。全心全意為人民服務是共產主義人生觀和道德觀的核心，也是中國共產黨人的奮鬥目標和人生信條。我們黨搞改革開放，實現脫貧致富並開啟鄉村振興計劃，這一切都是為了國家富強、民族振興、人民幸福，這也是社會主義人生觀和道德觀的價值指引和實踐落實，更是以人為本，情為民所繫、權為民所用、利為民所謀的具體實踐。不僅要在黨員幹部中持續不斷地進行不忘初心、

為人民服務的黨的宗旨教育，而且要在人民群眾中將這一崇高理想和目標用傳統文化中的仁愛思想加以教育落實，仁者愛人，讓全社會充滿愛心與善意，樂於奉獻，與人為善，形成仁愛、親善、和諧的社會風氣。

在當代社會，個人與他人，個人與集體的矛盾並沒有完全消失，因此要在進行利他主義、互以對方為重的中國傳統人際道德教育外堅持集體主義原則，當個人與集體利益出現矛盾時，仍然要倡導以集體利益為本為先，倡導自我犧牲。比如，在與外敵對抗與鬥爭的過程中，戍邊英雄就是以自己年輕的生命保衛了祖國的領土、主權和尊嚴，以這種自我犧牲的集體主義精神為祖國增光添彩。這既是集體主義道德精神的體現，更是愛國主義精神的體現。因此，還要長期對黨員幹部群眾進行集體主義、愛國主義、社會主義的教育和引領。社會主義教育，不僅是一種政治教育，更是一種道德教育。在當代愛國與愛社會主義是一致的，自覺熱愛我國的社會制度，這正是制度自信的表現，也是一個國民政治道德的體現。

社會主義道德是一個完整的體系，它不僅包括為人民服務這個核心、集體主義原則，而且還包括「愛祖國、愛人民、愛勞動、愛科學、愛社會主義」的基本要求，還包括社會公德、職業道德、家庭美德、個體品德等，它以完整的體系性的道德規範和力量指導著當代中國人的諸多生活領域。「五愛」的基本要求體現著基本的道德態度和道德精神。愛勞動是因為社會主義制度的基本特性在於「各盡所能、按勞分配」，因此作為公民，要樹立愛勞動的道德態度和品質，才能從根本上用中國人民的勤勞取得新的建設發展成就。當然，勞動不僅是財富之母，也是培養高尚道德人格的重要途徑。科學技術是第一生產力，科教興國是我們的治國戰略，尊重科學、崇尚科學精神是當代文化和精神文明的重要特徵和基礎，因此要求公民具有愛科學的精神自然就成為對公民的基本道德要求。近些年來，黨和國家不僅重視宏觀的道德精神培育，而且非常重視社會公德、職業道德、家庭道德建設，取得了突出的成就，我們能切身感受到公民社會公德素質的提升和職業道德水平的提高。近年來，黨和國家非常重視家庭、家風、家教工作，重視家庭道德建設，在這方面不僅取得了重要的成就，也得到了人民群眾的衷心擁護。特別是重視對個體品德的培育。習近平在十九大報告中講到了「推進社會公德、職業道德、家庭美德、個人品德建設」，並在 2018 年「兩會」上又提出「明大德、守公德、嚴私德」，其中的私德即是個人道德。中共中央於 2019 年 10 月 27 日發布的《新時代公民道德建

設實施綱要》中明確對個人品德的內容做出了經典性論述:「推動踐行以愛國奉獻、明禮遵規、勤勞善良、寬厚正直、自強自律為主要內容的個人品德,鼓勵人們在日常生活中養成好品行」,既包含了政黨、國家對個體基本品德的要求與期待,也強調了人民群眾要在日常生活中自覺養成美好品行。

綜上所述,社會主義核心價值觀與社會主義道德體系仍然是當代中國社會精神道德生活的頂層設計和價值引領,並以其體系性的豐富內容指導著我國人民的道德實踐。

三、用傳統美德指導人民群眾日常生活

一個社會的道德結構既要有頂層設計,也要有紮實根基,要把這種宏觀層面的主流價值觀、道德觀融入人們的日常生活中去,使之成為指導人們日常生活與交往的現實倫理規範和實踐行為方式。中華傳統美德以其豐富、鮮活的道德精神資源可以為當代的道德實踐提供日常生活的指導和規範。

筆者曾經撰文[註5]指出,在幾十年的道德建設過程中,我們的主流道德教化嚴格說來只是一種宏觀的政治道德教化,如堅持以為人民服務為核心、堅持集體主義、堅持「五愛」等,但這僅規定了一種核心的道德精神,大多是人們處理個人與國家、集體關係的倫理原則,人們的日常生活、人際交往只有這些倫理原則是不夠的,還必須有細微的規範。因此,中華傳統美德不僅是社會主義核心價值觀、道德觀的精神根源,作為一種規範體系,更要能夠很好地發揮指導人民群眾日常生活的功能和作用。人類道德除了有關係國家政治生活的一面外,還大量地涉及民眾的日常生活,如在家要孝敬父母、與朋友交要講信義、做人要忠義、待人要仁禮,這些內容並不會隨著社會制度和意識形態的變化而立刻發生變化,只要是合理的,它還會在人們的道德生活中發揮作用,被自發地繼承留傳下來。

中國傳統美德主要是以家族道德與國家政治道德兩種形式存在的,兩者之間保持了高度的一致性,這種道德結構適應了當時社會結構的需要,因而在傳統社會中發揮了較強的社會整合作用,實現了對社會和人心的有效控制。社會倫理秩序在宏觀方面是由國家政治倫理操控的,而民眾的日常生活則是由家族倫理、個體倫理、行業倫理、社會倫理規範的。

〔註 5〕 肖群忠,〈傳統道德資源與現代日常生活〉〔J〕,《甘肅社會科學》,2004 年第4 期。

　　新中國成立以後的相當長的時期內，政治成為社會生活的主旋律，國家即社會，社會即國家，國家與社會處於高度統一之中，政治權力滲入日常生活、私人領域的很多方面。在這種社會背景下，道德結構以政治化的國家倫理（或稱國家道德意識形態）代替了所有道德如社會、職業與個體日常生活道德。改革開放以後，我國逐步實現了從計劃經濟向市場經濟的轉型，我國的社會政治關係也在發生著重要變化。隨著經濟成分和利益主體的多元化，獨立於國家行政干預的私人領域、（民間）社會生活正在產生和擴展。同時，隨著國家與社會的分離，國家行政權力漸漸從人們的日常生活、私人領域退出，僅僅依靠過去的單一的國家政治倫理來指導多元而豐富的民眾生活實踐顯然是不可能的了。這種情況要求道德建設一定要面向生活、面向民眾、面向實踐。

　　現代民眾生活的日常性日益凸現。民眾是自己生活的主人，他們有自己的經濟生活、職業生活、個人生活、社交公共生活等，這種民眾日常生活具有個體性、私人性、民間性、公共性，因此社會的倫理道德必須尊重這種民眾生活的特性和權利，要創建適應這種日常生活、體現現代意識並與民眾生活實踐緊密相聯繫的道德體系。道德並不是僅體現在一些政治原則中，而是更多地體現在民眾的人倫日常的實際生活中。道德作為一種實踐理性，其作用與功能就在於對民眾日常生活的指導，換句話說，它的真理性與合理性也正是在日常生活中形成的，並在日常生活中得以強化的。道德真理並不總是一些抽象的政治原則，而是充滿著樸素性的生活真理和為人之道、人際之方。

　　傳統美德之所以被那麼多人所信奉與實踐就在於它與民眾的生活實踐有著緊密的聯繫。國家政治倫理原則恰恰是從這種家族社會的日常生活規範中提升出來的，因此它有著廣泛的群眾基礎。中華傳統美德是我們民族的基因，長期以來指導著中國人的道德實踐，塑造著中國人的生活方式。今天我們如果能夠在民眾日常生活中很好地傳承弘揚傳統美德，就能使民眾心有所安、行有所矩，實現人際和社會和諧，使生活更加幸福而有美感，就能很好地發揮其充實社會主義道德體系、指導民眾日常生活的作用，從而與社會主義道德融為一體，共同發揮其頂層設計引領和指導日常生活規範的作用。比如，儒家道德首重修身，重視私德或者我們今天所說的「個體品德」的培育，認為這是一切道德的基礎，「自天子以至於庶人，壹是皆以修身為本」「富潤屋、德潤身，心廣體胖」（《大學》）。這也正是習近平所說的「人無德不立」的道理。「立德、立言、立功」以立德為先，要做事先做人。儒家的這種重德精神在重視物質而輕

視精神與道德的當下就顯得特別重要。弘揚中華優秀傳統文化與傳統美德的首要要求就是對這種崇德向善精神的重視、繼承與弘揚，這也是中華人文精神的根本和要旨即崇德向善、修身為本。

在家庭生活和倫理方面，中國人特別重視家庭親情。家庭不僅是人們生活的共同體，而且是人們精神和道德的港灣。在傳統倫理關係的「五倫」中，三倫都是家庭倫理。「父子有親、夫婦有別，長幼有序」，父慈子孝、夫和妻順、兄友弟恭，家和萬事興。耕讀傳家、勤儉持家，重視家庭、家教、家風對青少年品德與人格培育的價值，這一切都是優良傳統，在現代生活中加以繼承發揚，必然會促進家庭成員道德素質的提升，促進家庭和諧幸福。

傳統美德中還有大量涉及宗族、鄉里、行業、社會等方面的道德資源。家族道德是家庭倫理的延伸，也具有某種地緣基礎上的公共性。傳統中國非常重視鄉規民約的建設，正風俗、美鄉里從來都是傳統中國社會基層治理的道德追求。在歷史上也出現了大量鄉規民約的經典文本和成功實踐經驗，這些都值得當代借鑒。職業活動的行業道德、敬業精神自古以來就有。執事敬是中華民族優良傳統，比如商德方面視顧客為衣食父母；君子愛財，取之有道；公平交易、童叟無欺。師德方面學而不厭，誨人不倦；言傳身教。醫德方面以醫達仁、救死扶傷、精益求精、認真負責。這些道德精神傳統都可以成為今天進行職業道德建設的精神滋養。另外，中國古代有大量的公益慈善思想資源，出於義務而無權利訴求並為大眾謀利的所有行為都被稱為義舉，如義學、義塾、義倉、義舍、義橋、義路、義井、義田，這些行為基本上都是濟助大眾的義行，這種義行有兩項要素，一是以造福眾人為目的，一是民間自發。正如明代姚舜政在《藥言》中所說：「立義田以給族之不能養者，立義學以淑族之不能教者，立義冢以收族之不能葬者。」這種義舉不僅僅侷限於同族中，在全社會也廣泛施行。清初石成金在其著作《傳家寶‧人事通》中所表達的「義」可以視作我國封建社會後期民間義觀的綜合體現：「義者，宜也。為所當為，謂之義。如為子死孝，為臣死忠之類是也。其次則於宗族鄉黨之中，見有貧而不能婚嫁殯葬的，須當量力以贈之。見有遭難困苦，衣食不給的，須當量力以濟之。見有含冤負屈而不能伸的，須當出力率眾慷慨公道以白之。至於修橋修路、施藥施棺，賑饑濟乏，喜道人善，廣行方便，皆義也。」

可見，中華傳統美德不僅是當代道德建設的根源與根本，而且其豐富的思想道德資源是指導當代民眾日常生活的豐富精神寶庫。

四、吸收外來，批判借鑒西方道德合理因素

中華傳統美德是中華民族本來的文化價值根源與基礎，而西方道德的合理因素也應為我們在批判分析基礎上加以借鑒利用。

中西方的文化傳統不同，社會基礎不同，因此形成的道德精神和原則規範肯定存在很大的異質性。比如，中華傳統美德強調以群體和他人為本，而西方道德強調個體本位、個人本位；中華傳統美德強調義以為上，而西方道德則強調權利本位。我們過去在強調堅持和弘揚社會主義集體主義原則時，主張要旗幟鮮明地反對個人主義，似乎這些年來沒人這麼提了，甚至有人認為個人主義都是對的了。改革開放是不是要無所保留地接受西方的個人主義、權利為本的道德文化呢？在筆者看來顯然是不可以的，要以批判的態度分析，以時代和民族的價值標準加以衡量和批判取捨，吸收其中的合理因素，防止其消極影響。因此，對西方價值觀與道德觀只能採取一種為我所用的態度，而不能以其為本體和建構性要素。

實際上在討論社會主義核心價值觀形成的過程中，其中的「自由、平等、公正、法治」等社會層面的內容就較多地吸收了西方文化的精神傳統。在現代社會也許確實要尊重人的自由，這可能是調動一切人的積極性、增強社會活力、促進發展的一種精神價值資源，但追求社會的「秩序」與「和諧」不也同樣有利於社會的穩定嗎？穩定與發展應處於一種動態的互動和平衡中，因此既要汲取「自由」價值的合理性，又要防止它對社會「穩定」「和諧」價值的衝擊。又如，現代社會人際關係的本質確實是「平等」，從啟蒙運動以來，這種平等的價值觀，打破了封建社會末期封建特權的束縛，有利於形成資本主義的自由競爭和自由貿易，從而推動了資本主義社會的發展。強調階級、種族、集團、性別、階層、人際之間的平等，顯然是一種進步的價值觀與道德觀，但中華傳統倫理強調等差精神是有其合理含義的，平等既有倫理的意義，更有政治的含義。在真實的人際日常交往中，等差是一種客觀存在的狀況，因此傳統道德比較強調等差精神。禮的基本精神就是強調分、別、序，親疏有別、上下有等，這些精神在現實倫理生活中也自有其合理性，如果要取消這種差別和等級，不僅不近人情，而且還會造成倫理秩序的混亂。

西方文化的影響、自由主義的啟蒙使現代人的個人意識、權利意識、平等意識很強，相反群體意識、責任意識、等差意識則比較弱。比如，在西方自由主義思想的影響下，平等意識深入人心，但中國倫理中的仁之等差之愛、義之

角色意識、禮之分序意識都是在強調等差，這才是中國倫理的實質。我們在近百年的啟蒙過程中過於追求平等的西方倫理精神，而貶抑等差的中國倫理精神，這是有所偏頗的。另外，現代社會是要重視法治，但中國傳統德治主義在現代社會仍然有其重要的價值，繼續堅持德法並舉、標本兼治，才能取得社會治理的良好效果。因此，必須根據當代中國社會的時代需要，以中華傳統美德和社會主義道德為價值座標，來汲取西方價值觀、道德觀中的合理因素，並為我所用。

改革開放40多年是我國歷史上西方文化價值與道德觀念最為深入中國社會和民眾內心的歷史時期，西方道德中的個體本位、權利優先等觀念已經成為某些人實際的價值信念和實踐原則，必須正視這種情況。在現代社會生活、制度設計中必須重視這些精神，以吸收其合理因素，以保護人民群眾在政治生活中享有更為充分的自由，使他們的合理權利得到保護，為每個公民創造盡可能平等的機會，努力實現社會各個階層的公正正義，以法治的精神治理國家，這也是社會主義核心價值觀吸收西方文化精神的合理因素的具體體現。但是，我們也應該注意西方道德與中華傳統倫理精神的差異性、異質性，在個體優先還是他人和群體優先、權利本位還是義務本位、平等還是等差、自由還是秩序等方面保持辯證的平衡，創建符合中國特色又符合時代精神的合中、西、馬為一體的當代中國道德文明。

總之，三種道德精神資源在現代中國社會的地位與作用就是：以馬克思主義為指導的社會主義道德處於價值理想引領的頂層，中華傳統美德處於源頭、根本和基礎地位，西方道德的合理因素在分析批判借鑒的基礎上也可以為我們所吸納利用。社會主義道德的作用領域主要是國家政治層面的頂層設計和價值引領，中華傳統美德主要指導人們的日常生活和私人交往甚至影響個人修養的追求，而西方道德主要適用於人們的公共生活領域和國際交往中。當代中國的三種道德精神資源之間存在著一些差異和張力，需要在當代中國社會這個時空場域通過相互間的融合共同發揮作用。

原載《中國特色社會主義研究》，2021 年第 1 期

優秀傳統文化的核心價值與
當代中國社會文化發展

　　任何社會文化的進步總是與其文化傳統有著不可割捨的聯繫，因為進步、發展總是在過去文明積累和傳承的基礎上前進的。以西方為例，文藝復興運動就是在自己的傳統文明即古希臘羅馬文化中重新尋找能夠批判、衝破中世紀神本主義文化的思想武器，甚至西方的啟蒙運動不僅受到其傳統文化的影響，而且也受到了來自中國的人文主義文化傳統的影響。錢穆曾說：「民族之摶成，國家之創建，胥皆『文化』演進中之一階程也。故民族與國家者，皆人類文化之產物也。」「我民族國家之前途，仍將於我先民文化所貽自身內部獲得其生機。」〔註1〕在傳統的基礎上繼續前進，堅持做發展傳統的現代中國人，社會才能進步，才能保持我們的民族特色和靈魂，中國才能成為一個可以對世界作出貢獻並產生影響的文明大國。

　　正是基於這種高度的歷史與文化認知，習近平一直非常重視中華民族優秀傳統文化，多次作出重要論述。2021 年 3 月 22 日至 25 日，他在考察福建武夷山朱熹園時說：「我們走中國特色社會主義道路，一定要推進馬克思主義中國化。如果沒有中華五千年文明，哪裏有什麼中國特色？如果不是中國特色，哪有我們今天這麼成功的中國特色社會主義道路？我們要特別重視挖掘中華五千年文明中的精華，弘揚優秀傳統文化，把其中的精華同馬克思主義立場觀點方法結合起來，堅定不移走中國特色社會主義道路。」2021 年 7 月 1

〔註1〕錢穆，《國史大綱·引論（上冊）》〔M〕，北京：商務印書館，1996 年，第 31
　　　～32 頁。

日,習近平在慶祝中國共產黨成立 100 週年大會上的重要講話中明確提出在新的征程上,要「堅持把馬克思主義基本原理同中國具體實際相結合、同中華優秀傳統文化相結合,用馬克思主義觀察時代、把握時代、引領時代」。前一次講話直接把中國傳統文化與中國特色、中國道路聯繫起來,這充分體現出民族文化自信與道路自信、制度自信的高度一致性,甚至認為沒有中華五千年文明,就不會有中國特色,高度肯定了中華傳統文化的重要地位與時代價值。「七一」重要講話將馬克思主義基本原理同中國具體實際、中華優秀傳統文化相結合,體現了對傳統文化的高度重視。實際上,中華傳統文化是中國最大的文化國情,是中國諸多具體實際的其中之一,中國共產黨人自覺選擇了馬克思主義作為指導思想,自然必須將之與中國的文化國情相結合;另外,之所以能將馬克思主義與中華傳統文化相結合,是因為二者之間有內在精神的一致性,這也是馬克思主義能被中國人接受的內在原因。因此,新時代我們要繼續或者更好地用馬克思主義引領中國的前進方向,就必須把馬克思主義基本原理與中國具體實際和中華傳統文化相結合,重視挖掘中華五千年文明中的精華,弘揚優秀傳統文化,注重挖掘和弘揚其中的核心價值理念、社會秩序整合和政治治理、人際和諧與個體安身立命的寶貴精神財富,以期對當代中國社會的文化發展方向、社會文明和諧、人際關係調整和個體安身立命發揮其文化引領與塑造作用,促進當代中國文明進步,助力民族偉大復興。那麼,中華傳統文化究竟能給當代中國社會文化提供哪些核心價值引領,對社會秩序整合與政治治理提供哪些價值原則,對人民群眾的立身做人、個體修養、安身立命提供哪些精神滋養,這是本文欲加以探討和闡發的問題。

一、引領社會文化發展方向的核心價值理念

今天的中國是由昨天發展而來的,文化是一個民族和國家的靈魂、基因和根本,中華優秀傳統文化是中國人的根與魂,無形地影響著中國人的思維方式、生活方式和人格塑造。2017 年 1 月 25 日,中共中央辦公廳、國務院辦公廳印發了《關於實施中華優秀傳統文化傳承發展工程的意見》,明確將中華優秀傳統文化的主要內容概括為三個方面:核心思想理念、中華傳統美德、中華人文精神。我們挖掘中華優秀傳統文化的核心價值及其對當代文化建設的現代意義,也是從這三個方面加以思考探討的。首先我們要探討哪些要素是中華優秀傳統文化的核心思想理念,它又是如何引領並從根本上指導當代社會的文化發展的。

（一）以人為本的人文精神

在上述三個方面的分類中，「中華人文精神」是與前兩個要素並列的要素之一，實際上，以人為本的人文精神是中華傳統優秀文化的基本特徵與根本精神。樓宇烈認為：「與西方文化相比，以人為本的人文精神是中國文化最根本的精神，也是一個最重要的特徵。中國文化中沒有一個外在的神或造物主，中國家庭、社會秩序的維護都是靠道德的自覺自律，中國傳統文化強調人的主體性、獨立性、能動性。」〔註2〕這種人文精神「上薄拜神教，下防拜物教。中國文化是充滿人文精神的文化，人文精神首先是以人為本。所以中國文化都是圍繞著人來展開的，看問題都是從人的角度來看，以人的自我管理、自我提升為根本，這才叫人文精神」〔註3〕。也就是說，中國文化始終是以人為本而非以神為本或者以物為本，雖然我們的文化中也不乏宗教的神性至上思想，但對於絕大多數中國人來說，並未形成全民性的宗教意識（個別少數民族例外），宗教的神性主義並未對我們的生活形成根本性、全面性的影響。

在現代社會，我們應該用以人為本的人文精神反對和防止物慾主義對社會風氣和人的心靈的侵蝕。中華民族的近代探索、追求獨立和復興的道路經歷了如下幾個階段，首先是政治上的獨立自主，中國共產黨人領導人民救亡圖存、發動革命戰爭，終於在 1949 年建立了新中國，中國人民從此站起來了。其次，經過新中國成立後幾十年的努力特別是改革開放以來四十多年的奮鬥，我們在經濟、科技、軍事等方面取得了令世人矚目的成就，可以說中國人民從此富起來了，正在走向強起來的路上。但是，中華民族的真正復興，不僅是獲得政治上的獨立自主、經濟上的富民強國，更重要的是文化上的復興。在實現文化復興的過程中，就必須繼續堅持弘揚中華文化的人文主義精神，並針對時弊，反對並防止過度的物慾主義。

不可否認，從全球範圍來看，正如馬克思主義經典作家所說的那樣，人類在近三百年的歷史中創造的物質財富比此前人類在歷史上創造的物質財富的總和還要多。隨著科學技術的進步，人們認識自然改造自然為我所用的能力空前提高，人們的物質享受也日益豐富。四十多年的中國社會經濟發展，物質極大豐富，這些客觀狀況極大地提高了物質對人的誘惑力和支配力，以人為本的

〔註2〕 樓宇烈，《中國文化的根本精神》〔M〕，北京：中華書局，2020 年，第 46 頁。
〔註3〕 樓宇烈，《中國人的人文精神（上）》〔M〕，北京：北京聯合出版公司，2020 年，第 2 頁。

人文精神被追逐物慾的浪潮所淹沒。人們在追求物慾的過程中，喪失了對生命意義的追索，顛倒了物與人的關係。創造物質財富是為了人的幸福，而不是人受到物的奴役。從社會風氣的角度看，功利主義、拜金主義、權錢交易、貪贓枉法，甚至人的諸多生理與心理疾病的產生都與這種物慾主義基礎上的貪婪脫不了關係，因此，要重新在新的基礎上深思中國文化和社會的發展方向和時代問題，首先就是要弘揚中國傳統文化的人文主義精神。

對於個體來說，就是要形成自我認識、自我管理、自我提升的主動性、能動性和積極性，對自己的人生有理性的認知與把握，對自己的行為和修養有自覺的控制，以對人生幸福的追求和對自己生命價值的維護來思考、選擇自己的行為，實現自己作為人的主體性，而不被物慾所控制。在中華文化的人文主義精神價值觀中，利益、成功、名利這些相較於人生幸福都是外在的價值，而唯有對自己的生命、精神與道德的呵護與修養，才是真正的內在價值。

對於社會來說，中華人文精神要求我們思考一切問題的出發點和目的都是為了人，為了人民群眾的幸福，發展經濟、富民強國最終還是為了滿足人民群眾美好生活的需要。既要追求效率又要兼顧公平，走向共同富裕。中華文化的這種人文主義精神已經成為我們黨的執政理念即為人民服務，情為民所繫、權為民所用、利為民所謀，當下重要的是，要把這些正確的理念繼續在各種治理活動中真正落到實處，加以貫徹執行。

中華人文精神的核心是崇德向善的重德精神，因為中華傳統美德是中華傳統文化的核心與靈魂。張岱年曾把《易傳》中的「天行健，君子以自強不息；地勢坤，君子以厚德載物」作為中華民族精神的集中體現。王夫之曾說：「以『自強不息』為修己之綱，以『厚德載物』為治人之本，故曰：乾坤其《易》之門戶，道從此出，德從此入。」在現代社會，無論是社會還是個人都要弘揚中華民族這種重德精神，這也是習近平倡導弘揚中華優秀傳統文化的實踐關懷之一。2013 年 11 月底，他在考察曲阜孔府和孔子研究院時強調：「國無德不興，人無德不立」，必須加強全社會的思想道德建設，「引導人們嚮往和追求講道德、尊道德、守道德的生活，形成向上的力量，向善的力量。只要中華民族一代接著一代追求美好崇高的道德境界，我們的民族就永遠充滿希望」。因此，我們要弘揚「以修身為本」的重德精神，提高整個中華民族的道德文明素質。

（二）義利統一的價值原則

中國文化的人文主義精神對道德的重視必然體現在處理道德與物質利益

關係即所謂義利觀上。堅持道義為先的價值原則，要以道德的價值與原則來引導並保證物質利益獲得的正當性。義以為上，見得思義，重義輕利。義利觀是中國傳統價值觀的首要問題，正如朱熹曾經有言：「義利之說，乃儒者第一義。」（《朱文公文集》卷二十四《與延平李先生書》）這個問題的正確認識對於社會進行正確的價值引導、進行完善的社會治理甚至對民眾進行富而教之的教化，都是有非常重要的意義的，是引領中國社會風尚，防止物慾主義、功利主義的重要精神資源，也是當代社會生活與民眾實踐需要正確選擇和實踐的價值觀問題。

當梁惠王問孟子將何以「利吾國」時，孟子對曰：「王，何必曰利？亦有仁義而已矣。王曰何以利吾國？大夫曰何以利吾家？士、庶人曰何以利吾身？上下交征利而國危矣。」（《孟子·梁惠王上》）這段對話體現了儒家在義與利的關係上是義以為上的，並認為要將義作為政治治理的首要原則。如果是「上下交征利」則「國危矣」，也許有點言過其實，但對我們當下時弊有某種警示作用。允許並鼓勵個人謀求利益的最大化、功利主義，這是當代中國在發展市場經濟條件下一段時期內的社會主導價值取向，這在一段歷史時期內或一定的生活範圍內也是有其必然性與合理性的，但如果將其片面化，對利益的訴求不用法制、道義原則加以指導和規約，就會出現很多社會和人生問題，如社會生活「一切向錢看」，就會激勵貪污腐敗和權錢、權色、錢色交易，導致社會生活出現諸多弊病，也使很多人面對利益和金錢的誘惑喪失原則知法犯法。當代中國社會生活的功利主義傾向從觀念層面看就是社會未能很好堅持義利統一的價值觀，個體本身也未能樹立正確的義利觀。

堅持義利統一，應成為當代中國社會的基本價值方針。既注重用利益機制調動人民群眾發展經濟、全民致富的積極性，又堅持「君子謀財，取之有道」的原則，在實踐中研究探討各種行之有效的制度安排和機制創新，使利的謀求合乎道德的要求，使道德的追求與相應的權利相對應，這樣就會不斷強化這種義利相統一的價值觀，使中國社會的管理決策與民眾的社會實踐真正實現義利統一，從而促進社會的和諧健康發展。

在個人層面，應該倡導鼓勵義以為上成為主體人生選擇的價值追求。一方面，從消極的方面來看，堅持以義制利、見得思義、見利思義可以防止人們在利益的誘惑面前犯錯誤甚至違法犯罪。另一方面，從積極方面看，堅持義以為上可以提升人們的人生價值、人格尊嚴和人生境界。儒家向來將義利選擇看作

是君子小人的重要分水嶺。「君子」總是「義以為質」(《論語・衛靈公》)、「義以為上」(《論語・陽貨》),先義後利,將義作為物質利益得失取捨的準則。孔子說:「富與貴,是人之所欲也;不以其道得之,不處也。貧與賤,是人之所惡也;不以其道得之,不去也。」(《論語・里仁》)荀子在《榮辱》篇裏,也認為,「先義而後利者榮,先利而後義者辱。」一旦僅僅以利為出發點,而不以義去約束利,則往往會導致不良的行為後果:「放於利而行,則多怨。」(《論語・里仁》)所以一定要「見利思義」(《論語・憲問》),「見得思義」(《論語・季氏》),並且把這看作一項基本的道德要求。堅持義以為上的人,就會在利益誘惑面前表現出其「入污泥而不染」的高尚情操與獨立人格,就會做「威武不能屈、富貴不能淫、貧賤不能移」的大丈夫,就會在利益面前做到像孔聖人所講的「不仁而富且貴,於我如浮雲」的境界,而安仁樂道,甚至在涉及義與利的尖銳對立而不能兩全時,達到「捨生取義」的境界。

(三)社會和諧的價值目標

社會和諧是人類追求的一種理想狀態,和諧也是以儒家為核心的中國傳統文化的核心價值觀念。追求天人和諧、人際社會和諧、個人身心和諧始終是中華傳統文化的價值追求。人類在「和」與「鬥」的矛盾中走過了漫長而艱難的歷程。但「和」終究是人類的夙願和理想。中華民族素以「貴和」著稱,「親仁善鄰」「講信修睦」「天時不如地利,地利不如人和」「冤家宜解不宜結」等格言始終是中華民族大家庭的精神紐帶。「禮之用,和為貴,先王之道,斯為美。」(《論語・學而》)「眾心成城,眾口鑠金。」(《國語・周語下》)「福善之門莫美於和睦,患咎之首莫大於內離。」(《漢書》卷八十)追求和諧是中國傳統文化追求的核心價值目標和鮮明特色,《中庸》認為「和也者,天下之達道也。致中和,天地位焉,萬物育焉」。這是說,我們一旦達到中和這種至善至美的境界,則天地由此而運轉不息,萬物由此而生生不已。普遍的社會和諧主要是一種價值觀與道德意義上的人際和諧,它崇尚和諧貶抑爭鬥,人際之間應友善親和,與人為善,不與人爭,要忍讓,要保持一團和氣。民間廣為流傳的「和氣生財」「和氣致祥」「家和萬事興」「父子和而家不敗,兄弟和而家不分,鄉黨和而爭訟息,夫婦和而家道興」等俗諺,以及流傳千古的「將相和」「兄弟和」「姑嫂和」等歷史美談便反映出以和諧為取向的社會心態和價值取向。風俗和美,充滿祥和之氣,是理想社會的重要表徵。大家和睦相處,人人吉祥安樂。傳統禮樂制度就是要建立一個「群居而不亂」「體情而防亂」,既有秩序

又有自由的合理的社會。每個人在合理的風俗習慣中可以改過遷善，過著自己能把握自己又能涵容群體的生活。更高的理想則是「大道之行也，天下為公。選賢與能，講信修睦。故人不獨親其親，不獨子其子，使老有所終，壯有所用，幼有所長。矜寡、孤獨、廢疾者，皆有所養。男有分，女有歸。貨，惡其棄於地也，不必藏於己；力，惡其不出於身也，不必為己。是故謀閉而不興，盜竊亂賊而不作。故外戶而不閉。是謂大同」(《禮記・禮運》)。古代賢哲描繪的大同社會藍圖實際上就是一種和諧社會圖景，人與人之間重誠信、講仁愛、求友善、修和睦、選賢能，社會生活富庶安康，財產公有，共同努力，捨棄自我，人人平等，社會風氣安寧、和諧、祥順。和諧是人和社會生存與發展的價值目標，歷史經驗證明，社會在經濟、文化上的進步必須以一個穩定祥和的社會秩序為基礎；同時，社會利益分配公平公正，人際之間誠信友愛，社會風俗祥和淳美，人與自然萬物和諧相處，也正是人們世代追求的價值目標和社會理想。適時提出建設和諧社會的目標是歷史的必然，也是與時俱進的一個更高的社會發展目標。我們不僅要追求富裕、民主、文明、美麗的理想目標，而且要努力追求和諧的價值目標。近年來提出的生態文明建設實際上追求的是一種人與自然的和諧。因此，堅持並弘揚中華優秀傳統文化的和諧價值觀，建設和諧社會仍然是我們應該長期堅持的核心價值與社會理想。

（四）天下一家的世界情懷

中華民族是一個多民族組成的文化共同體，作為其文化核心的儒家文化自古以來就有「天下一家」「世界一人」的思想和思維方式。中華民族是一個包括多民族在內的文化共同體，在東亞這片廣袤的土地上長期融合共存、和平相處、休戚與共、共同發展。也就是說，中華民族本身就是一個多民族融合構成的命運共同體，因此，容易形成天下一家的命運共同體意識。中國的天下情懷是以人類的利益為最高利益，它立足天下，提倡和追求天下為公、四海一家。中華文明堅持協和萬邦、萬國咸寧。中華民族同處於一個文明共同體中，當我們面臨衝突時，主張用和平的手段解決矛盾和衝突，而不是用武力與戰爭的手段解決矛盾和衝突。在中國傳統文化看來，國家的根本在於通過厚德載物、崇文尚德的合群之道將更多的不同人群、不同種族以人文化成的方式凝聚，使其「近者悅，遠者來」，最終融凝成為更大的文化共同體和人類命運共同體。中國無論發展到什麼程度都永不稱霸，永遠不搞擴張，並以自己和平主義的文化思想資源提出和堅持和平共處五項原則，為推動形成國際良善治理體系作出

了貢獻。中華文明堅持天下為公，追求大同理想。大同就是天下大同，「天下一家」的實質和核心是實現世界大同，從而協和萬邦，而大同理想的實質則是天下為公、普遍幸福。大同理想主張人與人、國與國之間都是平等的，人們都是天地之子，四海之內皆兄弟。聖人以天下為一家，以中國為一人，這樣才能達到天下和合。由此，講信修睦成為人際、社會、國家、國際間相處相交的基本原則。

中國共產黨人繼承和弘揚了這種大同理想，並把它發展成為當代社會的人類命運共同體意識。消滅戰爭、實現和平，消滅貧困、實現富裕，消滅壓迫、實現平等，世界各國人民都過上美好幸福的生活，這是全人類的普遍和終極理想。因此，構建人類命運共同體與中國文化傳統中的大同世界理想是一致的，得到全世界人民的認同與歡迎。如果說大同思想是古代思想家對於人類美好社會的理想追求，那麼人類命運共同體意識則是現代中國對於當今世界進步發展的理想追求。追求人類的整體幸福是人類共同體思想的最終歸宿，要實現這樣的目標，就必須堅持中國大同理想中的「天下為公」的思想，不是各為其家、各為其國，而是要追求人類共同體的共生共榮，維護人類共同的生存、安全和追求幸福的權利，要發展經濟、保障民生、消除貧困、照顧弱勢，實行人道主義並履行自己國家的人道主義義務。總之，追求全人類的普遍幸福、和平發展、普惠共享，攜手創造美好未來，這是天下一家、世界大同和構建人類命運共同體思想所追求的終極理想和美好圖景，也將是愛好和平、追求大同和天下一家的中國人要長期堅持並不懈努力來實現的價值目標和人類理想。

二、社會秩序整合與政治治理的精神原則

汲取中華優秀傳統文化的文明成果和思想智慧，不僅要思考傳承其引領社會文化發展方向的最為重要、根本的核心價值理念，而且還要從中觀上思考如何使組成社會的個體之間以一定的價值觀念與原則相互交往與對待以真正實現社會和諧，堅持怎樣的基本倫理精神和治理方式才能真正實現善治，使社會秩序得到整合。在筆者看來，我們從中華優秀傳統文化中能夠汲取的精神原則和思想智慧主要可體現為下述幾方面：

（一）仁義為本的立人之道

人們的日常生活交往主體是人，主要是靠道德的力量維繫的。中華文明是有著非常深厚悠久的道德傳統的禮儀之邦，儒家學說提供的也主要是一種道

德文明和道德智慧。《易傳》有云:「立天之道曰陰與陽,立地之道曰柔與剛,立人之道曰仁與義。」韓愈在其《原道》中認為:「仁與義為定名,道與德為虛位。」「凡吾所謂道、德云者,合仁與義言之也,天下之公言也。」這是說道德只是一個範疇,其實質與根本就是仁義。日常生活中「仁義道德」常常連用,我們也經常說「仁至義盡」,為了堅守仁義的價值我們要遵奉孔孟的教導而「殺身成仁」「捨生取義」,連生命都可以捨棄。興「仁義之師」,而「仁者無敵」。行仁義之教,以化成天下。這些論述與說法都表明了「仁」「義」作為兩種道德在中華傳統美德體系中的重要性。

「仁」就是一種愛人的感情,愛是人類精神生活中一切善良道德的情感淵藪。「義」是一種理性精神,是對合理、道理、應該、當行的信奉與堅守。人類社會生活,不僅需要「讓世界充滿愛」,而且要講人倫、守規矩,行人道、盡義務。如果合仁義、有情有義、情理兼顧,我們不僅能成為好人,社會也會更和諧,生活會更美好。不僅社會生活需要以仁義為道德基礎,每個人加強自己的道德修養、踐行傳統美德,也要自仁義始。《孟子‧離婁上》有言:「仁,人之安宅也,義,人之正路也,曠安宅而弗居,捨正路而不由,哀哉!」「吾身不能居仁由義,謂之自棄也。」這就是說,人要加強自己的修養,先要宅心仁厚,培養自己的愛心與善意,如果不是這樣,就像有大房子不住而讓它空放著。這是加強自我修養的關鍵。另外在做人做事的過程中,要遵循道義、規矩,要走正路,盡義務,如果不是這樣的話,就很悲哀、就是自暴自棄了。可見,要加強自身修養、立身行道必自仁義始。

仁與義是中華傳統美德中兩個根源性的根本道德,仁情義理,仁內義外,內外兼修,品德提升,仁義兼行,社會升平。從個人修養上我們要堅持繼承孟子「居仁由義」的修養方法,修身以仁,行事循義。在社會道德建設上,則是要充分發揮仁與義兩種精神資源,不僅發揮仁愛之情感性動力,還要發揮「義」的理性精神約束。在現代道德建設中,不僅要重視「仁」的積極性、主體性、動力性道德資源,而且要注重「義」的客觀性、普遍性、規制性精神資源,這樣的道德思維方式和道德建設思路才會保證我國社會道德建設取得進步與發展。

一定社會的秩序與和諧主要是由道德的力量維持的。道德是一種依靠人心自覺的軟規範,在社會的日常生活與交往中,顯然道德發揮著不可替代的作用。而仁義又是中華傳統美德體系中最基礎性的兩種精神根源性的道德,因此

在實現當代中國社會秩序整合與道德文明提升的過程中，要將仁義作為立人樹人之道、和諧社會之基礎、興國之精神動力。

（二）恭敬謙讓的禮儀之邦

如果說仁與義是整合社會秩序、建設和諧社會的兩種情感與理性的思想與精神價值或者說是人的心德的話，那麼，在日常生活與交往中，人們在行為層面遵守禮義、表現出禮儀，重塑禮儀之邦的良好社會風氣和文明形象，就是民眾應有之行為基礎。「禮」在傳統文化中有宗教崇拜與祭祀、政治法律制度、文化風俗習慣、道德規範、文明禮貌等多種含義，因此，在一定意義上可以說「禮儀之邦」就是文明之邦，或者說，禮是中華傳統文明在人的外在制度與行為層面的集中體現。本來應為「禮義」而非「禮儀」，這是說禮的外在制度與行為總是以其內在的義理為基礎的。中華文明是禮儀之邦，是說中華文明包含著豐富的道義、道理，這種內在的價值精神在人的行為層面總會通過人的行為和交往中的「禮儀」「禮貌」表現出來，但這並不意味著中國人只會作揖打躬，如果缺乏內在的道德精神即對別人的恭敬、謙讓精神，那麼，這種外在的禮儀禮貌就會徒具形式。孔子就說過：「質勝文則野，文勝質則史。文質彬彬，然後君子。」（《論語·雍也》）只有人們之間常有善意愛心（仁），講理懂規矩（義），又能彼此尊重、互相謙讓，這個社會才會和諧，人際之間才會較少衝突，彼此間才會感到舒適幸福。禮儀、禮貌是人的一種文明，可是，現代社會的某些價值觀念似乎都顛倒了，說粗話、行為率性、不尊重別人好像變成了某種很時髦、很現代、被人欣賞的東西，而講文明、講禮貌則被看作是老土、落伍甚至落後的表現了。禮的外在實踐領域很多，既有民眾日常生活與交往層面的，也有社會公共交往甚至是跨境國際交往層面的，我們不僅要發揚傳統的崇禮精神，而且也要遵守社會公德甚至國際通用的交往規則與公共文明。當然，禮的踐行自然也包括國家層面的實踐，比如，《左傳·成公十三年》有言：「國之大事，在祀與戎。」這表明在傳統禮儀文化中，祭禮是非常重要的禮儀，這不僅表現在民間的祭祖、喪祭之禮，也表現在國家層面在烈士紀念日舉行向人民英雄敬獻花籃儀式等相關活動以及不論是中央還是地方、單位還是學校舉行的升國旗儀式，這一切禮儀實踐活動的開展，對於增強民眾的國家認同、愛國主義、文化認同、民族文化自信都發揮了很好的作用，這就是禮教的作用。因此，在當代社會還要繼續汲取傳統文化中這種重視禮義、禮儀、禮教的精神，以推動現代社會文明秩序與和諧社會的形成。禮儀的實踐包括很多方

面，難以盡述。在民眾的日常生活與交往中，如果真正要樹立崇禮精神並加以實踐，唯有在思想上真正樹立恭敬、謙讓精神，因為這是禮的精神實質。正如孟子所言：「恭敬之心，禮也。」（《孟子・盡心上》）「有禮者敬人。」（《孟子・離婁下》）「恭者，禮之本也。」（王符：《潛夫論・交際》）「敬，禮之輿也，不敬則禮不行。」（《左傳》僖公十一年）對一切人均應以禮相待。《禮記・坊記》有言：「君子貴人而賤己，先人而後己，則民作讓。」敬內在地包含著尊人卑己和謙讓的精神。禮的道德實質不僅是敬，而且是讓即辭讓。孟子明確講：「辭讓之心，禮之端也。」（《公孫丑上》）《左傳》也明確說：「讓，禮之主也。」（襄公十三年）「講信修睦、尚辭讓、去爭奪。」總之，在古人看來，禮與敬、讓是密不可分的，因此古來又有禮敬、禮讓之說。因此，在現代社會，實踐崇禮精神一定要以敬和讓這兩種精神為基礎和根本，推動禮的實踐。

（三）權責統一的現代精神

　　權利與義務的關係是現代社會秩序和政治治理的一個重要問題，也是現代法治和道德要常常面臨的一個重要問題。如前所述，在中華傳統文化特別是中國傳統的價值觀與道德觀中，總是以義為上，這並不是否定人們的權利。正如梁漱溟所說：「各人盡自己義務為先；權利則待對方賦予，莫自己主張。這是中國倫理社會所準據之理念。而就在彼此各盡其義務時，彼此權利自在其中；並沒有漏掉，亦沒有遲延。事實不改，而精神卻變了。」〔註4〕隨著西方自由主義哲學的權利思想的傳入，當代中國社會人們的權利意識日益增強了，而人們的義務意識卻沒有相應增強。強調權利為本還是義以為上，這是中、西方文化的重大差異。如果說西方文化主張天賦人權的話，中國文化則主張人賦己責，人的價值與尊嚴並不是你擁有多少權利，而在於你盡了多少義務。在傳統倫理觀看來，一個人如果公然主張自己的權利的話，就已經顯得沒有道德了，因為道德就是義以為上的。因此在筆者看來，權利是一個來自西方文化的法權性的概念，作為治理者確實也需要通過制度和立法的形式確保人民群眾的正當利益和權利，但在日常道德生活與交往中，要使人際和諧、社會文明，則仍然要持續不斷地堅持弘揚優秀傳統文化的義務為本、責任優先的精神原則，從國家制度和個人生活兩方面努力實現權利與義務的統一。一般認為，現代道德應該建立在權利與責任相統一的基礎之上。有人認為過去的義務論思

〔註4〕梁漱溟，《中國文化要義》〔M〕，上海：上海世紀出版集團、上海人民出版社，2003年，第108頁。

維是一種德性主義的道德精英思維，而現代的權利與義務相統一的思維則是一種更具普適性和社會制度關懷的倫理思維方式，是一種現代精神。因此，在當代道德建設中，應該吸取傳統角色責任思維的合理因素，並在權利與義務相統一的基礎上建設現代新道德。同時，筆者仍然認為：應該傳承弘揚中華優秀傳統文化的義務為本思想，自覺增強義務意識，不斷提升人的道德境界。在任何時代，道德不僅是維護現存的一種社會秩序、追求社會的完善，而且是提升人性和人格，實現人的自我完善和自我實現。因此，從建設現代社會道德的角度看，我們要力求堅持權利與義務的統一，但如果從主體的人格提升、自我修養的角度看，傳統思想中強調義的自覺性、內在性的內聖精神，甚至像孟子所講的「義以立人、義以立節」的思想，仍然對現代人具有永恆的價值。這種義務本位的思想，其內核就是強調個人應把對社會、國家、家族、他人的奉獻當作人生價值的基本追求，那些憂國憂民、為人民、國家作出重大貢獻或為捍衛倫理原則作出貢獻的人都應當被稱讚傳頌。例如，人們直到今天仍在以過端午節吃粽子的民俗來紀念屈原的愛國主義精神；「先天下之憂而憂，後天下之樂而樂」「天下興亡，匹夫有責」等名言至今仍然為人們所傳誦，就是因為這些言行真正代表了中國的義務為本的核心價值觀和倫理精神。在當前核心價值觀與倫理精神重塑的過程中，還是要堅持倡導義務為本的精神。這是中華民族的文化之魂，為人民、為社會、為他人謀幸福，奉獻自己的精神和力量，永遠將是中華民族前進的內在動力，也是每個人獲取人生意義的根據。

（四）德法並舉的治國方略

現代社會是一個陌生人社會，現代生活的世俗化、繁複化、契約化等等特徵都決定了在現代社會政治治理中必須以法治作為主要的治理手段，因此建設現代法治國家成為我們的目標，「法治」也成為「社會主義核心價值觀」的重要內容。我們都知道，在中華傳統文化的人文精神、道德本位思想的影響下，中國歷史上曾經長期堅持德治的治理理念和德主刑輔的治國方略，並將此看作是王道政治的理想境界。漢初對秦朝二世而亡的歷史教訓進行反思時，認為秦朝的過失就在於嚴刑峻法而不施德治，自此之後，以德治國、德主刑輔就一直成為中國歷史上佔據統治地位的治國方略。我們黨提出「堅持依法治國與以德治國相結合」。現代治理離不開法治，法治也不同於古代的刑治，現代法治是一個法體系，會調節社會生活的各個方面，但從中外歷史上看，任何時代和民族國家的完善治理都離不開作為硬規範的法律和作為軟規範的道德的相互

配合。我們黨曾經提出二者是車之兩輪，鳥之兩翼的論述，認為二者是內外、表裏兼治的統一關係，缺一不可。如前所述，中國人文精神的核心就是要人們依靠道德的自覺實現自我認識、自我管理、自我控制、自我提升，如果說法治只能管住人們的行為的話，那麼道德才能對人心發揮作用。因此，在現代社會政治治理中，還是要堅持德法並舉。「國無德不興，人無德不立」，這就是說不僅把道德看作是一種用教化和以文化人的形式對社會人心實行整合治理的手段，而且視道德為一種國家發展、民族復興的動力性力量。文化建設的核心就是進行道德建設，這不僅有利於社會政治治理，因為得人心者得天下，而且道德文化建設還有立德樹人的作用，而立德樹人無疑就是一種富而教之，通過教育培養改變人的心靈和品質以實現更好的德政和王道。因此，我們在探討現代社會政治治理理念時，堅持法治的同時仍然要繼續弘揚中華優秀傳統文化中的德治理念，這是保證國家長治久安、社會和諧的寶貴精神財富，值得我們在弘揚社會主義核心價值觀和確立治國方略時認真借鑒汲取。

三、主體修養與安身立命的精神滋養

　　黨的十八大以後，習近平提出了中國夢的重要論述，其具體內容可分為三個方面，即民族復興，國家富強，人民幸福。從社會成員的主體的角度看主要是人民幸福，人民幸福是共產黨人奮鬥的最終目標，這也是前述以人為本的中華人文精神的體現。人民幸福固然離不開經濟的發展、物質條件的改善、和諧的社會環境、諸多民生事業和條件的改善如教育、醫療、環境等等，但也離不開個人精神心理的健康和心身的和諧。筆者這裡主要是在談論文化問題。在筆者看來，如果思考中華傳統優秀文化對人民群眾主體的幸福能夠發揮怎樣的作用，或者說人民的精神幸福和心身和諧能夠從中華優秀傳統文化中汲取怎樣的精神滋養，中華優秀傳統文化最核心、最根本的崇德向善的德性主義文化仍然是人民群眾幸福的最重要的精神滋養。

（一）理想信仰的崇高追求

　　理想就是把有價值的東西當作目標來追求。追求理想是為了理想的生活。人們把某種東西在認識上看作是最有價值的，在情感上是喜歡熱愛的，在意志上是篤定堅持的，這就是信念或者信仰。信仰並非宗教的特權，每個人都有價值信仰或者理想信念，這種理想信念在人的精神生活中起到燈塔指引和定海神針的作用。每個社會、民族文化、不同時代都有其不同的價值信仰。社會需

要一定的理想信仰作為價值觀引領和導向，而個人要獲得精神生活的幸福，必須心有定見和理想信念，才會心安理得，氣閒神定，吉祥幸福。

中華優秀傳統文化有儒釋道三教，以儒家為核心。儒家叫人們拿得起，道家叫人們想得開，佛家叫人們放得下。不可否認，大部分人生活在世俗生活中，因此，儒家的人生態度和信仰會令更多人信奉，這就是自強不息、厚德載物、崇德向善、建功立業。它鼓勵人們「立德、立功、立言」（《左傳》），「為天地立心，為生民立命，為往聖繼絕學，為萬世開太平」（橫渠四句教）。儒家雖然不是嚴格意義上的宗教，但它卻是一種人文教和道德宗教。儒家的價值信念長期以來對中國人的思想與行為發揮了某種準宗教的作用，它使人在現世中追求生命的永恆意義和人格的內在超越，使人在現實人生的奮鬥中獲得了生命的意義，在代際生命的血脈延續中克服了個體生命的虛無感，在社會進步和人生發展、德性圓滿中得到了某種安身立命的情感勉慰。

我們黨非常重視對社會成員進行理想信念引導教育，在革命戰爭年代，曾經產生了諸多「砍頭不要緊，只要主義真」「革命理想高於天」的仁人志士，新時代廣泛開展社會主義核心價值觀的培育與引導就是為了使「人民有信仰，民族有希望，國家有力量」。但也不可否認，由於社會存在著物質主義、功利主義的價值偏頗，有些人的理想信念變成了「理想理想，有利就想，前途前途，有錢就圖」，物慾主義的拜物教、金錢萬能論充斥社會，使一些人缺乏高尚的精神追求，理想信念失落。人們雖然生活上富裕了，但精神生活空虛甚至患病的人似乎更多了。一個民族、一個國家要獲得長久發展進步不能沒有理想信念，個人的幸福更是離不開理想信念這個價值燈塔和定海神針，因此，社會文化建設仍要不斷地進行價值觀培育引領，使整個民族心往一處想、勁往一處使，同心同德、萬眾一心。對於個人來說也要主動加強自己的理想信仰培育，不斷提高人生的精神境界和幸福指數。在現代社會，價值觀念日益多元化，在理想信念培育方面既要堅持社會的一元化導向，又要注意多元化選擇，只要這種理想信念是積極進步的，有益於社會發展和個人完善的都是值得鼓勵的。中華傳統文化特別是儒家的理想信念從總體上看就是以人為本的人文精神和崇德向善的道德精神，這種基本精神在培育當代人的理想信念時仍然是彌足珍貴的精神資源。

（二）崇德向善的君子人格

如果說理念信仰是社會和個人都要具有的話，那麼，一定的理想人格就是

這種理念信念在主體身上的凝結，也是一個人進行自身修養的人格楷模。中國傳統文化中的各家各派都有其理想人格學說，如道家的至人、真人、神人論，法家的「能法之士」等，但無疑以儒家的崇德向善的君子人格論影響最大。理想人格就是關於什麼是一種理想的美好的人格的心性和行為特徵的探討。儒家的理想人格學說雖然還有比君子更高的聖人、賢人，我們應該見賢思齊、高山仰止，但君子人格是普通民眾經過努力能夠達到的理想人格。在《論語》中「君子」有107處，竟然比「仁」的105處還要多，可見「君子」論在儒家思想中的重要性。什麼是君子人格的根本特點？「子曰：君子道者三，我無能焉，仁者不憂，知者不惑，勇者不懼。」（《論語・憲問》）「君子義以為質，禮以行之，孫以出之，信以成之。」（《論語・衛靈公》）君子修己以安人，修己以安百姓。「君子敬而無失，與人恭而有禮。」「君子成人之美，不成人之惡。」（《論語・顏淵》）「君子恥其言而過其行。」（《論語・憲問》）「君子謀道不謀食……君子憂道不憂貧。」「躬自厚而薄責於人。」（《論語・衛靈公》）總之，君子是有各種美好道德品質的人，是與人為善、修己安人、待人恭而有禮的人，他們在自我修養上有孔顏之樂、安貧樂道、言行一致、嚴於律己、寬以待人等特點。崇德向善是君子人格的根本和總體特徵，「『君子』終於成了中國人最獨特的文化標識」。「做個君子，也就是做個最合格、最理想的中國人。我一直認為，中國文化沒有淪喪的最終原因，是君子未死，人格未潰。中國文化的延續，是君子人格的延續；中國文化的剛健，是君子人格的剛健；中國文化的缺憾，是君子人格的缺憾；中國文化的更新，是君子人格的更新。如果說，文化的最初蹤影，是人的痕跡，那麼，文化的最後結晶，是人的歸屬。」〔註5〕這段話高度概括了君子人格在中國文化的延續、變革中的重要性。因此，當我們重新審視傳統文化可能給予現代文化的饋贈的話，無疑「君子之道」是一個重要的精神滋養，它可以為個體的修養提供理想楷模，更可以為全社會提供一種高於大多數公民道德水平的「君子」示範。近年來，儒家的君子文化也受到了社會相當廣泛的重視、研究與宣傳教育。顯然君子人格是高於法權意義上的公民道德的，公民道德只能保證行為主體守法、遵守底線道德，而君子道德人格則是高於一般社會公眾的道德水平，因此，也是社會道德的標杆，應該強化大家做君子不做小人的願望和努力，提高公民道德素質。現代公民在國家制度、法律保障、公序良俗中享受權利保障，遵守公民道德，而做一個「君子」則是主體在

〔註5〕余秋雨，《君子之道》〔M〕，北京：北京聯合出版公司，2014年，第9～10頁。

道德上更自覺地給自己提出了一個更高的修養目標。中國傳統文化正是通過這樣的君子文化提升了人性的尊嚴和民族的道德水平。因此，在一個市場化、世俗化的現代社會中，要弘揚我國優秀傳統文化中的君子文化傳統，以此為目標教育引導社會公眾，必將會為提升社會文明水平、改善社會風氣、提高中華民族整體道德素質發揮積極作用。

（三）修身為本的主體實踐

有崇高的理想信念，有可追慕的理想人格楷模，但離開了自己的修身實踐，這些最終都是難以實現的。修身不僅是齊家、治國、平天下的基礎，而且需要有格物、致知、正心、誠意的工夫。《大學》特別強調正心、誠意對修身的重要性，實際上在這一文本中，主要強調的是主體修養要排除一些心理偏頗如忿懥、恐懼、好樂、憂患和人際交際心理偏失如親愛而辟、賤惡而辟、畏敬而辟、哀矜而辟、敖惰而辟等對人的正心、誠意和修養的干擾。但作為儒家學說的重要方面，修身的內涵是非常豐富的，修身實際上是修己，也就是為己之學，即不斷地自我培育自身的各種文明素質特別是道德德性，使自己不斷完善，成為一名君子，實現自我完善。在自我修養中不斷提升自己，充實完善自己的人性與德性，獲得安身立命和人生的價值根據。先做人、後做事，達則兼濟天下、窮則獨善其身。無論命運如何，事功窮達如何，求之在我者，德也，能慰我心者仍是德也。德可以使我們成為一名「富貴不能淫、貧賤不能移、威武不能屈」的大丈夫，「皇天無親，唯德是輔」「禍福無門，唯人自召」（《左傳‧襄公二十三年》）。《白虎通》認為「天道福善禍淫」。人們修德見世，必然成己成物。中國傳統文化不僅重視修養、修身的重要性，而且也有豐富的修養方法和實踐。如孔子強調學、思、行，「學而不思則罔，思而不學則殆」（《論語‧為政》），「學而時習之，不亦樂乎？」（《論語‧學而》）如《中庸》所言之「博學之，審問之，慎思之，明辨之，篤行之。」如孟子之反求諸己、存心、知性、知天，養浩然之氣等等。中國古代君子注重文行忠信，培育琴棋書畫，其中最核心的還是自己的人品和德性，以此立身行道，無怍於天地和人倫，使自己長存正氣，獲得唯吾德馨的巨大滿足感，使自己終獲仁者壽、德者福的人生幸福。這種注重道德修養的傳統至今仍然有著永恆的價值。反觀時下，由於受到物慾主義、功利主義文化的影響，很多人僅僅追求滿足自己物質性、生理性的需要，紙醉金迷、物慾橫流，行為舉止粗俗、內在修養缺乏。因此，在追求人民幸福和中華民族整體道德素質提升的過程中，中華傳統文化的重視修養的

精神仍然是現代人的豐厚精神滋養。

（四）心安身健的幸福人生

　　如前所述，中國夢最終要落實到人民群眾的幸福上來，經濟發展、物質富裕、民生改善都是實現人民群眾幸福生活的外在條件。幸福本身直接體現為民眾主體的心安身健，這正如古希臘哲學家伊壁鳩魯所說的那樣，幸福就是身體的無痛苦，靈魂的無紛擾。孔子做人做事的主體根據就是心安，按現代醫學或者健康標準就是「心理平衡」，這是在世界衛生組織提出的四大健康標準中占比高達 60%的要素。當然孔子所說之「心安」更多的是指按照道義和自己的良心去做事，以獲得心理上的心安理得。「君子坦蕩蕩，小人長戚戚。」中國傳統文化相信修德不僅能使自己人格高尚，而且還能獲得肉體生命的健康與長壽，這就是「仁者壽」「德者福」「富潤屋、德潤身，心廣體胖」（《大學》）的信念。正如董仲舒所說：「仁人之所以多壽者，外無貪而內清靜，心和平而不失中正，取天地之美以養成其身。」（《春秋繁露》第十六卷《循天之道第七十七》）《黃帝內經》已認識到道德高尚的人易於長壽，其《素問》篇說：上古之人「所以能年皆度百歲，而動作不衰者，以其德全不危也。」唐代「藥聖」孫思邈也從醫學角度提出了「德行不克，縱服玉液金丹未能延壽」的理論。而主張人們要修身養性以養生。「性既自善，內外百病皆悉不生，禍亂災害亦無由作。」（《千金要方》卷二十七《養性·養性序第一》）宋代哲學家邵雍也說過：「始知行義修仁者，便是延年益壽人。」幸福從哪裏來？固然離不開物質條件，但也絕對離不開人們的心性和道德修養。儒家的以德養生，道家的恬靜養生、自然養生思想都為現代人的生活追求提供了寶貴的思想與精神文化的滋養。這種以德養生的理論得到了現代醫學研究的證明。一個心存善意和愛心的人會擁有有益於人體的免疫系統。現代社會醫學認為，不能光注重人的身體疾病，還要關心人的精神健康，因為人的心身是聯繫在一起的。有研究表明，敵意和憤怒會增加心臟病等的風險，而心懷感恩明顯改善身心健康。樂觀心情好的人會更加健康。中醫認為，心亂則百病生，心靜則萬病息，這些心身和諧的養生思想是古人留給我們的寶貴智慧，應倍加珍視，以助益幸福人生。

　　總之，中華傳統文化的根本精神和核心價值就是以人為本的人文精神和崇德向善的道德精神。當我們今天站在一個新的歷史節點上，在離實現中華民族偉大復興最為接近的歷史時刻，反思如何以民族文化的復興和民族文化根本精神引領、推動當代中國的社會文化發展時，一定要從上述根本精神和核心

價值中汲取前進的方向，汲取借鑒優秀傳統文化中關於人際交往、社會治理的基本原則，指導人民群眾進行主體修養，從而成為個體安身立命、擁有幸福人生的精神營養。文化的價值觀念與規範系統是各個民族文化的核心，只有對這種精神內核、基因靈魂進行提取並在現代生活中加以實踐，才能永葆民族精神的精氣神，以其文化與精神性的強大力量，以中華民族的文化復興促進中華民族偉大復興的中國夢的實現。

原載《中國特色社會主義研究》，2021 年第 5 期

價值觀與倫理自信是文化自信的核心

　　「中國有堅定的道路自信、理論自信、制度自信，其本質是建立在 5000 多年文明傳承基礎上的文化自信。」〔註1〕文化自信是更基礎、更廣泛、更深厚的自信，它對於實現中華民族偉大復興的中國夢，建設社會主義文化軟實力，傳承中華民族的國脈，構建國民的精神家園，擴大中華文化影響力並對人類文明進步貢獻中國智慧將起到重要作用。一方面，中華傳統優秀文化是我們的文化基因，是文化自信的根源，因此只有堅守中華文化立場、傳承中華文化基因，不忘本來，吸收外來，面向未來，汲取中國智慧，弘揚中國精神，傳播中國價值，才能彰顯中國文化的生命力、影響力，為實現中華民族偉大復興提供精神動力，為人類文明進步貢獻力量。另一方面，民族和國家是文化的主體，人民群眾更是文化的創造者與實踐者。文化自信和促進文化大繁榮，不僅是我們的治國理念和基本國策，也應該成為人民群眾的自覺實踐。那麼，歸根到底，文化自信對於當代中國人意味著什麼？如何樹立並踐行文化自信？在筆者看來，文化自信的本質和核心是價值觀自信和倫理自信。以中華文化獨特的價值觀、道德觀貢獻人類，提供中國智慧；重鑄民族精神，增強民族向心力與凝聚力；弘揚禮儀之邦的文明傳統，培育具有高度道德素質的現代公民，是落實和實踐文化自信的現實目標與可能途徑。

一、文化自信的核心是價值觀與倫理自信

　　任何一種文化從其精神內核而言，歸根到底是一套有其特殊旨趣的價值觀念體系。在構成廣義文化概念的器物文化、制度文化和精神文化中，精神文

〔註1〕《習近平談文化自信》〔N〕，《人民日報（海外版）》，2016 年 7 月 13 日。

化是一個文化體系中的倫理價值觀念、審美旨趣和精神信仰,這些因素決定著文化的方向,因而精神文化是文化體系的核心。也因此,精神文化又可以被看作是狹義的文化概念。

如果從文化比較學的角度,對中國文化與西方文化、印度文化做一個最簡要的比較概括的話,那麼一般認為,中國文化是人文性、道德性的「德性主義」文化,西方文化是一種倡導科學與理性的智性主義的文化,而印度文化則是一種神性主義的文化,這已成為學界的共識。從文化的諸要素的關係來看,中國文化是以道德為其核心的。梁漱溟明確把「道德氣氛特重」列為中國文化的一大特徵。「融國家於社會人倫之中,納政治於禮俗教化之中,而以道德統括文化,或至少是在全部文化中道德氣氛特重,確為中國的事實。」〔註2〕韋政通也指出:「在中國文化中,有『一本萬殊』的理念,於是堅信一切文化都有一個共同的基礎,這基礎就是道德。中國傳統中講道德,不像西方人講道德只限制在人生的範圍內,而是瀰漫在文化的一切領域。因此,中國的政治理想是『德治』,文學理想是『文以載道』,經濟的理想是『不患寡而患不均』,其他如教育、法律、也莫不以道德為基礎。」〔註3〕這兩位學者都不約而同地指出,傳統道德是傳統文化的核心與靈魂。中國也素來以道德文明古國和禮儀之邦著稱。中華文化是一種倫理本位型的德性主義文化,其核心和精華體現為其深厚的倫理精神和價值觀念。這是中華文化的特質,也是對人類文明的突出貢獻。

中共中央辦公廳、國務院辦公廳最近印發的《關於實施中華優秀傳統文化傳承發展工程的意見》,明確將中華優秀傳統文化的「主要內容」概括為三個組成部分:核心思想理念;中華傳統美德;中華人文精神。古今中外文明史反覆證明,一個社會的基本結構和技術文明可以而且需要變革和轉型,但其基本的文化價值精神應該世代傳承、構成一個民族文化的基因和底色。中國文化將如此龐大的多民族人群凝聚在一起,並歷經千年而仍作為一個完整的文明體系綿延至今,這是世界文明史的奇蹟,也是我們文化自信的源泉。漢內斯·阿爾文(Hannes Alfven)有一句流傳甚廣的話:「人類要生存下去,就必須回到25個世紀以前,去汲取孔子的智慧。」阿爾文所說的孔子的智慧當然並非科學技術的工具理性,而正是以孔子為代表的中華文化所具有的價值理性和智慧。

〔註2〕梁漱溟,《中國文化要義》〔M〕,上海:上海人民出版社,2003年,第27頁。
〔註3〕韋政通,《中國文化概論》〔M〕,長沙:嶽麓書社,2003年,第58頁。

這也就是說，文化自信的內容，可能包括對我們的科學技術、器物制度、燦爛文化、文學藝術等等各種文明成果的自信，但由於各種文明成果的核心均有滲透其中的價值理念、精神氣度和思維方式，文化自信歸根到底在於對以人為本的人文主義精神，以價值理性和實踐理性為核心的道德規範系統，以及看待世界與事物的獨特思維方式等的自信，在於對這些中華文化所展現出來的獨特的核心理念和獨特的精神氣度的自信。正如《關於實施中華優秀傳統文化傳承發展工程的意見》中所指出的那樣：「中華文化獨一無二的理念、智慧、氣度、神韻，增添了中國人民和中華民族內心深處的自信和自豪，是中華民族生生不息、發展壯大的豐厚滋養，是中國特色社會主義植根的文化沃土。」

我們自信、自豪，是因為我們相信這種文化是民族的血脈，是人民的精神家園，是未來的希望，是國家的力量，必將對民族復興、國家強盛、人民幸福和人類進步繼續作出自己的貢獻。中華優秀傳統文化作為一種獨特的價值體系和行為規範、生活方式，它會給當代人類和中華民族帶來哪些可資借鑒的精神價值？將作出哪些貢獻呢？

二、引領「共同價值」，貢獻中國智慧

社會文明的發展，全球經濟的一體化，多邊主義的全球政治治理秩序的形成，文化的多元交流融合，使人類日益成為一個命運共同體，中國的前途和命運與世界其他文明的前途和命運前所未有地聯結在了一起。在建立人類共同體的過程中，中國文化對世界可能的貢獻是什麼呢？

（一）和而不同的文化觀

儒家經典《中庸》有言：「萬物並育而不相害，道並行而不相悖。」「『和羹之美，在於合異。』人類文明多樣性是世界的基本特徵，也是人類進步的源泉。」「文明沒有高低優劣之分，只有特色、地域之別。文明差異不應該成為世界衝突的根源，而應該成為人類文明進步的動力。每種文明都有其獨特魅力和深層底蘊，都是人類的精神瑰寶，不同文明要取長補短、共同進步，讓文明交流互鑒成為推動人類社會進步的動力、維護世界和平的紐帶。」〔註4〕

多元主義文化是世界文化的基本事實，各個民族文化之間雖有不同，但都是面對其特殊的自然環境和歷史文化傳統而發展至今的獨立體系，在接受人

〔註4〕習近平，《共同構建人類命運共同體——在聯合國日內瓦總部的演講》〔N〕，《光明日報》，2017年1月20日。

類共識價值的基礎上，每一種文化都有其自足的存續價值。正由於這種多元主義文化局面的存在，才使得世界各個不同文化體系之間可以相互借鑒，補偏救弊，在承認現有世界文明成果的基礎上，各個民族文化之間可以成為相得益彰、彼此借鑒的良性互動關係。

中國的歷史經驗和思想文化傳統表明，多元融通和兼容並包是人類文明的常態，在不同文化價值系統和道德譜系之間也存在著可公度性。中國文化這種和而不同的理念，使中國文化長期以來就有一種海納百川的氣度，我們不僅可以容納 56 個民族的不同文化，而且對於外來文化也是兼容並蓄。佛教早在東漢就傳入中國，成為中國文化的重要組成部分。近代以來，我們對基督教等西方文化也是兼容並蓄的。和而不同的文化觀是中華文化處理與其他各民族文化關係時一以貫之之道。

當代中國以開放包容的胸襟，將自由、平等、公正等共同價值吸納、確立為社會主義核心價值觀的重要內容，這是價值觀自信的體現。同時，價值觀自信不僅表現為對其他文明成果的接受和吸納，更在於以更加積極的姿態，在世界範圍內倡議和引領人類共同價值。2015 年 9 月，習近平在聯合國大會發言中提出：「和平、發展、公平、正義、民主、自由，是全人類的共同價值。」這首次論述了人類共同價值的命題。人類共同價值是一定時期內人類基於同樣的需求而產生的共同的價值，共同價值是在承認彼此特殊價值基礎上的共識價值，共識價值是相對的、變化的、發展的。這從根本上與某些西方國家所鼓吹的抽象而絕對的普世價值是有區別的。

（二）和平主義的國家觀

中華民族是一個熱愛和平的民族，「中華文明歷來崇尚『以和邦國』、『和而不同』、『以和為貴』。中國《孫子兵法》是一部著名兵書，但其第一句話就講：『兵者，國之大事，死生之地，存亡之道，不可不察也』，其要義是慎戰、不戰。幾千年來，和平融入了中華民族的血脈中，刻進了中國人民的基因裏。……中國人民深信，只有和平安寧才能繁榮發展」〔註5〕。和平主義，不僅是中國人民的價值認同、文化自信，也是西方很多有識之士對中國的正確觀察與洞見。羅素曾說過：「中國人不像白人那樣喜歡虐待其他人種。……如果在這個世界上有『驕傲到不屑打仗』的民族，那就是中國。中國人天生寬容而

〔註 5〕習近平，《共同構建人類命運共同體——在聯合國日內瓦總部的演講》〔N〕，《光明日報》，2017 年 1 月 20 日。

友愛、以禮待人，希望別人也投桃報李。只要中國人願意，他們可以成為天下最強大的國家。但是，他們所追求的只是自由，而不是支配。」〔註6〕中國是睡醒的東方雄獅，但卻是和平的獅子。

與倡導武力戰爭的霸權主義、強權政治不同，和平主義的國家觀從一開始，就將人民的安定富足，以及協和萬邦的王道政治理想作為其終極目標，因而「中國古人，自始即不以民族界限、國家疆域為人文演進之終極理想」〔註7〕。也因此，中華民族一直是一個被不斷豐富和擴大的文化概念。和平主義認為國家的根本乃在於通過厚德載物、崇文尚德的合群之道，將更多的不同人群、種族以人文化成的方式凝聚，使「近者悅，遠者來」，最終融凝成為更大的文化共同體。

（三）天人合一的自然觀

當今時代，面對氣候變暖、生態破壞、資源匱乏等一系列共同環境問題，人類必須以全新的倫理觀念來面對自然。恣肆人類欲望、過度索取自然的人類中心主義倫理觀念已無法處理人與自然的緊張關係。道法自然、天人合一的民胞物與之道才是看待人與自然關係的正確理念。從天人合一的觀念出發，人與自然的關係不再是利用和被利用的關係，而是作為萬物靈長的人，在與自然的互動中，「贊天地之化育」，最終達到「天地位焉，萬物育焉」的「致中和」之境。以此自然觀為理念，中國古人所秉持的儉約自守、愛物惜物的生活理念，對於今天倡導綠色、低碳、循環、可持續的生產生活方式，實現生態良好的永續發展之路具有深刻的啟迪、借鑒作用。

中華文化之所以被國際上的許多有識之士看作是解決人類在21世紀眾多重大問題的精神資源和東方智慧，就在於它的和而不同的文化觀是我們形成彼此尊重、多元文化、文明共享的思想方法前提。而和平主義或者說希望和平，反對戰爭，過上和平安寧的生活是世界各國人民的期盼和希望。因此，中國文化的這種和平主義就自然受到世界各國人民的尊重與愛戴。而單邊主義、霸權主義則是衝突和戰爭的根源。中國天人合一的自然觀，在全球經濟一體化的條件下，更是解決環境保護、解決人與自然關係，現代人與未來人關係的寶貴思想資源。中國文化的上述文化觀、國家觀、自然觀是我們中國文化對於人類文明進步所可能作出的貢獻，也是我們文化自信的精神淵藪之一。

〔註6〕〔英〕羅素，《中國問題》〔M〕，上海：學術出版社，1996年，第154頁。
〔註7〕錢穆，《民族與文化》〔M〕，北京：九州出版社，2012年，第7頁。

三、凝聚價值共識，培育民族精神

價值觀念規範系統或者一定的道德觀，其重要作用還在於民族內部，它是民族認同、民族凝聚力的價值根源，是民族發展繁榮的強大精神動力，是中華民族精神的集中體現。

（一）價值觀念與規範系統是民族形成並凝聚的共同文化心理基礎

何謂民族？一般來說是指具有相似屬性的人群集合的專稱。斯大林對「民族」有一經典表述：「民族是人們在歷史上形成的一個有共同語言、共同地域、共同經濟生活以及表現在共同文化上的共同心理素質的穩定的共同體。」〔註8〕從這個定義中我們看到，「民族」的概念包括了「共同語言」「共同地域」「共同經濟生活」以及「共同文化上的共同心理素質」等四個核心要素。我們將前三者可以看作是構成民族的「顯性」要素，體現了一個族群成員構成一個民族的物質性依附關係；我們將「共同文化上的共同心理素質」看作構成一個真實民族「隱性」深層要素。之所以如此，是因為它標識了一個族群的精神氣質。換言之，它是一個族群在文化價值觀念上所達到的共識，這種文化價值觀念上的共識是一個民族之為一個民族的「精神」和「靈魂」。中國自古以來就注重族群文化心理的同一性，《左傳·成公四年》稱「非我族類，其心必異」。中華民族只有「同心同德」而不會「離心離德」，才會「心心相印」「齊心協力」「萬眾一心」「天下一家」「中國一人」。倫理價值認同正是一個民族能否自立和存續的黏合劑。孫中山在《三民主義·民族主義》中指出：「我們現在要恢復民族的地位，除了大家聯合起來做成一個國族團體以外，就要把固有的舊道德先恢復起來。有了固有的道德，然後固有的民族地位才可以圖恢復。」「舊道德」就是歷史上存在並延續至今的傳統美德，這是凝聚中華民族、恢復民族地位的精神力量。文化自信的增強，在今天尤其要注重傳統美德對凝聚價值共識，培育民族精神的重要意義。

（二）傳統美德是中華民族生生不息，永續發展的不竭精神動力

《關於實施中華優秀傳統文化傳承發展工程的意見》中是這樣概括中華美德的核心內容的：「中華優秀傳統文化蘊含著豐富的道德理念和規範，如天下興亡、匹夫有責的擔當意識，精忠報國、振興中華的愛國情懷，崇德向善、見賢思齊的社會風氣，孝悌忠信、禮義廉恥的榮辱觀念，體現著評判是非曲直的

〔註8〕《斯大林選集（上卷）》〔M〕，北京：人民出版社，1979年，第64頁。

價值標準，潛移默化地影響著中國人的行為方式。」這從四個方面提煉了中華傳統美德的重要內涵：第一個方面，所謂天下興亡，匹夫有責的擔當意識，就是傳統美德中的「義」德，是以浩然正氣肩負國家民族大義的道德使命感。第二個方面就是傳統的「忠」德，也就是我們今天所說的愛國主義傳統。忠是危難之際「苟利國家生死以，豈因禍福避趨之」，對族群、國家展現的忠誠，也是和平年代忠於職守，敬於職事的愛崗敬業精神。忠義精神是中華民族發展興旺的不竭精神動力，也是中華民族傳統美德的核心要素。第三個方面就是前面曾經講到的以道德為核心和特色的中華文化精神，培育出了崇德向善、見賢思齊的社會風尚和集體良知。第四個方面就是經過歷史長河的積澱，在宋代形成的並被老百姓所踐行的「宋代八德」，分別是中國人在家庭、社會、國家、政治生活中的價值觀念、是非標準和行為規範。這種崇德向善的價值精神和倫理規範，為民族與社會、國家的和諧、進步、繁榮發揮著重要的動力和凝聚作用。塑造了中國人民獨特的崇德向善、注重秩序與和諧的生活方式。只要中華民族一代接著一代追求真善美的道德境界，我們的民族就永遠健康向上、永遠充滿希望。

（三）民族文化中的價值觀念規範系統是民族精神的集中體現

如何概括中華民族的民族精神？張岱年先生將「天行健，君子以自強不息；地勢坤，君子以厚德載物」視為民族精神的集中體現。中華民族是一個由多民族所構成的文化共同體，因此更需要以民族精神作為民族的黏合劑和凝聚力。在當代中國社會，正是在新民主主義革命、社會主義建設和改革開放的大潮中，中華民族形成了以愛國主義為核心的團結統一、愛好和平、勤勞勇敢、自強不息的民族精神，以改革創新為核心的時代精神。無論如何概括我們的民族精神，中國文化所蘊育的上述價值觀念與道德規範都是我們民族精神的核心內涵和集中體現。上述如自強不息、勤勞勇敢、愛國主義、義以為上、和而不同、和平主義、崇德向善、團結統一，這些都是我們民族精神的核心意蘊。在培育當代民族精神的過程中，我們必須繼承弘揚中華優秀傳統文化中的這些合理和優秀的價值觀念、行為規範，並對之進行創造性轉化和創新性發展，從而振奮民族精神，提高民族向心力和凝聚力，以這樣的文化自信為中華民族的偉大復興提供動力和保障。

四、賡續禮義精神，提高國民素質

文化培育人格，人格反作用於文化。一種真正的文化自信必須落實為國民

的道德自覺與倫理自信。因此，自近代以來，對理想的公民人格的尋求成為普遍意識。有識之士認識到，「國之本在民」，國家的強盛與否與國民精神風貌息息相關。所謂「貧民無富國，弱民無強國，亂民無治國」〔註9〕。嚴復首先提出「鼓民力、開民智、新民德」的國民性改造口號，號召破除「身奴」和「心奴」，使每個國民都成為自由平等的自治人格。後繼者梁啟超則全面提出了「新民」的時代課題，「故民智民力民德不進者，雖有英仁之君相，行一時之善政，移時而掃地以盡矣……故善治國者必先進化其民」〔註10〕。將人的現代化與國家的現代化等量齊觀，號召四萬萬人從「旁觀者」自新自化為新民。五四新文化運動的主將更是將「國民性改造」看作是完成文化啟蒙的重要方面。然而，在「救亡壓倒啟蒙」的時代主題中，公民現代人格的塑造被不斷延後。

國民是文化共同體中文明的傳承者和文化的傳播者，是文化的載體和道德的主體。國民身上的精神品格是對文化自信和倫理自信的最好詮釋。無論是在世界舞臺上的價值觀自信，還是對本民族精神的倫理自覺，都要落實到國民道德品質的養成上。這個層面的倫理自覺，既是國民精神的倫理自覺，也是公民個體德性的倫理自覺。前者是擁有什麼樣國民公德的自覺，後者是公民個體成就自身德性的自覺。社會主義核心價值觀對國民提出「愛國、敬業、誠信、友善」的基本公德要求，從本質上講是對當代中國特色社會主義道德文化的倫理自覺。

與此同時，公民道德建設和社會主義精神文明建設還應該傳承『禮儀之邦』的道德文化傳統，賡續中華文化的優秀道德品質，確立以中國優秀傳統道德為根基的核心價值導向，全面提高全民族文明素質。應該認識到仁、義、禮、智、信、孝、忠、溫、良、恭、儉、讓、廉、恥等古典道德品格非但不與愛國、敬業、誠信、友善的現代國民精神相異趣，相反，前者是現代國民德性生成的深厚土壤。作為文化的載體和倫理的主體，國民的文化素養和道德品質是衡量文化軟實力，表徵國家文化形象的重要向度。如何塑造和引導國民成為既有傳統美德的個體，又具有現代國民精神的公民是實現倫理自覺的重要環節。

辜鴻銘認為，中國人有中國人獨特的精神氣質，這種「中國人的精神」使得中國人區別於任何其他民族，特別是歐美人。他認為真正的中國人「沒有冷酷、過激、粗野和暴力」，「用一個詞可以把典型的中國人所給你們留下的印象

〔註9〕《嚴復集（第1冊）》〔M〕，北京：中華書局，1986年，第25頁。
〔註10〕《梁啟超全集（第1卷）》〔M〕，北京：北京出版社，1999年，第340頁。

歸納出來，就是『溫良』（gentle）……在真正的中國型人之中，你能發現一種溫和平靜、穩重節制、從容練達的品質……」〔註11〕賀麟心目中的理想國民是具有「儒者氣象」的國民，「使每個中國人都具有典型的中國人氣味，都能代表一點純粹的中國文化，也就是希望每個人都有一點儒者氣象……」〔註12〕簡言之，是既有學問技能又具有道德修養的人。內有和悅的心情，外有整齊的品節的國民。也就是說，中華民族整體道德素質的提高，要以我們自古以來就具有的崇德向善的道德文化和人格理想作為價值資源，用傳統美德培育一代現代公民。

另外，傳統禮義精神也是公民德性生成的重要文化資源。在守法、誠信等基本的公民品德之外，要培養君子人格。現代公民不但是一個遵紀守法的人，而且也需傳承並體現著自身民族文化精神的道德品質，使其在成為合格的現代公民的同時，又成為帶有自身文化印記，體現本民族獨特優秀品質的道德主體，即公民人格與君子人格的統一，這應是現代國民德性培育的終極目標。總而言之，使每個中國人成為具有內有仁愛意識、外有禮讓品格，質言之，成為禮儀之邦之禮義精神的載體，在國際交往中樹立中國人的良好形象，體現禮儀之邦的文明風範，受到世界各國人民的尊重與愛戴，形成中華民族的集體自尊，這才是真正的文化自信、族群自信和人格自信，也才真正是更基本、更深層、更有力量的自信。

原載《中國特色社會主義研究》，2017 年第 1 期

〔註11〕 辜鴻銘，《東方智慧──辜鴻銘隨筆》〔M〕，北京：北京大學出版社，2010 年，第 10 頁。
〔註12〕 賀麟，《文化與人生》〔M〕，上海：上海人民出版社，2011 年，第 18 頁。

美好生活的主體性要素和實現途徑
——同心同德與心安情樂

　　過上更加美好的生活，這不僅是人民群眾的嚮往與追求，也是新時代引領者的奮鬥目標和重要責任。黨的十八大以來，習近平總書記多次強調：人民對美好生活的嚮往，就是我們的奮鬥目標與重大責任，並將這種目標和責任寫在黨的十九大報告的開篇裏。報告指出：「中國特色社會主義進入新時代，我國社會主要矛盾已經轉化為人民日益增長的美好生活需要和不平衡不充分的發展之間的矛盾」。追求美好生活，固然離不開經濟的發展，社會的穩定與和諧，人民群眾教育、就業、收入、社保、醫療、養老、居住、環境等具體民生方面的改善，美好生活也離不開主體的要素，通俗地說，好日子、好生活，固然離不開好的物質、政治、社會、生態等外在條件，但也更加離不開「好心情」這個主體性條件，這種主體要素也是決定人民群眾美好生活的重要內容。經過新冠肺炎疫情的衝擊，相信人們會更加珍惜自己的美好生活。對於美好生活的研究，不僅應從經濟、政治、社會、民生等的客觀方面進行研究，還應該從哲學反思、心理分析的視角研究美好生活的主體性要素和實現途徑。

　　什麼是美好生活？「好」代表需要的滿足，「美」代表著人們對這種需要滿足實現後的欣賞態度和幸福體驗。因此所謂美好生活肯定包括客觀性和主觀性兩個方面，從客觀上看，就是好的生活一定是較為充分地滿足了人們客觀的物質生活需要，如果人們吃不飽、穿不暖、住無定所，那肯定不能言之為好生活，但好生活不僅有其客觀性的需要滿足，還應該包括這種需要滿足之後在人們心理上引起的愉悅和快樂感，僅有「好」的客觀性，而缺乏「美」的主體

性、欣賞性、愉悅性，最終還是無法實現美好生活，那些物質生活提高但幸福感並未增強的情形就是體現。有時候，山珍海味一大桌，我們卻吃得不舒服，而粗茶淡飯，我們卻可以吃得很舒服，可見，幸福美好生活是客觀的，而主觀性的情感體驗也具有其獨立價值，因此，要追求、實現美好生活，提高幸福指數，離不開主體的文化心理要素。那麼，這種美好生活的主體要素和實現途徑是什麼呢？在我們看來就是：同心同德與心安情樂。

一

何謂「心」？由於中國古人的認識還不盡準確，那時人們認為不是腦子在思考，而是「心」在思考，如《孟子·告子上》認為：「心之官則思，思則得之，不思則不得也。」可見，所謂「心」即指人的思考、思想、精神、價值觀，因此，所謂「同心」就是人與人、人與群體之間能夠「人同此心，心同此理」「萬眾一心」。「德」是指人的正直行為與高尚品質，「同德」就是人們之間以道德的態度相互對待，為了共同的價值目標與高尚道德而努力實踐，「同心同德」實際上就是我們平時俗語所說的「心往一處想，勁往一處使」。前者是群體性的主體要素和實現途徑，後者是個體性的主體要素和實現途徑。

人作為真實的肉體存在，不可能沒有物質生活，但人的生活的本質在於人有精神生活，維持肉體生存也即身的生活或者說物質生活，這是人與動物相同的，而唯有人才會有精神生活或者說是心的生活，這不僅是人的生活的特點，也是人的生活的本質，因此，美好生活肯定離不開人的精神生活的充實、完滿與幸福感。隨著社會生產力的發展，雖然全球和我國還有一些人沒有完全脫貧，但經過改革開放四十多年的建設，中國共產黨帶領人民不斷向貧困宣戰，讓全體人民都過上美好幸福的生活。中國絕大多數人在物質生活中已經比較幸福了，但從人民群眾主體這個角度來看，重要的問題已經不是如何安頓我們的身，而是如何安放我們的心，只有形成正確的價值取向和人生定見，心理較少發生價值衝突，保持心安情樂，美好生活的重要內容和主體條件才能得以實現。

精神快樂、幸福，才是真正的美好生活。「身生活如漏斗，過而不留，心生活是永久性的，能積存，如萬寶藏。」〔註1〕身生活重視健康與長壽，心生活重視安心與快樂。身生活之條件都須求諸外，如衣、食、住、行等外在條

〔註1〕錢穆，《中國文化十二講》〔M〕，北京：九州出版社，2017年，第43～44頁。

件，心生活的安樂條件則不僅受到外在條件制約，還在於心自身的特點，活動規律和心生活的特殊內容。孔子曰「飯蔬食，飲水，曲肱而枕之，樂亦在其中矣」。雖然外在的生活條件並不太好，孔子卻能安能樂。其高足顏淵「一簞食，一瓢飲，在陋巷，人不堪其憂，回也不改其樂」(《論語‧雍也》)。可見一種快樂的生活並不完全取決於外在物質生活，而在於心或者說是精神的快樂。從物世界過渡到心世界，那是人人可能的。若能進入此心世界，此心自安自樂。

物質生活更多具有個體性，而心生活則具有群體性、共同性，即所謂「人同此心，心同此理」。錢穆在其《中國文化十二講》中指出：「人之軀體，各別分開，故身生活言，可以爭獨立，爭自由。心則是一大共體，亙古今，通天地，只要是人，則心具此心，心與心之間，則最好易相感相通，因其相感相通而成為一『大共心』。」「我們在身生活之外有心生活，便該在物質世界之外有精神世界。過去人的心能與現代人的心相通，上下古今融成一個『大心』。這個大心能通天地，亙古今，而自存自在。」〔註 2〕可見，人在物質生活需要得到滿足以後，如果要有美好生活和幸福的體驗，必須具有心安情樂的體驗，而要實現心安情樂，首先要有同心同德的群體價值觀的文化認同。

錢穆認為文化是人類或者民族大群的生活方式和價值觀，人的生活肯定是群體性的，這不僅是指物質生活的資料是通過群體的力量獲得並以分配的形式使個人得以佔有和享受，而且，人的精神生活更是在群體中進行並得以實現的，如果一個個體的思想世界與其存在與生活的群體價值觀是格格不入的，甚至是嚴重對立和衝突的，他就會感覺很有壓力，更難談得上幸福。在社會生活中，一個人美好幸福生活往往體現為他與他人、社會是同心同德的，這既滿足了他人性中的歸屬感，也實現了他身與心的群己和諧，如果一個人不能與他所處的社會與群體同心同德，他就會被社會或者群體所拋棄，不被認同，這會給主體造成很大的心理和精神壓力，因此，同心同德不僅可以使自己獲得心安情樂的幸福感，而且如果在一個社會或者群體中大家都是同心同德的，這不僅可以實現廣大群眾共同的幸福生活，而且會成為創造美好生活的強大精神動力，從而進一步推動美好生活的實現。因此，群體的同心同德既是這個群體成員實現美好生活的必要條件，也是其實現途徑。

現代社會是一個價值觀多元的社會，這是一個事實判斷，存在的未必就是

〔註 2〕錢穆，《中國文化十二講》〔M〕，北京：九州出版社，2017 年，第 55 頁。

合理的，任何一個民族和國家都需要整合、引領這種多元的價值觀，否則不能眾志成城。人民美好生活的實現，需要千百萬人民集體奮鬥，不懈努力，而不是在整天怨天尤人、對社會和他人不滿中實現的。為了實現美好生活，任何一個民族和國家必須「心往一處想，勁往一處使」，萬眾一心，眾志成城，也就是同心同德。同心同德，保持群體價值觀的統一，並不是不要價值觀的個性，人心不同，各如其面，在一個民主的時代與社會，社會和國家允許每個國民在合法守規的條件下保持自己思想世界的個性與多元，但引領整合社會核心價值，形成合力，這是每個時代和社會要實現社會進步，實現人民美好生活必做的事，因此，進行核心價值觀的建設與引領，使其民眾具有正確的價值觀，這不僅是實現美好生活的群體條件，也是每個個體實現其美好幸福生活的主觀條件。在保持個體思想多元與個性的基礎上，主動自覺認同、服膺社會主流價值觀，這就是個體與眾人同心；在行動上積極參與幸福生活的創造，承擔起自己應盡的責任，而不是做旁觀者甚至攪局者，這就是與眾人、與社會同德，只有與社會大眾同心同德，才能既實現自己的社會價值，也才能過上自己幸福美好的生活。

但令人遺憾的是，當下社會與網絡輿論兩極對立的現象非常普遍和嚴重，比如，面對新冠肺炎疫情，輿論和人心甚至達到了尖銳對立甚至撕裂的程度，吃體制的飯而罵體制的人大有人在，在全民眾志成城的奮力抗疫的過程中，有些人在那裡不幹實事，只是一味地挑毛病，對別人的不同意見統統以極左加以武斷地批判，似乎愛國不是美德反而成為錯誤了，這體現出強烈的價值觀扭曲與顛倒。在國家遭遇疫情災難，人民的生命與健康受到嚴重危脅之時，有些人卻在那聒噪，而不能與國家、人民同心同德抗擊疫情，這些人不僅不是愛國者，這種心理上存在價值衝突的人自身也難以實現自己的心理平衡和心理健康。

所謂同心同德不僅包括與國家、社會保持價值觀的一致，也包括對與自己發生人際交往關係的家人、愛人、親人、朋友、同事等等保持同心、同理、同情，互相理解、互相珍惜，互相瞭解、互相諒解，互相關心、互相愛護，互相寬恕、互相友善。「好好珍惜、微笑面人，相識就是緣，真誠才能永相守，珍惜才配長擁有。有利時，不要不讓人；有理時，不要不饒人；有能時，不要嘲笑人。太精明遭人厭；太挑剔遭人嫌；太驕傲遭人棄。我們都有缺點，所以彼此包容一點。我們都有優點，所以彼此欣賞一點。我們都有個性，所以彼此謙

讓一點；我們都有差異，所以彼此接納一點。我們都有傷心，所以彼此安慰一點。我們都有快樂，所以彼此分享一點。因為我們有緣相識，請珍惜生命中的每一位家人、朋友！開心地過好每一天！」上面一段話引自坊間流傳的一段微信帖子，但體現出人際關係方面的人生大智慧。只有處理好人際關係，與他人同心同德，我們不僅能夠實現如馬斯洛所說的歸屬需要，實際上每個人的自我實現需要也是在人際關係和社會生活中實現的，我們的成就、知識與人格只有獲得別人的肯定、讚賞，才能夠實現自我的人生價值。可見，無論是與國家、社會還是他人，保持同心同德，均是美好生活的重要要素與實現途徑。

每個人不僅要努力與國家、社會、他人同心同德，而且從自我主體修養的角度看，還要努力做到心安情樂，才能真正實現幸福美好的生活。

所謂心安是理智層面的心理狀態，也就是說一個過著美好幸福生活的主體，必然是心有正見、定見，內心沒有矛盾衝突，從而心理安定、平靜，也就是心安理得的狀態。正如古希臘哲學家伊壁鳩魯所說的那樣，幸福就是身體的無痛苦和靈魂的無紛擾。很多人的生活不幸福，大多是由自己思想的誤區造成的，本來從客觀上他（她）已經滿足了很多需要，實現了較多的個人利益，但由於貪欲，總還是覺得不滿足，以致於造成自己的不幸福感。有的人在人際關係上，權利欲望，控制欲很強，這不僅表現在公共生活中，甚至在家庭私人生活中也表現得很突出，總覺得別人不聽他的，就是壞人，如果他能放下，不管別人的事，實際上他是很幸福的。在人生諸多的矛盾中，理想與現實、有為與無為、功名利祿和健康自由等方面不能有正確的認識與選擇，既不能達到「世事洞明皆學問，人情練達即文章」的高度和境界，也不能達到「知足常樂」「道法自然」「諸事隨緣」的正見，這也是導致自己的不幸福的根源。一般公認的四大健康要素是合理飲食、適量運動、戒煙限酒、心理平衡，實際上在這四個要素中，心理平衡被看作是最重要的要素，而這裡所謂的「心理平衡」也就是我們所說的心安，心安必須以人生正見為前提，而且要真正做到人生哲學意義上的「心安」，就是上不怍於天，下不愧于人，很好地履行了自己的道德義務，活得堂堂正正，「平日不做虧心事，半夜不怕鬼敲門」。這種心安的心理狀態對人們身體健康、幸福生活是一種非常好的營養素、補心丸，因此，孔夫子做人做事和自我反省的根據就是「心安」。「子曰：『食夫稻，衣夫錦，於女安乎？』曰：『安！』；女安則為之。夫君子之居喪，食旨不甘，聞樂不樂，居處不安，故不為也。今女安，則為之」（《論語・陽貨》）。他以「修己以安人」「修

己以安百姓」為理想追求，以「恭而安」「安仁」為自我修養的境界，以「察其所安」作為觀察人的一個重要根據。可見心安是幸福生活的重要主體要素和實現途徑。「知止而後有定，定而後能靜，靜而後能安，安而後能慮，慮而後能得」（《大學》）。一個心安的人是有正確價值目標選擇的人，正因為有堅定正確的價值目標信仰，人才能夠安靜，靜自然能安，安後就能對自己的生活有所反思，只有經過反思的生活才是有意義的，才會有幸福感的獲得。因此，心安不僅是幸福美好生活的條件，也是自我修養的工夫和途徑。錢鍾書說過，「洗一個澡，看一朵花，吃一頓飯，假使你覺得快活，並非全因為澡洗得乾淨，花開得好，或者菜合你口味，主要因為你心上沒有掛礙。」即心安，心若安好，人便自在，才能無憂無慮地快樂生活，這才是幸福美好的生活。

二

　　美好生活就是人的幸福生活，而「幸福」是人的需要得到滿足後的一種快樂的情感體驗。它確實離不開需要滿足這個客觀事實，但同樣它也必須引起了人們情感上快樂的體驗才是真正人的幸福生活。錢穆在《中國文化精神》一書中指：「一切衣食住行，富貴榮華，都在外，都屬『形』。舒服愉快須在『心』，我們又稱之曰『神』。一個苦工而心神安樂；一個皇帝而心神不安頓。富貴者『形逸而神勞』；『貧賤者』形勞而神逸，那是常易見的。我們中國人就很看重此一分別。能抓到人生本質，在人生享受上用工夫。至少這是中國傳統文化內面的一番精神。」「人生的真享受，不是在享受身外一切吃的、穿的、住的、行動的。乃是在此吃的、穿的、住的、行動的後面，在我們心上所生起的某些反應，才始是享受。」〔註3〕這段話明確指出了真正的美好和幸福生活原來是衣食住行這些物質需要實現後給人們帶來的享受感、快樂感，可見，真正的美好生活和幸福生活，離不開「情樂」這個要素，沒有對需要滿足得到後而生發的快樂、喜悅和欣賞的心情，即使天天吃山珍海味，穿錦衣華服，也是難以體驗生活的美好和幸福。有的人實際上客觀需要已經得到很充分的滿足，可他還是不快樂，就是缺乏這種對生活的積極心態和快樂體驗，那是難以實現真正的美好生活的。孔子讚頌自己的高足顏回「一簞食，一瓢飲，人不堪其憂，回也不改其樂」，孔子也是倡導「君子謀道不謀食」的，這種精神被後儒稱為「孔顏之樂」。我們今天弘揚儒家這種安貧樂道的價值精神並不是要人們再去過窮

〔註3〕錢穆，《中國文化十二講》〔M〕，北京：九州出版社，2017 年，第 127～128 頁。

日子,而是要人們形成正確的苦樂觀,在生活條件和客觀條件已經很好的狀態下,真正實現快樂的幸福生活,如果沒有這種知足常樂的正見,即使生活需要得到再大的滿足,人們仍然不能有幸福感。中國改革開放四十多年來,人們在客觀生活需要的滿足方面可以說是達到了歷史上最好的水平,可是怎麼還有那麼多人並沒有感到幸福,這也反證出主體的心理健康和情感愉悅確實是美好幸福生活的重要要素,也是其實現途徑。

既然同心同德與心安情樂是民眾追求並享受美好幸福生活的必備條件,那麼如何在富而之後教之,使民眾形成同心同德的價值觀和正確的生活觀,形成心安情樂的健康心理,就不僅是民眾個體修養的重要內容,而且是治理者的教化責任。換言之,社會倡導並形成健康向上的核心價值觀,不僅僅是為了社會的秩序與和諧安定,而且是為了民眾的幸福美好生活。

錢穆在其《國史新論》一書中曾經指出:「任何一國家一民族,必有其自己一套教育,乃能使其民眾忠於邦國,而亦能樂群相處,不相離散。中國民族綿延五千載,日以擴大繁昌,亦賴於此。」某些人常常覺得社會進行價值觀教育似乎是一種政治強迫,其實每個人都是生活在一定社會文化環境中的,任何一個國家和民族都是有其價值觀建構與引領,價值觀是社會的燈塔與黏合劑,個人形成正確的價值觀,不僅忠於邦國,而且樂群相處,不僅是其公民道德的體現,也是其幸福生活的要素。天天與他人社會有思想衝突,天天怨天尤人的人,自己恐怕也不會幸福。另外,在思想上,總是認為自己是一個旁觀者、批判者而不是參與者、建設者,在行動上就會只索取權利,而不盡責任,於社會進步無所助益且有損自己的道德人格。

一個人何以能夠做到心安情樂?應從認知上形成正確的生活觀,客觀理性地對待自己的生活需要,既有積極的生活追求,又沒有貪念,安身立命,知足常樂,形成熱愛生活、欣賞生活、感恩生活的積極健康心理和情感體驗。

生活之美好與否是一個相對的歷史發展的動態過程,這首先是因為人的需要是一個開放而不斷提升的過程,正如馬克思所指出的那樣:「已經得到滿足的第一個需要本身,滿足需要的活動和已經獲得的為滿足需要而用的工具又引起新的需要。」〔註4〕這種開放和不斷提升的需要是不可能一次性得到絕對的滿足。美好生活或者幸福生活的實現,不僅需要客觀物質需要的滿足,更需要知足常樂的滿足感與快樂感,也就是說個體具有正確的生活觀與知足常

〔註4〕《馬克思恩格斯選集》第 1 卷,〔M〕,北京:人民出版社,2012 年,第 159 頁。

樂的快樂愉悅體驗既是主體實現自身美好生活的主體心理條件，也是其實現途徑。有了正確的生活觀，有了積極愉悅的心理體驗，就會克服貪念和非分之想，杜絕超越歷史條件和不道德的貪欲，既要尊重人民群眾追求美好生活的願望，又要使「想要」的欲望變得更加合理務實，而不是過分的貪欲，使人民群眾認識到，不斷提高自身的道德素質，形成正確的人生觀、生活觀，強調人的內在素質和人生境界，對生活採取一種積極、進取的奮鬥精神，既嚮往美好生活，又通過自己的實踐奮鬥去實現美好生活。正如習近平總書記所指出的那樣，人人都追求幸福美好的生活，但中國人民自古就明白，幸福美好生活不會從天而降，世界上沒有坐享其成的好事，一切幸福美好都要靠奮鬥實現。「人世間的一切幸福都需要靠辛苦的勞動來創造。」〔註5〕通過奮鬥可以實現美好生活，為美好生活而奮鬥本身就是一種人生的價值與快樂。

原載《理論與現代化》，2020 年第 4 期

〔註 5〕習近平，《習近平談治國理政》〔M〕，北京：外文出版社，2014 年，第 4 頁。

民族文化自信與傳統美德傳承

　　2019 年 10 月 27 日，中共中央和國務院頒布《新時代公民道德建設實施綱要》（以下簡稱《綱要》），《綱要》有諸多亮點和新論述，這裡僅從本人從事專業和研究領域的角度，學習解讀此文件中一些在筆者看來獨特的新觀點及其歷史背景與意義。

一、堅守民族優秀傳統文化根本

　　《綱要》開篇就談道：「中化文明源遠流長，孕育了中華民族的寶貴精神品格，培育了中國人民的崇高價值追求。」〔註1〕文化是每個民族的靈魂，在各種民族文化體系中，價值觀與道德規範體系都是其核心與靈魂。任何一種民族文化都有其傳統性的根與魂。因此，當代社會的道德建設必須以弘揚中華優秀傳統文化作為根本前提基礎。

　　2014 年 2 月 24 日，習近平總書記在政治局專題學習會上指出：「培育和弘揚社會主義核心價值觀必須立足中華優秀傳統文化。……不忘本來才能開闢未來，善於繼承才能更好創新。」〔註2〕也就是說，以愛國主義為核心的民族精神和以改革創新為核心的時代精神的培育，都要以繼承優秀傳統文化為基礎，從中汲取營養。另外，優秀傳統文化作為一種價值體系，已經成為中華民族的基因，植根在中國人內心，潛移默化地影響著中國人的思想方式和行為

〔註 1〕 中共中央國務院印發《新時代公民道德建設實施綱要》〔N〕，《光明日報》，2019 年 10 月 28 日。
〔註 2〕 習近平，《習近平談治國理政》〔M〕，北京：外文出版社，2014 年，第 163～164 頁。

方式。因此，無論是從哪一方面看，繼承弘揚優秀傳統文化都是進行當代道德建設的價值前提。

新時代的重要特點就是「傳承中華優秀傳統文化的自覺性不斷提升」，「民族自信心、自豪感大大增強」〔註3〕，這確實是一種符合客觀實際的歷史描述。改革開放40多年來，我們在經濟建設、科技、軍事等硬實力方面取得了令世人矚目的成就，國家強大，人民富裕，這種情況使民族自信心與自豪感大大增強，使人們重新反思，五四時期把國家落後的根源全部歸咎於傳統文化是否正確與公允，全盤西化論是否正確？不可否認，40多年來，西方文化在中國歷史上從來沒有如此深入地得到傳播並影響中國社會，我們從中也學到了很多好的東西，但當我們依靠自己的道路自信、制度自信、理論自信也能夠辦好中國的事情並將祖國建設的繁榮強大時，我們就會考慮一個問題，我們需要不需要建立我們自己的文化自信？答案是肯定的。文化是一定民族和社會所建立起來的價值觀念體系，它具有重要的歷史傳承性，建立當代的文化自信，樹立愛國主義精神，就必然要堅持弘揚優秀傳統文化，否則就失去了其根和魂。要消滅一個民族，首先是要消滅其歷史與文化，一個民族的偉大復興，必然伴隨著其民族文化的復興，不忘本來，才能開闢未來，如果不堅持弘揚中華優秀傳統文化，時代精神和核心價值觀的培育就沒有根，中國人就將失去其民族精神之魂。當代道德建設也就沒有根與魂。

弘揚民族優秀傳統文化與堅持改革開放並不是矛盾的，而是相輔相成的。我們既要弘揚中華優秀傳統文化，又要學習人類其他文化自然包括西方文明中一切先進的東西，不忘本來，還要吸收外來，但本來是源，外來是流。正如習近平總書記所指出的那樣：「中國優秀傳統文化的豐富哲學思想、人文精神、教化思想、道德理念等，可以為人們認識和改造世界提供有益啟迪，可以為治國理政提供有益啟示，也可以為道德建設提供有益啟發。」〔註4〕習近平總書記的講話準確全面地闡述了中華優秀傳統文化作為一種文明成果對當代中國社會的價值與意義，對當代道德建設的價值與意義，因此，在進行新時代公民道德建設時，必須堅定不移地以傳承弘揚中華優秀傳統文化為其前提價值基礎，要「著眼構築中國精神、中國價值、中國力量，促進全體人民在理想信念、

〔註3〕 中共中央國務院印發《新時代公民道德建設實施綱要》〔N〕，《光明日報》，2019年10月28日。

〔註4〕 習近平，《在紀念孔子誕辰2565週年國際學術研討會暨國際儒學聯合會第五屆會員大會開幕會上的講話》〔N〕，《人民日報》，2014年9月25日。

價值理念、道德觀念上緊密團結在一起」〔註5〕。

二、大力弘揚中華傳統美德

當代公民道德建設包括諸多豐富內容，但不可否認，弘揚中華傳統美德是當代公民道德建設的重要內容。《綱要》在總體要求中明確指出要「堅持在繼承傳統中創新發展，自覺傳承中華傳統美德」。把傳承中華傳統美德作為重點任務之一。「中華傳統美德是中華文化的精髓，是道德建設的不竭源泉。要以禮敬自豪的態度對待中華優秀傳統文化，充分發掘文化經典、歷史遺存、文物古蹟承載的豐厚道德資源，弘揚古聖先賢、民族英雄、志士仁人的嘉言懿行，讓中華文化基因更好植根於人們的思想意識和道德觀念。深入闡發中華優秀傳統文化蘊含的講仁愛、重民本、守誠信、崇正義、尚和合、求大同等思想理念，深入挖掘自強不息、敬業樂群、扶正揚善、扶危濟困、見義勇為、孝老愛親等傳統美德，並結合新的時代條件和實踐要求繼承創新，充分彰顯其時代價值和永恆魅力，使之與現代文化、現實生活相融相通，成為全體人民精神生活、道德實踐的鮮明標識。」〔註6〕這段話明確指出，中華傳統美德是中華文化的精髓。我一向認為，中華文化是中華傳統美德的基礎與土壤，中華傳統美德是中華文化的核心與靈魂。2017 年 1 月 25 日，中共中央辦公廳、國務院辦公廳印發了《關於實施中華優秀傳統文化傳承發展工程的意見》，明確將中華優秀傳統文化的主要內容概括為三個方面：核心思想理念、中華傳統美德、中華人文精神。文化建設、價值觀建設與道德建設是相輔相成的。傳統美德對於當代的道德建設來說是不竭源泉，對於中國人來說是文化基因，因此，我們在態度上要以禮敬自豪的態度對待它，在實踐上要充分發掘、自覺弘揚、繼承創新，並使之成為全體人民精神生活、道德實踐的鮮明標識。

中華傳統美德的內容是極其豐富的，《綱要》對其內容進行了簡明扼要的概括。從理念層面看主要講了六大觀念即講仁愛、重民本、守誠信、崇正義、尚和合、求大同，這與習近平總書記 2014 年 2 月 24 日在政治局專題學習會上的概括是一致的，包括了傳統美德「五常」中的仁、義、信三大德目和民本、和合、大同三大傳統德治理念，這的確是傳統美德的重要理念，我曾專門

〔註 5〕 中共中央國務院印發《新時代公民道德建設實施綱要》〔N〕，《光明日報》，2019 年 10 月 28 日。

〔註 6〕 中共中央國務院印發《新時代公民道德建設實施綱要》〔N〕，《光明日報》，2019 年 10 月 28 日。

撰文將此概括為中華傳統新六德〔註7〕，這裡不贅述。從德行實踐的角度看，《綱要》將之概括為「自強不息、敬業樂群、扶正揚善、扶危濟困、見義勇為、孝老愛親」，這是我們近些年來在道德實踐中著力表彰的道德行為與道德楷模的幾個方面。這些內容既可以說是傳統美德的重要內容，也可以視為我們當代社會急需的道德正能量，需要我們從傳統中汲取營養，以推動當代的道德實踐。道德既有時代性，又有繼承性，時代變化了，可能會產生新的道德觀念與道德要求。傳統文化與傳統美德是中國文化與中國人的文化基因，有某種恆定性和歷史延續性，中華優秀傳統文化蘊含著豐富的道德理念和規範，如天下興亡、匹夫有責的擔當意識，精忠報國、振興中華的愛國情懷，崇德向善、見賢思齊的社會風尚，孝悌忠信、禮義廉恥的榮辱觀念，體現著評判是非曲直的價值標準，潛移默化地影響著中國人的行為方式。我們既要做一個守法的現代公民，遵守權利義務對等的公民道德，同時我們更要做一名「義以為上」的「君子」，用傳統美德滋養我們的心靈，指導我們的行為，做一個有修養、高素質的現代中國人。

三、弘揚傳統孝道與個人美德

《綱要》還首次對孝親倫理做出正式的表達：「自覺傳承中華孝道，感念父母養育之恩、感念長輩關愛之情，養成孝敬父母、尊敬長輩的良好品質。」「百善孝為先」，這句俗語體現出民眾對孝在傳統美德中首德地位的認可，在傳統中國社會的確是這樣，這是因為傳統中國社會是一個家國同構、以家為基礎的社會。誠如黑格爾所說：「中國純粹建築在這一種道德的結合上，國家的特性便是客觀的『家庭孝敬』。」〔註8〕當我們重新重視並弘揚傳統文化時，民眾自發地認識到孝德的重要性。合理繼承傳統孝德也是應對當前某些孝道缺失，加強親子與家庭道德建設的重要內容。在五四時期孝道作為傳統首德受到某些知識分子的批判，在相當長的時期，它被作為封建意識形態的內容而加以避諱。隨著我們對傳統美德的正確認知，大約十多年前，在中小學生道德行為規範中已經寫入了孝道的相關內容，在評選全國道德榜樣時也有一類「孝老愛親」。在 2019 年春節團拜會的講話中，習近平總書記明確提出：「在

〔註7〕 肖群忠，〈仁義信和民本大同——中華核心價值「新六德」論〉〔J〕，《道德與文明》，2014 年第 5 期。

〔註8〕 〔德〕黑格爾著；王造時譯，《歷史哲學》〔M〕，上海：上海書店出版社，2001年，第 122 頁。

家盡孝、為國盡忠是中華民族的優良傳統。」孝是德之本也,自古以來,中國人就提倡孝老愛親,倡導老吾老以及人之老,幼吾幼以及人之幼。《綱要》在「深化道德教育引導」部分對傳統孝道給予了上述正面表達,這是中央文件首次對傳統孝道的正面肯定表達,肯定了傳統孝道的價值,但仍然只是把它放在家庭道德、家教家風建設中講的,這無疑是正確的。孝道的準確含義僅是親子關係中的子輩與晚輩的倫理義務,在傳統中國有泛孝主義的文化特點,認為孝是一切道德的基礎,把它泛化等同於一切道德甚至認為是天之經也、地之義也、民之行也,這在現代社會肯定是不行的。現代社會是一個將公共領域與私人領域加以區隔的時代,我們既要孝親敬老,更要公私分明,立黨為公,執政為民,以天下為己任,因此,《綱要》一方面承認其在家庭道德中的重要性,但又不把它無限擴大化,這對於進一步正確弘揚傳統孝道,無疑是具有指導意義的。

2001 年的《公民道德建設實施綱要》認為我國道德建設的三大領域主要是社會公德、職業道德、家庭美德,並對這三大領域的基本道德行為準則給予了準確的概括表達,發揮了很好的社會作用,這次新《綱要》對此都給予了充分肯定並指明了這三類道德建設的目標。原文是這樣表達的:「推動踐行以文明禮貌、助人為樂、愛護公物、保護環境、遵紀守法為主要內容的社會公德,鼓勵人們在社會上做一個好公民;推動踐行以愛崗敬業、誠實守信、辦事公道、熱情服務、奉獻社會為主要內容的職業道德,鼓勵人們在工作中做一個好建設者;推動踐行以尊老愛幼、男女平等、夫妻和睦、勤儉持家、鄰里互助為主要內容的家庭美德,鼓勵人們在家庭裏做一個好成員。」〔註9〕黨的十七大報告提出了道德建設的第四個領域即個人品德,但個人品德建設的主要道德要求是什麼?當時並沒有給予準確全面的概括,新《綱要》則將之表達為:「推動踐行以愛國奉獻、明禮遵規、勤勞善良、寬厚正直、自強自律為主要內容的個人品德,鼓勵人們在日常生活中養成好品行。」〔註10〕這是對社會主義核心價值觀的個人層面的要求即「愛國、敬業、誠信、友善」的繼承、充實與發展,除了強調在國家政治生活中要愛國,在社會生活中要奉獻、善良、明禮遵規外,還要求個體要有勤勞、寬厚、正直、自強、自律的個人美德,並認為個人

〔註 9〕 中共中央國務院印發《新時代公民道德建設實施綱要》〔N〕,《光明日報》,2019 年 10 月 28 日。

〔註10〕 中共中央國務院印發《新時代公民道德建設實施綱要》〔N〕,《光明日報》,2019 年 10 月 28 日。

品德的作用主要是指導人們的日常生活，旨在鼓勵人們在日常生活中養成好品德。道德建設確實必須貫徹落實在日常生活中，形成良好品德是道德建設的最終目的，只有人人都具有良好品德，才能提高中華民族的整體道德素質，才能把公民道德建設真正落在實處。

原載《道德與文明》，2020 年第 1 期

以文化與倫理塑造引領美好生活

　　黨的十八大以來，習近平多次強調：人民對美好生活的嚮往，就是我們的奮鬥目標與重大責任，並將這種目標和責任寫在黨的十九大報告的開篇裏，「中國特色社會主義進入新時代，我國社會主要矛盾已經轉化為人民日益增長的美好生活需要和不平衡不充分的發展之間的矛盾」。追求美好生活，固然離不開經濟的發展，社會的穩定與和諧，人民群眾就業、住房、教育、醫療、生態、環境等方面的改善等物質、社會要素，也包括對生活意義的探尋、正確價值觀的追尋與培育，道德文明的提升等文化、精神性內容，這些要素才從根本上塑造、引領人民群眾的美好生活。

　　人是一種文化的存在，人是文化的創造者、享用者即主體，唯有人有精神生活，有文化、有倫理的生活才是真正的美好生活。生活是文化與倫理的基礎，文化與倫理是生活的核心與靈魂，文化與倫理建設要面向生活、民眾與實踐，而美好生活必然依靠文化來塑造、倫理來引領。文化自信、倫理覺悟不僅是人民群眾美好生活的靈魂與根本，更是民族復興的希望和力量。

一、文化塑造生活

　　「人們為了能夠『創造歷史』，必須能夠生活。但是為了生活，首先就需要衣、食、住以及其他東西。因此第一個歷史活動就是生產滿足這些需要的資料，即生產物質生活本身。」〔註1〕什麼是生活？《說文解字》解釋：「生：進也。象草木生出土上。下象土，上象出。」「活：流聲也。引申為不死之稱。」其實，簡單說，「生活」就是生命的存在以及為了謀取和保證生命存在與價值

〔註 1〕 《馬克思恩格斯選集》第 1 卷〔M〕，北京：人民出版社，1995 年，第 32 頁。

而展開的人生活動，通俗地說就是活著、過日子。本文主要是從日常生活的意義上來說「生活」的。謀生就是謀取生命的存在，即生存，生命的存在一定不是靜態的，而是動態的，因此，人要保證生命的存在和生命的價值與意義，必須進行謀生和價值的活動。光活著還是不夠的，作為一個文化的動物和有意識的主體，肯定還要追求活著的意義，謀生的正當與價值，因此，「生活」一詞就必然包含人們對生活意義和合理生活方式的探尋和追求。生活不僅是一種客觀的活命需求、謀生的客觀活動，也是關於生活的價值和合理的生活方式的追求，這才是人的「生活」，如果僅有「活命」和「謀生」，那麼就難以區分人的生活和動物的「生存」有何區別，反過來說，是生活的「意義」「價值」「觀念」「方式」這些精神性、文化性的要素使人的生活區別於動物的生存。生活是人謀生的活動以及對其存在意義和價值、合理活動方式的追求。理解「生活」這個詞最重要的關鍵詞是：生存與意義。生存就是活著或存在，一如上述，它是前提。「意義」才體現著生活的價值與本質。

因此，在研究「生活」時，一定要研究客觀的社會生活和人的觀念之間的互動關係，唯有有意識自覺、觀念指導的「生活」，才是人的「生活」。這正像古希臘哲學家所說的，只有經過反思的生活才是有意義的，一個未經省察的人生是不值得過的，「不經考察的生活是沒有價值的」〔註2〕。是否對人生進行反思關乎人生的真正幸福，人的使命就是「認識你自己」，追尋生活的真諦，選擇合理的生活方式，追求幸福的人生。

那麼，什麼是文化？一般而言，人們認為文化是人所創造的一切物質、制度、精神文明的成果，但在狹義上，主要將文化理解為精神文化。文化為人類所創造，當它被創造出來後，又為人的生活所依賴和利用，因此，梁漱溟認為：「文化，就是吾人生活所依靠之一切。如吾人生活，必依靠於農工生產。農工如何生產，凡其所有器具技術及其相關之社會制度等等，便都是文化之一大重要部分。又如吾人生活，必依靠於社會之治安，必依靠於社會之有條理有秩序而後可。那麼，所有產生此治安此條理秩序，且維持它的，如國家政治，法律制度，宗教信仰，道德習慣，法庭警察軍隊等，亦莫不為文化重要部分，又如吾人生來一無所能，一切都靠後天學習而後能之。於是一切教育設施，遂不可少；而文化之傳播與不斷進步，亦即在此。那當然，若文字、圖書、學術、學

〔註2〕〔古希臘〕柏拉圖著，王曉朝譯，《申辯篇》〔A〕，《柏拉圖全集》第 1 卷〔C〕，北京：人民出版社，2002 年，第 27 頁。

校，及其相類相關之事，更是文化了。俗常以文字、文學、思想、學術、出版等為文化，乃是狹義的。」〔註3〕梁漱溟對文化的定義雖然顯得精疏一些，但他強調人對文化的依賴性則是正確的，人是一種文化的存在，人是文化的主體，人創造了文化，而且文化又為人所利用，人的生活本質上是離不開文化的，而且也是為文化所塑造的。

　　錢穆認為：「文化只是『人生』，只是人類的『生活』。惟此所謂人生，並不指個人人生而言。每一個人的生活，也可以說是人生，卻不可以說是文化。文化是指集體的、大群的人類生活而言。在某一地區、某一集團、某一社會，或某一民族之集合的大群的人生，指其生活之各部門、各方面綜合的全體性而言，始得目之為文化。」〔註4〕錢穆也特別強調文化作為一定民族全體人生實踐與生活方式的內涵，錢穆認為人類文化是一種時空交融的統一整體，文化即人生，文化學是研究人生價值的一門學問。他通過對文化從橫向截面橫切以及縱向切面縱割的研究方法，根據人生當中分別面對的「物世界」「人世界」和「心世界」，將人生分為三個層次。第一層次是「物質的」，亦可說是「自然的」人生，或「經濟的」人生。一切衣、食、住、行，較多隸屬於物質方面者，均歸此類。第二層次是社會的人生。這是一種大群人生，也可以稱作政治的或集團的人生，關乎人的社會性行為和事業。在這一層次中，人們的生活不僅限於個體物質需求，也關乎人與人之間的相處，關乎人際交往的社會性需要，面臨的是人與人的問題。第三層次，「我們可以稱之為『精神的』人生，或說是『心靈的』人生。此一階層的人生，全屬於觀念的、理性的、趣味的，如宗教人生、道德人生、文學人生、藝術人生等皆是。這是一種無形累積的人生；這是一種歷史性的、超時代性的人生。只有這一種人生，最可長期保留，長期存在」〔註5〕。錢穆將文化劃分為三個層次，文化的表層結構主要是器物文化，中層結構主要是制度文化，深層結構主要是心理與價值精神文化。同時，錢穆將文化定義為人的生活、定義為人生，所以文化三階層理論是以人生的三種發展階段和需要為對照，闡釋人類文化所具有的三種不同階段。由文化的三階

〔註3〕梁漱溟，《中國文化要義》〔M〕，上海：上海世紀出版集團、上海人民出版社，2003年，第9、113、159、30頁。

〔註4〕錢穆，《文化學大義》〔A〕，《錢賓四先生全集》三十七〔C〕，中國臺灣：聯經出版事業股份有限公司，1998年，第6頁。

〔註5〕錢穆，《文化學大義》〔A〕，《錢賓四先生全集》三十七〔C〕，中國臺灣：聯經出版事業股份有限公司，1998年，第13頁。

層理論可知，在人生發展所經歷的不同層面，「心」與物交，可以產生改造自然、為我所用之物質條件；「心」與人交，可以產生人與人交往之善念大德；「心」與我交，可以產生完善自我、實現自我之心靈真諦，達至文化人生的最終歸宿。人生的這三個層面對應文化滿足人的不同的發展需求，構成了物質文化、社會文化、精神文化的方方面面，這便是文化形成和發展的過程，也是文化結構的完滿體現。可見，人的生活離不開文化，這既包括物質文化、社會制度文化，更包括人的精神文化。精神使人的生活更加充滿意義感和內心深層的滿足感和幸福感。

　　生活離不開文化，文化塑造了生活。文化總有一定的時代性、地域性和民族性，陳炎認為：「所謂『文化』，是指人在改造客觀世界、在協調群體關係、在調節自身情感的過程中所表現出來的時代特徵、地域風格和民族樣式。由於人類文明是由不同的民族、在不同的時代和不同的地域中分別發展起來的，因而必然會表現出不同的特徵、風格和樣式。」〔註6〕因此，不同時代、地域、民族有其不同的文化，也就有其不同的生活方式。正是這種不同的文化塑造了不同的生活，形成了不同時代、地域、民族的不同生活方式。比如，服章之美謂之華，禮儀之大謂之夏，華夏民族正是以其服章之美、禮儀之大的生活區別於別的民族。北京的四合院不同於福建的土樓，中國的故宮不同於法國的凡爾賽宮，東方的寺廟不同於西方的教堂。從茹毛飲血到熟食，是以穀物糧食為主還是以動物肉食為主，甚至不同民族飲食中的禮節、規則、習慣，如中國人喜歡團桌，而西方人則多喜歡分餐，中國人的大宴賓客與西方的 AA 制，都體現了不同民族的不同文化觀念。近代以來，我們在與西方人交往的過程中，既有官方政治層面的禮儀之爭，也有民間直接交往的文化差異。

　　可見，文化既有其鮮明的時代、地域、民族特色，也可以通過交流，達到一定程度的共識與融合。中華文化塑造了中國人獨特的生活方式，在經濟全球化、文化多樣化條件下，我們不會拒斥一切文明成果，反而使我們的生活既有中國特色，又符合現代文明進步的潮流。概言之，使生活更美好而吸取一切文化與文明的精華，以此塑造引領我們的生活。

　　文化不僅塑造了生活，而且具有傳遞文明、規範人的行為、教化個體、凝聚社會的功能。文化所體現的就是歷史積澱下來並被特定社會群體所共同認可、遵循的行為規範，它對個體的行為具有先在性和指導約束性。社會的發展

〔註6〕陳炎，〈文明與文化〉〔J〕，《學術月刊》，2002 年第 2 期。

離不開社會力量的凝聚，民族認同主要來自於文化認同。文化是民族的血脈和靈魂，文化以其對社會生活的滲透力、凝聚力，對社會生活發揮著整合、指導、凝聚的作用。

二、倫理引領生活

倫理道德，作為一種指導人的行為、整合凝聚社會的價值觀念與行為規範體系，一般都是各種民族文化的價值觀念—規範系統的核心與靈魂，對於中華文化來說，重視倫理的價值或者說倫理至上、倫理本位更成為中國文化的鮮明特色和核心靈魂。梁漱溟認為：「蓋人類文化占最大部分的，誠不外那些為人生而有的工具手段、方法技術、組織制度等。但這些雖極占分量，卻只居於從屬地位。居中心而為之主的，是其一種人生態度，是其所有之價值判斷。——此即是說，主要還在其人生何所取捨，何所好惡，何是何非，何去何從。這裡定了，其他一切莫不隨之。不同的文化，要在這裡辨其不同。」〔註7〕中國文化較之於西方文化、印度文化，就更是一種道德本位的文化，或者說道德是我們中華民族優秀傳統文化的核心、靈魂與特色。中國傳統文化是以人生和道德智慧為其核心的，它是中國文化的鮮明特色。韋政通在其《中國文化概論》一書中指出「：在中國文化中，有『一本萬殊』的理念，於是堅信一切文化都有一個共同的基礎，這基礎就是道德。中國傳統中講道德，不像西方人講道德只限制在人生的範圍內，而是彌漫在文化的一切領域。因此，中國的政治理想是『德治』，文學理想是『文以載道』，經濟的理想是『不患寡而患不均』，他如教育、法律、也莫不以道德為基礎。」〔註8〕錢穆更加明確地指出：「中國文化是以『道德精神』為其最高領導的一種文化。由道德精神具體落實到政治，這一種政治，亦該是道德性的政治。再由政治控制領導著經濟。這一經濟，亦該是道德性的經濟。至於文學藝術，莫不皆然，其最高領導者，還是道德精神。中國文化之最弱點，則在宗教與科學。中國亦有宗教，然宗教地位仍受道德精神之支配。如祭祖宗、祭聖賢、祭各地有功德之人物，乃至祭天地諸神，亦一切以頌德報功之道德意義為骨幹。中國是以道德精神來洗練了宗教信仰，並非由宗教信仰來建立道德根據。」〔註9〕這幾位學者的觀點都不約而同地指出

〔註7〕梁漱溟，《中國文化要義》〔M〕，上海：上海世紀出版集團、上海人民出版社，2003年，第113頁。

〔註8〕韋政通，《中國文化概論》〔M〕，長沙：嶽麓書社，2003年，第58頁。

〔註9〕錢穆，《文化學大義》〔M〕，北京：九州出版社，2012年，第76～77頁。

了傳統道德是傳統文化的核心與靈魂。中華文化是一種倫理本位型的德性主義文化，其核心和精華體現為倫理精神和價值觀，這是中華文化的特質，也是它對人類的突出貢獻。正如習近平指出的那樣：「中華文化源遠流長，積澱著中華民族最深層的精神追求，代表著中華民族獨特的精神標識，為中華民族生生不息，發展壯大提供了豐厚滋養。中華傳統美德是中華文化精髓，蘊含著豐富的思想道德資源。」〔註10〕

　　每一個生活在中國文化背景下的人，不管他有沒有系統學習過中國傳統文化，相信這些話他都曾經通過文化的口頭傳承方式耳熟能詳：我國自古以來就是一個禮儀之邦；中華民族是一個自強不息、勤勞勇敢的民族；修身為本，德教為先；「己所不欲，勿施於人」「己欲立而立人，己欲達而達人」「君子坦蕩蕩，小人長戚戚」「君子一言，駟馬難追」「平日不做虧心事，不怕半夜鬼敲門」「但行好事，莫問前程」「善有善報，惡有惡報，不是不報，時間沒到」「君子謀財，取之有道」「人之初，性本善」「盡人事、知天命」「百善孝為先」；等等。顧炎武所言「天下興亡，匹夫有責」、范仲淹的「先天下之憂而憂，後天下之樂而樂」、文天祥的「人生自古誰無死，留取丹心照汗青」，這些俚言俗語、名人名言所包含的道德教訓和人生智慧都為大家所熟悉。「二十四孝」的故事按魯迅的說法是「家喻戶曉、婦孺皆知」的，岳飛之忠、關羽之義、諸葛亮之智，眾人皆知。這些名言警句，名人事蹟和人格之所以為中國人世代傳誦，就是因為它是中國人所信奉的核心價值觀、人生觀與道德智慧。

　　在中國人實際的生活和交往中，道德無處不在，我們的日常生活，吃喝住穿，節日民俗，都體現著這種道德價值至上的導向。例如，四合院內，什麼輩分的人該住什麼方位的屋子，這本身就是倫理秩序的外在體現。中國人的人生禮儀如生日、婚禮、喪禮等都充分體現了中國的倫理觀念。僅以婚禮為例，儒家經典《禮記·昏義》篇開篇是這樣的：「昏禮者，將合二姓之好，上以事宗廟，而下以繼後世也，故君子重之。」這是說人們結成婚姻的目的不像今天是為了實現愛情，主要是兩家結親，其目的是為了替祖先生兒育女，傳遞煙火，從而起到承先啟後、血脈不斷的作用，這是婚姻的主要意義，顯然，這強調的是一種對家族的倫理責任。中國的歲時節日民俗也是中國傳統道德的集中表

〔註10〕 習近平，《習近平在中共中央政治局第十三次集體學習時的講話》〔EB／OL〕，國務院網站，http://politics.cntv.cn/pecial/gwyvideo/likeqiang/2014/2014022501/index.shtml.

現。例如，過年不僅是一個綜合節日，而且首要價值是省親和祭祖。清明節不僅是在開春時節的踏青，也是去祖上墳地行孝。四時上墳體現著孝道倫理，九九重陽體現著敬老倫理。傳統戲曲、彈詞等都體現著道德教化的內容。文學是人學，如果把四大文學名著的章題做一個統計的話，會發現「忠」「孝」「仁」「義」等道德範疇比比皆是。可見，道德觀念是廣泛滲透於傳統中國人的生活中的核心價值觀念與行為規範和生活方式。

　　什麼是美好生活？所謂好的生活就是善的生活，有價值、有意義、幸福快樂的生活，而這種價值、意義的善和好正是由道德賦予的，美好生活固然離不開物質層面的衣食住行、良好的生態環境，教育等外在條件，但更有意義和價值的生活，更為內在的幸福是離不開道德的價值引領的。道德文明不僅標誌著人與人之間相處與交往的和諧，而且也是每個個體自我完善、形成高尚人格的關鍵。家庭的親情，相愛人之間的愛戀，同志間的同心同德與信任，朋友之間的相互默契和支持，人與人之間的相互理解與尊重，這些既是社會和諧價值的體現，也是美好生活與幸福生活的重要內容。成為一個高尚的人，既是人生價值和自我完善的內在價值需要，也給我們自身帶來了安身立命、心安情樂、無愧我心的內在滿足和幸福感。道德是一種善與好的追求，如果我們對這種內在價值的追求抱持一種欣賞、歡喜的態度，我們的人生就獲得了一種快樂的審美體驗，對他人、世界和自我均抱持一種達觀、欣賞的態度，對生活充滿了熱愛的感情，別無他求，自我滿足，這就使美好生活進入了一種不僅是好的而且還是美的審美境界。仁者壽，智者樂。正如法國女作家喬治·桑所說：你要是心情愉快，健康就會常在；你要是心境開朗，眼前就一片明亮；你要是經常知足，就會感到幸福；你要是不計較名利，就會感到一切如意。文化與道德作為一種關於美好生活的價值觀念，作為一種指導人們如何過上好生活，如何正確地行動，做一個什麼樣的人的觀念與規範，顯然對人們的生活具有指導和引領作用，追求理想是為了理想的生活，缺乏價值與道德的生活肯定是不完善的，也不是真的美好生活，道德使我們具有人生的價值、人性的尊嚴、人際的和諧、社會的文明、世界的安寧，它以未來性的價值目標與理想，應然一命令性的行為指令，引領我們前進的方向，將我們的生活導向幸福快樂的遠方。

三、文化自信、倫理覺悟是美好生活和民族復興的力量與希望

　　文化、價值觀、道德不僅對我們每個人生個體的生活具有塑造引領作用，

而且對民族、國家全體的美好生活具有塑造引領作用，這正如前述錢穆所認為的那樣，文化實際上是一個民族整體的生活方式。只有堅持文化自信與倫理覺悟，人民才會有信仰，國家才會有力量，民族才會有希望。

　　文化是一個民族的精神核心與思想靈魂，文化認同是民族認同的關鍵，文化也是民族發展和復興的強大精神動力。歷史和現實都表明，一個拋棄了或者背叛了自己歷史文化的民族，不僅不可能發展，而且會日漸式微。正如習近平所說：「文化是一個國家、一個民族的靈魂。文化興國運強，文化強民族強。沒有高度的文化自信，沒有文化的繁榮興盛，就沒有中華民族偉大復興。」〔註11〕習近平認為文化自信與中華民族偉大復興緊密相連，這無疑是有歷史的洞察力的，文化自信不僅是民族復興的標誌之一，也是民族復興的強大動力。習近平還指出：「沒有中華文化繁榮興盛，就沒有中華民族偉大復興。一個民族的復興需要強大的物質力量，也需要強大的精神力量。沒有先進文化的積極引領，沒有人民精神世界的極大豐富，沒有民族精神力量的不斷增強，一個國家、一個民族不可能屹立於世界民族之林。」〔註12〕這段話立場鮮明地指出了文化自信是民族偉大復興的強大精神力量。而且，習近平還從總結歷史經驗的高度認為我們中華民族之所以在 5000 多年的發展歷史中能夠克服困難，走向進步與光明，就是因為中華文化為中華民族克服困難、生生不息提供了強大精神支撐。「文化是民族生存和發展的重要力量。人類社會每一次躍進，人類文明每一次昇華，無不伴隨著文化的歷史性進步。中華民族有著 5000 多年的文明史，近代以前中國一直是世界強國之一。在幾千年的歷史流變中，中華民族從來不是一帆風順的，遇到了無數艱難困苦，但我們都挺過來、走過來了，其中一個很重要的原因就是世世代代的中華兒女培育和發展了獨具特色、博大精深的中華文化，為中華民族克服困難、生生不息提供了強大精神支撐。」〔註13〕實際上，文化自信不僅僅是領導人的治國方略和政治論述，而且也應該成為每一個民族成員的精神信仰和實踐行動。

　　一定的共同體就是由有相同文化與價值觀的人組成的。民族不僅是有共

〔註11〕《決勝全面建成小康社會，奪取新時代中國特色社會主義偉大勝利——在中國共產黨第十九次全國代表大會上的報告》〔EB／OL〕，新華網，http://www.xinhuanet.com/2017-10/27/c_1121867529.htm.

〔註12〕習近平，《習近平在文藝工作座談會上的講話》〔EB／OL〕，人民網，http://culture.people.com.cn/n/2014/1015/c22219-25842812.html.

〔註13〕習近平，《習近平在文藝工作座談會上的講話》〔EB／OL〕，人民網，http://culture.people.com.cn/n/2014/1015/c22219-25842812.html.

同血緣、共同生活環境、共同語言的一群人，而且也是有共同文化歷史傳統的一群人。中華民族是一個有著自己長期歷史文化傳統的偉大民族，走出國門就會深刻感到我們民族歷史的久遠與輝煌，在四大文明古國中，我們雖不算是最早的，卻是文明一直沒有中斷得以延續的唯一古代文明國家。近代以來，中華民族遭受外來列強欺辱，中華民族的自信心也受到了嚴重打擊，但從歷史的長河來看，這僅是一段困難時期，我們自古以來就有大漢雄風、唐代盛世，即使到了康乾時期，國力也並不弱。近代落後就要挨打的歷史，使我們奮起抵抗外侮，救亡圖存，探索救國救民之策，一些激進知識分子，在挫折面前，盡失民族文化自信，唯洋是從，在思想上主張全面西化，對待本民族文化採取一種歷史虛無主義態度。改革開放以來，國門大開，西方的文化價值觀念在歷史上從來沒有如此深入全面地進入到中國來。為了發展進步，我們確實需要吸取人類一切文明成果，但是這並不意味著一定要喪失本民族文化的主體性。一個民族在發展過程中，如果失去了自己的文化傳統，就等於放棄了自己的靈魂。一個人要有精氣神，一個民族同樣也要有精氣神，而這個精氣神就是這個民族成員有共同的文化心理與觀念認同，這種共同的文化心理正是民族向心力與凝聚力、發展力的精神淵藪。中華民族當前處在最為接近偉大復興目標的歷史時期，生活於這個偉大時代的民族成員，無不為本民族在發展中所取得的成就而感到自豪與自信，這種自信不僅來自於物質、經濟、科技、軍事上取得的成就，這種自信也不僅僅是道路自信、理論自信、制度自信，更深層的自信是文化自信。我們堅持弘揚傳承中華優秀傳統文化，弘揚傳統美德，不忘本來，吸收外來，開創未來，古為今用，洋為中用，推陳出新，創造性轉化，創新性發展。我們要在衣食住行等生活的各個方面保留傳承民族文化，如對歷史遺跡和建築的保護，使民族文化和藝術得到傳承光大，傳統美德得到弘揚發展，並以此為基礎自覺培育社會主義核心價值觀，建設社會主義文化強國。我們堅持文化的相互尊重與交流，西方文化在中國從來沒有像現在這樣傳播的廣泛而深刻，而漢語、中國書法繪畫、古琴、太極拳與中國工夫、道家的生命哲學與養生智慧等日益受到各國人民的青睞。堅持和而不同，求同存異，構建人類命運共同體，讓中華文化的世界大同思想，澤被世界，促進人類文明共同進步。這既是文化自信的體現，也是文化自信的自覺實踐。這必將成為中華民族偉大復興的強大動力和顯著標誌之一，也是人民精神充實，幸福美好生活的題中應有之義。自信，無論是對個人還是民族，從來都是一種健康文化心理，它既非盲目

自大,也非妄自菲薄,而是建立在自知基礎上的自我認同和民族認同,一種健康文化心理自然是人的美好生活的重要要素,也是生活前進和文明發展的動力和淵泉。因此,美好生活需要文化自信,民族復興需要文化自信。

早在 20 世紀初期,陳獨秀就認為:「倫理的覺悟,為吾人最後覺悟之最後覺悟。」〔註14〕當時,強調倫理覺悟,重在思想啟蒙和文化自覺,面對的是救亡圖存的歷史使命,陳獨秀認為國人只有借鑒西方自由、平等、獨立之新道德,才是救國救民之要。這種歷史認識的具體內容,其得失尚可討論,但強調倫理覺悟之於民族發展的重要性卻是有重要啟發價值的。如前所述,中華傳統文化是非常重視倫理道德的,也是由於近代的落後,在五四運動時期,有些知識分子在進行文化反思時,認為西方的民主、科學都是好東西,我們國家的落後似乎都是傳統道德所造成的。歷史證明,這種反思批判是情緒化的,不全面的。儒家倫理是推動新加坡等亞洲「四小龍」發展的重要精神動力,也是對儒家倫理的成功應用和改造的結果。改革開放以來,全社會在一段時期內,把重心放在經濟建設上,利益最大化、功利主義成為社會思潮,在此形勢下,道德的價值受到了嚴重衝擊,為達目的不擇手段的非道德主義大行其道,見利忘義、以權謀私、權錢交易、圖財害命、以假充真、以次充優、假冒偽劣、坑蒙拐騙、食品安全、誠信危機、見死不救、人人自保等道德問題突出,不僅嚴重影響了社會和諧,而且已經直接危及人民群眾的生活安全與質量,引起全社會的高度關注與重視。

當前,我們需要再次喚醒全民族的道德覺悟,雖然不能簡單回復到過去那種道德至上和本位的立場,但是仍然要重視道德在社會生活、人民群眾的日常生活中的重要價值,重視道德對民族復興、人民幸福、國家強大的重要作用。倫理不僅僅是統治者的教化工具,它還是人民群眾日常生活的內在需要,如果沒有道德,我們的衣食住行都寸步難行,每個人都應該自覺認識到,道德與我們的生活息息相關,每個人都不能置身事外,每個人都是道德的主體和參與者,都應該自覺以行動推動社會道德文明水平的提升,以淨化和提升生活環境,提升自身的道德修養,這是美好生活的內在需要。有道德的社會生活才是一種美好生活,有修養、有水準、有品位的生活和人生才是好生活和幸福人生。因此,道德不是社會要強加給我們的,而是我們內在的需要,就像人需要空氣和陽光一樣,道德既是美好生活的價值引領,也是我們內在價值與幸福的精神

〔註14〕陳獨秀,〈吾人最後之覺悟〉〔J〕,《青年雜誌》,1916 年 2 月 15 日。

淵藪。道德使我們安身立命，心安情樂，內心和諧寧靜，自然成為幸福人生的營養素。

　　一個國家和民族真正的強大，自然離不開經濟、科技、軍事的硬實力，也離不開文化與道德的軟實力；國家的強大，自然離不開硬實力的威懾力，但更受人尊重的是文化與道德的自然影響力，我們要讓中國文化的光輝影響世界，應該以自身較高的道德素質屹立於民族之林，受人尊重。梁漱溟認為，中國人自古以來就有天下一家、天下太平的觀念「，中國倫理本位的社會之形成，無疑地，是指向於『天下為一家，中國為一人』」〔註15〕。梁漱溟接著引述其他學者的觀點，強調中國為「天下國」，認為「一民族自治其族者，為族國（民族國家）；一民族統治他民族者，為帝國；一民族領袖他族以求共治者，為天下國。天下國超族國而反帝國，是國家之進步的形式，亦或許是最進步的形式」〔註16〕。這種分析，說明中國人自古以來就有天下一家、天下太平的思想。人類命運共同體的思想正是基於這種文化影響世界的天下一家的思想而提出來的，因此，是否具有文化自信、是否有文化的大繁榮大發展，讓中國文化走向世界、影響世界，民族的整體道德水平是否得到提升、國人的素質是否受到全世界人民的尊重，這是中華民族是否能夠走向真正復興的最後一段路和標誌之一。當前中國在經濟、科技、軍事上取得的成就世人矚目，但是國人的道德素質尤其是在顯性的公共文明素質方面，雖然近年來已經有很大提高，但仍然存在一些問題和差距，仍然需要保持高度的自覺並不斷努力。只有經過長期的文化塑造和道德培育和修養，才能從整體上提高中華民族的道德素質。習近平指出：「國無德不興，人無德不立」，必須加強全社會的思想道德建設，「引導人們嚮往和追求講道德、尊道德、守道德的生活，形成向上的力量，向善的力量」，「只要中華民族一代接著一代追求美好崇高的道德境界，我們的民族就永遠充滿希望。」〔註17〕這高度闡發了道德建設對於實現中華民族偉大復興和治國安邦立人的重要意義，因此，不斷深化和加強道德與精神文明建設是我國當代社會文化建設的長期的重要任務，以美德引領風尚，讓美好生活充滿道德的

〔註15〕梁漱溟，《中國文化要義》〔M〕，上海：上海世紀出版集團、上海人民出版社，2003 年，第 159 頁。

〔註16〕梁漱溟，《中國文化要義》〔M〕，上海：上海世紀出版集團、上海人民出版社，2003 年，第 30 頁。

〔註17〕《習近平在山東考察》〔EB／OL〕，中國共產黨新聞網，http://cpc.people.com.cn/n/2013/1129/c6409423694123.html.

陽光，這是中華民族真正復興的曙光和希望。

　　不僅如此，培育和踐行社會主義核心價值觀，萬眾一心，眾志成城，全國人民心往一處想，勁往一處使，以文化與道德塑造引領美好生活，培育我們的心志與精神，必將成為中華民族偉大復興的強大精神動力。

　　　　　　　　　　原載《中國特色社會主義研究》，2019 年第 3 期

論生活與倫理的關係

　　日常生活倫理學的創新建構，首先要澄清一些前提性的基礎問題，比如，「生活」與「日常生活」這些基本概念的界定，生活與倫理的關係，日常生活倫理的特點，日常生活倫理研究的對象、方法與意義等。本文將圍繞這些問題展開討論。

一、生活與日常生活

　　何謂生活？生活就是生命的存在以及為了謀求生命存在並尋求人生價值而展開的活動。謀生就是謀取生命的存在，即生存，生命的存在不是靜態的，而是動態的，因此，人要保證生命的存在、追求生命的價值與意義，必須進行謀生和有價值意義的活動。作為一個文化承載者和有意識的主體，人必定要追求活著的意義與價值，因此，「生活」一詞就必然包含人們對生活意義和合理生活方式的探尋和追求。生活不僅是一種謀生、生存的客觀生命活動，也是對生活的價值和合理的生活方式的追求，這才是人的生活。如果僅有活命和謀生，那麼就難以區分人的生活和動物的生存，反過來說，正是生活的意義、價值、觀念、方式這些精神性、文化性的要素使人的生活區別於動物的生存。

　　因此，在研究生活時，我們一定要研究客觀的社會生活和人的觀念之間的互動關係，唯有有意識自覺、價值引導的生活，才是人的生活。生活這個詞的核心意涵是生存與意義。生存就是活著或存在，它是前提，但意義才體現著生活的價值與本質。

　　什麼是生活的意義？這個問題實際上包括如下問題或含義：我們活著是為了什麼？什麼樣的生活是值得過的？生活指向一個什麼目的？生活的意義

是眾多哲學家和普通民眾普遍關心和思考的問題。人作為萬物之靈，其存在與活動的根本特點就在於人是有意識的動物，人可以探索、創造價值與意義，對生活意義的追尋與探索恰是人與萬物的不同之處。對生活價值與意義的探索，必然使人們形成一定的人生觀、價值觀和生活觀，也必然會以一定的觀念、規範、文化傳統、生活方式的形式固定下來，這些規範、文化傳統與生活方式就是生活倫理。因此，倫理源於生活，是生活觀念與規範的凝結。

要理解把握生活這個範疇，應該把握生活的如下幾個特徵：

第一，人是生活的主體。理性自覺與意義追求是人的生活的特質。生活是人的生活，生活只能由人來完成、來主導，人通過生活才能成為「人」，人在生活中存在，在生活中發展。一切生物都在一定意義上要謀求生活，即個體生存與種族的繁衍，區別在於動物的生活是完全依靠本能以適應自然而活著，而人的生活則是一種理智與理性的生活。所謂理智與理性的生活，就是指人對外在生存條件不僅是被動地適應，而且要主動地改造，創造物質與精神財富以服務並改善自己的生活。這種在為了生活、服務生活的過程中所創造出的物質與精神成果就是社會的文化或文明，其中不僅包括社會的物質成果，而且包括精神成果，這種精神成果不僅包括智力性的科學技術成果，而且包括對善的生活、合理生活方式的理解與追求。因此，所謂人的理性生活就是一種合乎科學規律與善的價值觀念的生活。

第二，對意義與價值的追尋與建構是生活的本質。追尋合理的生活方式，不僅是人類群居的需要，也是人追求善良、健康合理生活的內在需要。用中國哲學話語來講就是「成物」與「成己」。所謂「成物」，就是創造外在於己的人類物質文明與精神文明成果，對人類社會文化發展做出自己的貢獻。所謂「成己」，就是在「成物」的創造過程中，使人自身內在的心智慧力和道德人格得到發展和提升。人在創造藝術作品的過程中使自己成為一個藝術家，人在行善利他的行為過程中使自己成為一個道德高尚的人，即慈善家、道德家，或君子、聖賢。這種成物成己的創造生活、文化、文明的生活追求，按中國古代經典《左傳》提出的「三不朽」觀念來講，「成物」表現為「立功」、「立言」，而「成己」則表現為「立德」。

第三，對理想、幸福和德性的追求就是對好生活的追求。人作為有意識的存在，這個存在既包含著對過去的記錄和反思，也包含著以未來為指向的規劃和憧憬。一個喪失對過去的全部或部分記憶的人，與一個不能規劃或想像未來

的人一樣，充其量只能過一種非常不完整的生活。充實的人生往往是與高度自覺的人生規劃相聯繫的，它是人的連貫的、系統的目標和意向，包含著一個人的持久的價值追求。在這個意義上，生活必須要有過一種好生活的理想，要有幸福的期待與追求，要有自我完善的憧憬和目標，要不斷實現從現實的我到理想的我的超越。

意義與價值是未來、應該和理想賦予我們的。如果一個人的生活和人生沒有了目標，那在某種意義上就失去了意義和價值，至少這種意義和價值就會減少。有理想目標，才會有目標實現的愉悅感受，而這種愉悅體驗就是幸福。身體健康，豐衣足食，美麗的家園，良好的人際關係、安全公正的社會，健康的心智，快樂的心態，自我價值與尊嚴的實現，這些幸福的要素都是我們每個人所期盼和嚮往的，也使我們的人生和生活有了目標和價值。人們追求德性、完善、和諧、公正，就是追求一種理想、幸福的好生活。

人的生命存在是生活的基點，人生價值的追求是生活的展開過程，而人的生命價值的自我實現則是生活的歸宿。生活或者說人的生存、生活與交往的社會性決定了生活需要倫理的指導和調節。

生活這一概念雖包含著上述豐富的含義和本質，但在狹義上往往是指與「政治生活」相區別的「日常生活」。「不同的社會對於何為『日常生活』有著不同觀點。然而，他們都大致將『日常』定義為日復一日所發生的事情，它們是那些源於尋常『卻沒有明顯標誌的事情』」〔註1〕。「我們可以將日常生活狀況有效地稱之為『生活世界』（Life world），這個術語是在即將進入 20 世紀時由現象學派哲學家埃德蒙德・胡塞爾（Edmund Husserl）創造的。」〔註2〕日常生活是維繫人的生命存在和延續發展不可缺少的庸常的、反覆的生命活動，即日常實踐或日用常行。按赫勒的理解，所謂日常生活，是「指同時使社會再生產成為可能的個體再生產要素的集合」〔註3〕。這一看法注意到了日常生活與個體的生存、延續的聯繫，人們為了生存和發展，要為吃穿住行等基本物質生活去奔波、奮鬥、交往。這種日常生活是人的生存和發展的基本條件，它顯然不同於人的制度生活，但它是人的其他歷史活動的起點。

〔註1〕戴維・英格利斯，《文化與日常生活》〔M〕，北京：中央編譯出版社，2010 年，第 11 頁。

〔註2〕戴維・英格利斯，《文化與日常生活》〔M〕，北京：中央編譯出版社，2010 年，第 14 頁。

〔註3〕阿格妮絲・赫勒，《日常生活》〔M〕，重慶：重慶出版社，1990 年，第 3 頁。

　　制度生活是指人在特定的制度體系中展開的生活。在制度體系中，人的生活方式和人生觀念受到制度、社會給定的規範的約束，生活的價值和意義往往通過與社會制度和規範相符的程度來加以判斷，這些制度不僅僅具有規範的意義，而且具有法律的意義。制度生活往往不具有自在性，不是人的自在生活，而是一種社會制約性的生活，要求人們在某些具體場合遵循制度和規範。日常生活是人的一種自在性、自主性的生活，是在非制度約束情景中的生活。日常生活具有明顯的自生性、習慣性和情感性等特徵，人在這種生活中「缺少創造性思維和創造性實踐的空間，人的行為以重複性的實踐為特徵，他直接被那些世代自發地繼承下來的傳統、習慣、風俗、常識、經驗、規則以及血緣和天然情感等所左右」﹝註4﹞。儘管日常生活也受到社會制度和規範的影響，但在日常情景之中，日常生活總是試圖擺脫社會規範給定的約束。制度生活比日常生活更具有思維和理性的色彩，往往具有模式化、穩定性的特點；而日常生活則更多具有情感性和情景性，更具有活力，因而往往是生機盎然、豐富多彩的。當然，日常生活也不是完全隨心所欲的，它同樣具有生活的規則，只是不像制度生活那樣認可制度或規則的理所當然性，而是更具有批判性。

　　在 1978 年前，中國人的生活是被強烈的政治意識形態所裹挾的生活，連談對象這種極其個人的事件都要得到組織的審查批准，因此，那時社會的主流道德必然只能是一種建立在革命意識形態基礎上的教化道德。在改革開放後，隨著意識形態在社會生活中的弱化，社會更加開放、多元，人民群眾的日常生活也日益突顯，再用過去那種教條化的革命道德來指導日常生活中的民眾，顯然是力不從心了。為什麼近年來國學特別是儒學在民間社會再次熱起來了呢？這是因為，儒家倫理是一種建立在人性與人倫日用基礎上的日常倫理和生活規則，儒學本質上是生活秩序的維護者，是高尚人格的倡導者。到了漢以後，儒學和儒家道德雖被高度政治化，但它從來沒有失去其生活基礎和民眾根源。

　　日常生活確實具有某種客觀的既成性、自在性。日常生活中的個體，在他出生來到這個世界時，就面臨著客觀已經存在的國家、民族、家庭等既成的客觀環境，這是他只能認同、接受而無法選擇的，而且他還無形中受到這些既成條件與傳統的影響，它們塑造著他的生活習慣、日常趣味，制約著他的行為方

﹝註4﹞ 衣俊卿，《現代化與日常生活批判》﹝M﹞，北京：人民出版社，2005 年，第 4 頁。

式。這樣，日常生活的自在性就強於社會的制度生活。所謂自在性，既是指獨立於人的目的性活動，也是指與自覺相對的非反思性。但這並不意味著日常生活完全沒有反思性，而只是說相比較在一定意識形態或者制度指導約束下的高度自覺性，其反思性與自覺性要稍微弱一些。這是對日常生活的主體來說的，但作為一名日常生活的研究者，揭示人們日常生活行為背後習而不察的文化原因，則是非常自覺的研究活動。

西方文化比較強調生活世界與理念世界或者終極關懷的疏離，比如宗教，大多都是以否定現實世界的日常生活，超越現實世界，進入極樂世界為旨歸的。可是，中國哲學卻非常強調日用即道的觀念，強調人生、人倫之理就存在於日常生活世界之中，人生之道、人倫之理並不遠人，即所謂「道不遠人，人之為道而遠人，不可以為道」（《中庸》）。生活的極高明的道理就存在於人的日常生活與人倫交往中。「極高明而道中庸」，極高明的道必須貫徹、完成於人倫日用中。

日常生活雖然也離不開人與人的交往，但日常生活卻體現了對個體生命存在的維護，對生命價值的肯定與確證，或者說日常生活主要是以個體為承擔者的。維護生命存在的日常生活，相較於人的政治、科學、藝術生活，具有先在性。馬克思恩格斯曾經指出：「我們首先應當確定一切人類生存的第一個前提，也就是一切歷史的第一個前提，這個前提是：人們為了能夠『創造歷史』，必須能夠生活。但是為了生活，首先就需要吃喝住穿以及其他一些東西。」〔註5〕恩格斯將上述論述看作是馬克思的偉大發現：「正像達爾文發現有機界的發展規律一樣，馬克思發現了人類歷史的發展規律，即歷來為繁蕪叢雜的意識形態所掩蓋著的一個簡單事實：人們首先必須吃、喝、住、穿，然後才能從事政治、科學、藝術、宗教等等」〔註6〕。

雖然各民族和地區的日常生活似乎大體上是差不多的，但正如格奧樂格・齊美爾所指出的：「即使是最為普通、不起眼的生活形態，也是對更為普遍的社會和文化秩序的表達。」〔註7〕「換言之，每一個群體的生活世界是由這個

〔註5〕馬克思、恩格斯著；中共中央馬克思恩格斯列寧斯大林著作編譯局編譯，《馬克思恩格斯選集》第1卷〔M〕，北京：人民出版社，1995年，第78～79頁。

〔註6〕馬克思，恩格斯著；中共中央馬克思恩格斯列寧斯大林著作編譯局編譯，《馬克思恩格斯選集》第3卷〔M〕，北京：人民出版社，1995年，第776頁。

〔註7〕戴維・英格利斯，《文化與日常生活》〔M〕，北京：中央編譯出版社，2010年，第4頁。

群體的文化所塑造的。個人的生活世界，是由他們所屬的不同群體中所有相互交織的文化力量組成，並且由他們生活其中的社會語境所構建。」〔註8〕人類是文化的存在，他們的行為取決於人們不同的觀念和態度——即文化，也就是人們長期以來生活於其中的社會性和（或）養育他們成長的特定社會群體所形成的文化。一個特定的群體如何思考和做某一件事。是由該群體的文化而非本能決定的。反過來說，日常生活在自身延續的同時，也以習俗、常識、慣例、規範、傳統等形式使一定民族與人群的價值—倫理文化成果得到了傳承。因此，生活倫理學應該對人們的日常生活進行文化的詮釋分析和價值評估。

二、生活與倫理的關係

生活與倫理的關係如何？生活是為了倫理？還是倫理是為了生活？

顯然，生活對於倫理來說具有存在的優先性，因此，從根本和終極的意義上來說，只能是倫理為了生活，使生活更美好，而不能本末倒置，使生活一味地曲從於倫理。當然，為了使生活更有價值與意義，我們需要自覺服膺那些符合生活真理與善價值的倫理，因為倫理是賦予生活以價值與意義的重要價值向度之一。生活是事實存在，倫理是價值意義。生活是倫理的來源，倫理提升生活的意義。道德作為人的價值自覺與意義追求，其目的是為了人們更好地生活。對意義與價值的追求是以人的存在為前提的，但是對意義與價值的追求卻是生活的本質所在。

在生活與倫理的關係上，倫理要以生活為前提，倫理源於生活，因為倫理是一定民族文化核心價值觀、生活方式的集中體現。如果一定的倫理脫離了其生活本源，就會成為人們生活的一種異己力量，必然是沒有生命力的。「活」先於「善」，生活先於道德，道德「參與」生活而不僅僅是「規範」生活。人為了「活」，有時可能會被迫放棄或違背「善」，這可能是一種客觀存在，但倡導生活要有倫理，還是意在讓倫理影響並規範引導生活。

強調生活之於倫理的這種先在性，就在於強調倫理從根源上是源於生活的，倫理產生之後其作用的發揮，一定要強調生活化。一定的倫理規範原則只有貼近生活、貼近實踐、貼近民眾，才能內在於生活，才能真正有生命力，才會實際發生作用，而不是外在地強行規約生活，否則，就有可能出現倫理的異

〔註8〕戴維·英格利斯，《文化與日常生活》〔M〕，北京：中央編譯出版社，2010年，第15頁。

化，即源於生活最終卻由於脫離生活而反對生活。存在先於本質，生活必然先於道德。

　　道德需要融於生活，或者說生活中應該滲透著道德，換句話說，生活雖然是道德之源，卻需要接受道德的指導。但這種指導最好不是道德強加於生活的，而是生活內在地需要道德的指導。一方面，過一種美好的、善的生活是道德的目的，道德必須落實於生活實踐中。弗蘭克納認為：「社會必須記住：道德是用來幫助人們的善生活的，而不是要對他們進行不必要的干涉。道德為人而設，不是人為了道德。」〔註9〕另一方面，生活確實也離不開道德的指導，道德使人的生活更加合理，更能體現出人性的光輝，更能實現人的幸福。道德使得生活更加美好。一個沒有道德的人，他的生活不可能是美好的。沒有道德的指導與約束，生活就沒有和諧；沒有道德的昇華，生活就沒有光明。「在社會中，沒有人認為流氓、無賴可以出人頭地，流氓、無賴們自己也不會這麼認為。不公正的生活很容易成為缺乏保障和讓人憂慮的生活。如果有人靠偷盜、詐騙發跡，那麼他的財富最終極易化為烏有。」〔註10〕

　　倫理道德使我們的純粹自然生活提升為德性或倫理生活。人們基於純粹生理需求滿足的生活是一種自然生活，而有人類文化與道德指導的生活則是一種屬於人的有意義、有價值的德性生活。自然人經過「人化」後，在某種意義上說，人的純粹自然性已經相當程度上被「人化」了，這就像不能把人的吃等同於豬的吃，也不能把人的性活動完全等同於動物的交配一樣。但也不可否認，處於不同人生境界的人，其人化、文化、道德化的程度是不同的。馮友蘭先生曾經在其《新原人》一書中把人生境界分成「自然」「功利」「道德」與「天地」四個層次。他認為，處於自然境界的人對生活的自覺性不高，「少知寡欲」，「不著不察」，過著一種原始自然的生活。處於功利境界的人，其行為都有他們所確切瞭解的目的，但這種目的都是為了利，而且都是為了私利。而處於道德境界的人，他們都知道人的生活是離不開他人與社會的，人的生活資料的取得，必須盡倫盡職。功利境界的人，其行為是求利，而道德境界的人，其行為是行義，即遵照「應該」以行。行義之人，其行為不能以求他自己的利為目的，而是要利人助人的。而天地境界的人，其覺悟就更高，自認為自己是

〔註9〕 威廉·弗蘭克納，《倫理學》〔M〕，北京：生活·讀書·新知三聯書店，1987年，第243頁。

〔註10〕 西蒙·布萊克本，《我們時代的倫理學》〔M〕，南京：譯林出版社，2013年，第97頁。

宇宙的一分子，他的生活與道體完全合一，人得到徹底覺解，知天樂命。生活是生命的存在與延續，倫理是生活的意義與價值的規範體現。直面生活又要反思生活，面向生活又要提升生活。倫理離不開生活，生活又需要倫理提升。生活只有經過文化、倫理的塑造與引領，才是真正人的生活，才是有意義、有價值的生活。文化與倫理的價值就在於塑造、引領生活。

對生活倫理的探討與建設是為了倫理生活，但它卻不等於倫理生活。追求理想是為了理想的生活，追求道德是為了道德的生活。倫理或道德生活是人的生命活動中已經具有倫理價值並符合倫理規範的善生活。它主要表現為兩種形式：道德思考與道德習慣。〔註11〕道德思考反思批判現實並建構理想道德生活，而道德習慣則反映體現現實生活。在人的道德生活中，這兩種意識與行為的要素實際上是統一的，但在人的日常道德生活中，後者的因素即道德習慣的因素要更多一些。無論是學理化的道德、制度化的道德，還是意識形態的教化道德，由於其具有更高的自覺性，因此，道德思考與反思的因素要多一些。這兩種道德生活類型構成了人類道德生活的常態。不斷追求理想的道德生活，過著日常的現實道德生活，為了追求理想的道德生活，人們不斷反思並改造現實道德生活，構成了人類道德生活的動態過程。

日常生活在空間維度上是由社會行動聯結而成的，它不僅是生存、謀生的行動，也包含人際間性的交往活動，即可分為個人之「日用常行」和人際間「人倫關係」兩個方面。在時間維度上，日常生活是歷史性的「意義結構」，也就是歷史積澱下來的文化傳統、以習俗等形式表現出來的富有價值內涵的民族生活方式。兩者的重合則構成了日常生活世界的基本圖景。正如德國學者許茨所說：「它從一開始就是一個主體間際的文化世界。它之所以是主體間際的，是因為我們作為其他人之中的一群人生活在其中，通過共同影響和工作與他們聯結在一起，理解他們並被他們所理解。它之所以是一個文化世界，是因為對於我們來說，這個日常生活世界從一開始就是意義的宇宙，也就是說，它是一種意義結構。」〔註12〕這就是說，日常生活本身是實踐的、行動的、交往的現實生命活動，這種實踐、行動與交往活動，在很大程度上是由傳統、習俗以及其中所蘊涵的價值意義所決定的，這兩者的交集使日常生活世界結構得

〔註11〕M·奧克肖特·巴比塔，《論人類道德生活的形式》，載《世界哲學》，2003年第4期。

〔註12〕阿爾弗雷德·許茨，《社會實在問題》〔M〕，北京：華夏出版社，2001年，第36～37頁。

以形成和維持。

　　日常生活中的人，首先是以「我」的個體性存在的。生命、生活總是你的生命與生活，別人是取代不了你的活動、選擇與決定的，你的生老病死，必須由你來承擔。當然，作為人的存在和生活，肯定也是社會性的、交往性的，或者說是人際間性的。我之生命存在，是由於父母的生產活動而產生的，因此，我一來到這個世界上，就要面對我和父母的關係。如果我父母不是生了我一個，那麼，我就還要面對兄弟姐妹的長幼關係；我長大了，要結婚了，就會面對夫妻關係；我在社會上去討生活，求發展，又要面對師生、朋友、同事、上下級等關係。這些日常活動與交往，離開了倫理的規約與指導，將無法順利進行。

　　日常生活與倫理有著非常直接與密切的聯繫，而且通過風俗直接交集在一起。倫理在最初產生時，就是一種習俗，現在英語中的「道德」（morality）一詞就起源於拉丁語中的「mores」，為「風尚」「習俗」之意。風俗就是指人們在日常生活中逐步積累起來的生活方式與行為習慣。社會在不發達的階段，人們的生活主要是求生存的日常生活，在這種社會條件下的道德還不像後世發達社會那樣具有高度的自覺性，風俗與道德有更多的重合性，因此，日常生活與習俗、道德有著密切的聯繫。即使社會文明發達了，產生了制度、政治、藝術等更加自覺的非日常生活及意識形態（教化）道德，傳統、習俗、常識、戒律等道德形式還是常常與日常生活存在更為密切的聯繫。

　　日常生活道德與習俗緊密聯繫，這使它與歷史傳統有著更加密切的聯繫，繼承的因素多，變化的因素較少。在傳統中國的日常生活世界中，奉行「道在日用常行間」，這意味著日常生活的言行舉動無不與道德要求聯繫在一起，灑掃應對、進退之節無不要求符合禮儀禮節，從尋常百姓的待人接物到皇朝貴戚的祭祀朝拜，無不為龐大的禮儀制度所覆蓋。當然，這種體現在習俗禮儀中的日常生活倫理也是在不變與變的辯證統一中延續發展的，人類文化的進步一方面要保留傳統與習俗，但同時也會與時俱進，移風易俗，在新習俗中，也一定體現了當時人的價值信念和生活方式。因此，日常生活與倫理總是動態發展地密切聯繫在一起。

三、日常生活倫理及其研究

　　日常生活倫理就是指直接產生於日常生活中的與習俗、禮儀、行為方式與

生活方式保持高度一致性的倫理觀念與行為規範。它具有如下一些特點：

第一，日常生活倫理具有基礎性與先在性。日常生活倫理在人們的生活中具有基礎性與先在性的地位，是我們每個人都不可須臾離的。在人們的生活中，這種日常生活倫理對於生活於一定歷史文化中的個體來說，具有某種前在性與既定性，按羅爾斯的說法是一種「社會整體的契約」〔註13〕，對人們的觀念與行為選擇發揮著極其重要的型塑作用。正是這種前在性與既定性，使日常生活道德更具客觀性與環境的壓力，具有普遍的約束力，而基於反思自覺的信仰與教化倫理則具有更多的應然倡導性特徵。適應、遵循基於社會文化傳統的日常生活倫理，是每一個人在日常生活中應具備的基本文明素質。

第二，日常生活倫理是實然性與應然性的高度統一。道德規範、習俗或習慣是日常生活世界得以保持延續性和同質性的基本內容之一，它們原本就與日常生活世界相生相長，這說明日常生活倫理較之意識形態的教化倫理，具有實然與應然的高度統一性及知行合一性。意識形態立足於教化，因此，可能具有更多的應然指向性，從而有可能疏離於生活。我們的生活固然離不開一定社會的核心價值觀與主流倫理來引領、規約，但確實需要一種更加親民的日常生活倫理來指導民眾的日常生活。日常生活世界並非自然就是規範化、秩序化的。相反，由於日常生活是異質成分駁雜混存的，因而穩定的生活秩序需要不斷進行修補調整才能得以維持。因此，日常生活世界道德秩序的建構需要進行還原性的、合理性的理論論證，這恰恰就是日常生活行為倫理學所要做的工作。

第三，日常生活倫理具有習而不察的自發性、世俗性。日常生活倫理規範多是日常生活中普遍流行的、習以為常的價值觀念與行為規範，是日常生活中的集體無意識。對於道德主體來說，這些生活倫理雖然已經成為普遍的行為模式，但在意識上卻不是非常自覺的，而是無意識地認為踐行這些規範是理所當然的。正因為如此，日常生活倫理世俗性強，超越性差，實用性與靈活性強，普遍性與原則性弱，常因不同主體、關係、情境而改變倫理態度與規範原則。但這並不是說它就沒有任何基本的、普遍的德性與規範，按照赫勒的看法，下述四種德性或規範是日常生活倫理的基本原則：「遵守諾言，講真話，感恩和基本的忠誠。儘管這四種德性在無數場合被拋棄，但它們依舊代表著日

〔註13〕約翰‧羅爾斯，《正義論》〔M〕，北京：中國社會科學出版社，1988年，第510頁。

常生活必不可少的方面，捨此我們幾乎沒有機遇成功地駕馭日常生活的激流。」〔註14〕赫勒提出的這四種具體的日常生活倫理的原則是實質主義的基本品德要求，類似於中國傳統道德中的誠信、報恩、忠誠，雖然其具體內容還可以討論，但起碼在他看來人類是有某種普遍的日常生活倫理要求的。由於生活情境的多變性，除了概括實質性的對人的基本品德要求外，從形式上看，中國傳統文化還概括出「中庸」這一普遍適用的、形式化的「至德」，與亞里士多德把德性的特徵概括為「中道」有某種契合。可見，無論是從內容還是從形式上，都可以對日常生活倫理的普遍要求進行探索。

第四，日常生活倫理具有經驗性與具體性。相較於具有較強自覺性和抽象性的學理化、制度化及意識形態化的道德，日常生活倫理規範具有質樸、具體的特點。常識、習慣等日常生活規範既然是規約具體的日常生活的，那它肯定會表現出一時一事何者當為、慣為的具體性，這種經驗的、庸常的具體規範更能指導具體的實踐，更能在主體間產生「將心比心」「推己及人」的共感與共識，得到主體的普遍認同，因此，也就能更為有效地塑造、建構、指導、規約人們的日常生活。也就是說，日常生活倫理是普遍性與特殊性的統一，而經驗性與具體性可能是其更為突出的特點。

社會生活日益世俗化，民眾日常生活的重要性日益突顯，這要求我們必須重視民眾日常生活倫理的研究。現代道德中的主體間是一種平等的關係，現代倫理意識的形成是一種平等主體在對話協商基礎上達成的價值共識，一種倫理體系如果嚴重脫離民眾的實際生活那將成為偽善。生活是倫理和道德產生與發展的源泉，若離開生活本身而從某一既定的倫理體系與道德原則出發來解讀現實生活，就會本末倒置。對民眾日常生活倫理的研究將成為中國倫理學新的突破點和生長點。

生活倫理學的研究內容在我們看來，大致包括如下三個方面：（1）日常生活行為倫理；（2）日常生活交往倫理；（3）民眾價值心理。如果要簡單地給上述三個方面一個關鍵詞的話，那就是行為、交往與價值心理。生活倫理首先要面向生活行為本身，對生活行為現象進行倫理分析詮釋，以指導民眾確立健康合理的生活方式。人的生活是社會生活，因此，人有其生活和交往的不同場域和交往對象，生活倫理應該從群體的視角和實存的現狀分析的角度來研究這些交往倫理，做出描述、分析、評估和引導。人的生活和交往都是在一定價值

〔註14〕阿格妮絲・赫勒，《日常生活》〔M〕，重慶：重慶出版社，1990年，第91頁。

觀指導下進行的，分析當代中國人的價值心理，幫助人們釐清價值衝突，以正確的價值觀去指導民眾的生活，這將是生活倫理學的歸宿和目的。

日常生活倫理的研究與以往教化倫理的致思方向和學術旨趣是全然不同的，是面向民眾的、生活的、實踐的，是科學的、詮釋的、反思的。也就是說，日常生活倫理研究是既「說事」又「說理」的，是把應然的「道理」從傳統或者現代的「事實」中概括、提煉出來，「事實」是「道理」的基礎，「道理」是「事實」的「應然」，而不像以往的教化倫理那樣只是一味地給人們講「應然」之理。這是因為生活本身就是生存的事實和意義的探索的統一。這也是我們所堅持的「經史」合一方法最重要的特點。因此，進行生活倫理研究不僅需要視角的轉換，而且應進行方法論上的變革，需要把敘事描述與詮釋分析相結合、歷史透視和現實觀照相結合、社會觀察與文化分析相結合、價值批判和規範建構相結合。只有進行視角和方法的變革，才能實現下述研究目標：第一，探尋生活的意義；第二，追求健康的生活方式；第三，形成生活倫理的價值觀念和規範；第四，指導民眾的日常生活。

原載《中國人民大學學報》，2018 年第 3 期

開放：當代中國人的胸懷與氣派

　　2015 年 11 月初閉幕的黨的十八屆五中全會，審議通過了《中共中央關於制定國民經濟和社會發展第十三個五年規劃的建議》。全會提出，必須牢固樹立並切實貫徹創新、協調、綠色、開放、共享的發展理念。對於五大發展理念之一的開放發展，全會強調要「奉行互利共贏的開放戰略，發展更高層次的開放型經濟，提高我國在全球經濟治理中的制度性話語權，構建廣泛的利益共同體」。這主要是從國民經濟與社會發展的角度提出的五大發展理念，可以說是國家的發展與治理理念，主要是一種經濟社會發展的國家戰略。但一種國家經濟發展理念，離不開全社會世道人心的價值認同與支持。一方面經濟發展戰略會促進國人的觀念與生活方式轉變，另一方面國人的開放心態與觀念，開放的行為與生活方式會從主體的角度支持、深化「開放」的發展理念。因此，「開放」不僅應成為一種國家發展戰略，而且應該成為當代中國人的思想情懷與行為氣派。這也許是從倫理學角度對「開放」所能做出的新向度的解釋。

一、開放：社會發展進步的歷史經驗

　　開放帶來進步，封閉導致落後，已為世界和中國的歷史和社會發展實踐所證明。中華古代文明自古以來居於亞洲大陸，以農業為主，歷史悠久，形成了一個相對封閉的文化體系，在與西方接觸以前，人們以為東海邊就是天的盡頭了，以天下之中的泱泱中華的天朝心態自居。近代中國發生的要外國使臣對清朝皇帝行跪拜禮的禮儀之爭就是這種天朝心態的集中反映。到了近代，落後必然挨打，被西方列強欺侮，促使國人睜開眼睛看世界。噢，原來我泱泱中華其實只是居於世界東方的一個民族，一隻沉睡的獅子。在與西方與世界的接觸

中，長期堅持唯我自大的心態，堅持閉關鎖國政策，在世界的巨變中採取了一種保守封閉的消極應對策略。使我中華民族與國家錯失了近百年的發展良機。除了西方傳教士，作為國家層面的大規模與西方的交往可能源自於鴉片戰爭，固然英國人為了謀取巨額經濟利益向中國銷售鴉片是野蠻行徑，但向中國所要推銷的東西可能不僅僅是一種貨物：鴉片吧？我們僅把中國的近代史解釋為備受列強欺凌的歷史，卻不談我們的閉關鎖國政策使民族錯失發展良機。1854 年美國人也是兵臨日本城下，而日本卻做出了開放國門的抉擇，與美國簽訂了神奈川《日美親善條約》，之後於 1868 開始進行明治維新改革，實現富國強兵政策和一系列改革政策，使日本躋身於世界軍事強國之列。儘管日本以後為軍國主義所控制，對外侵略擴張，但正是在開放的條件下又實現了第二次經濟騰飛。幾年以前，中央電視臺的紀錄片《大國崛起》中曾經有一段提到荷蘭這個蕞爾小國，卻曾經一度因其最自由、最開放、最有創新而領先歐洲，稱霸一時。

中國近百年追求現代化的歷史，雖然有軍閥混戰、列強入侵、國內戰爭等因素的干擾，但我們缺乏與世界融為一體的開放觀念，可能也是我們錯失良機的原因之一，特別是在新中國的前三十年，我們特別強調自力更生，這本沒有錯，但不能將此與開放，引入外國資金與技術、管理經驗對立起來。黨的十一屆三中全會，做出了改革開放的重大決策，使中國現代化的足跡步入了新的歷史時期。中國經過三十多年來的發展，取得了令世人矚目的成就，這離不開中國人的集體奮鬥，也得益於對內改革、對外開放的基本國策。實踐證明，在全球經濟一體化的當代社會，只有堅持開放發展的基本理念與國策，才能推動經濟與社會取得長足與持續發展。

2014 年 12 月，習近平總書記在主持中共中央政治局第十九次集體學習時指出：「不斷擴大對外開放、提高對外開放水平，以開放促改革、促發展，是我國發展不斷取得新成就的重要法寶。」近段時間，習近平總書記在美國西雅圖與中美企業家座談時強調，「中國的開放大門就像阿里巴巴『芝麻開門』一樣，開開了就關不上了」；在接受路透社採訪時說，「中國對外開放不斷走向深入，這既包括中國打開大門吸引外資，也包括中國企業走出國門進行投資」；在聯合國大會一般性辯論時提出，「大家一起發展才是真發展，可持續發展才是好發展」……總書記這一系列重要講話，對於構建開放型經濟新體制、實現對外開放的提質增效、構建以合作共贏為核心的新型國際關係，

具有重大指導意義。

今天的中國，已經前所未有地與世界融合在一起。全球第一大出口國和第二大進口國、世界第一大吸引外資國和第三大對外投資國、世界第一大外匯儲備國……中國發展牽動世界目光，中國經濟是世界經濟的重要引擎。如果說改革開放以來中國創造的發展奇蹟得益於對外開放，那麼經濟新常態下中國的對外開放只會進一步擴大，沒有任何理由改變。中國的開放不是權宜之計，而是基本國策，必將伴隨著中華民族走向現代化的全過程；中國的開放也不是獨善其身，而是互利共贏，志在打造包容共享的人類命運共同體。實行更加積極主動的開放戰略，堅定不移提高開放型經濟水平，堅定不移引進外資和外來技術，堅定不移完善對外開放體制機制，中國將因開放發展而充滿活力，世界也將因中國開放發展而更加美好。

二、開放：當代中國人的廣闊胸懷

一定的基本國策總是要以民族文化觀念與國民的思想觀念作為主體基礎和支撐。因此，開放，就不僅應該成為經濟與社會發展的基本策略，也應該成為當代中國文化的基本精神和當代中國人的廣闊胸懷。

全球一體化不僅是經濟的一體化，也是文化的開放、交流、融合的時代。隨著改革開放、國門大開，這三十多年來，我們對西方文化的引進介紹，近百年來從來沒有這樣的廣泛和深入，無論是哲學思想方面的自由權利思想，還是社會政治理念的正義公平觀念，都深刻地影響著中國人的思想。我們穿西裝、吃西餐、過洋節，西方文化深刻影響著中國人的衣食住行的日常生活世界。在中國已經深度融入世界的當下，我們也要讓中國文化走向世界，讓世界瞭解中國。講好中國故事，發出中國聲音，讓中華文明對世界繁榮進步做出自己應有的貢獻。為此，我們舉辦了數百所「孔子學院」，向世界各國傳播漢語和中國文化，我們也成功舉辦了第 28 屆北京奧運會，向全世界集中展示了中華文化。記得前幾年有一次我受邀於首都精神文明建設辦公室，赴懷柔區調研考察，在長城腳下的一個一百多戶人的小村莊裏，竟然有 40 多戶外國人，居住在這裡，當天又在縣城劇院觀看了美國好萊塢一個輕型演出團隊的演出，其聲光電的舞臺效果以及劇情中以長城作為主人公最後會面的相約，這些都使我深深地感到，北京與中國已經深深地融入到世界之中去了。試想，我們在上世紀七八十年代，如果見到一批外國人，就覺得是非常新奇的事，而現在，北京以及中

國的其他城市，無論是在大街上，還是在校園裏，外國人很多，他們很平常地和中國人生活在一起，這就是幾十年來開放的結果。人類文明只有在互相交流融合中才會進步，而這都需要我們以「開放」作為國策和文化精神，而開放精神要求我們發揚中國儒家文化的和而不同、天下一家的精神，相互包容、相互吸取各自文明的長處，使我們生活的這個世界變得更加美好！

不僅在處理對外交往和各種文化關係時，我們應該有一種開放的心靈，而且在處理我們內部人際關係上，也應該有一種開放、包容、與人為善、誠信和諧的人際關係從而建設和諧社會。中國人長期以來，受到傳統文化封閉性、保守性的影響，在國民性上多具有某種內傾、木訥、猜忌、提防、互不信任的劣根性，「木訥近仁」這是儒家的勸喻，「逢人只說三分話，未可全拋一片心。」「害人之心不可有，防人之心不可無。」這似乎是人生的經驗之談。一個不說話、不張揚的人被看作是一個老成持重、有道德的人，而一個性格外向、坦率真誠的人往往在文化心理上被別人不待見、不接納。人們在人際交往中往往儘量掩藏自己的真實個性，互相打太極拳、猜忌、提防、互不信任，為什麼會形成這樣的國民性呢？就是因為我們的文化具有一種封閉保守的傳統，而不是主張人的心靈的開放。沒有真誠、開放的自我，就難以有開放、信任的人際與社會。比如，我們都知道，改革開放之初，我們在與外國人打交道時，你去人家那裡拜訪，人家問你要喝點什麼？本來心裏很想喝，可是嘴上卻說著「不喝」，不理解中國人國民性的外國人只好給你什麼也不喝，他自己喝，因為他們信奉自由意志和個人自由，既然你已經說「不喝」了，那自然不給你喝是對你的尊重。通過逐步的文化交流碰撞，中國人的性格也在慢慢變得真誠而開放了，在自我介紹時，也有年輕人會張揚自己的個人愛好，以使自己可以給他人留下深刻印象，甚至提出了「自我營銷」的概念。開放是進步的前提，也是進步的內在要求，這不僅是社會的開放，也包括人們心靈的開放。因此，當代中國人應以開放的心態和博大胸懷來面對自己、擁抱他人、社會和世界，開放是健康心態，它是交流、進步、包容、和諧的主體基礎。

三、開放：當代中國人的行為氣派

開放，不僅應成為一種文化理念和思想胸懷，更應成為一種行為方式和生活方式、成為一種包含尊重和自信的與世人交往、與國人交往的態度和氣派。

在開放的社會環境裏，國人與外國人的行為交往在歷史上也從來沒有這樣廣泛和深入過。每年不僅有大量的外國人來華留學、經商、參訪，更有大量國人同樣走出國門留學、經商、文化交流、旅遊。出國以後，在各國旅遊區，甚至絕大多數是國人。想起我們早年生活的上世紀六七十年代，有些生活在農村的人一輩子連縣城也沒進過。筆者父親曾經是商人，一輩子的活動足跡僅限於陝西、河南兩省。而我卻足跡到過美國、歐洲、亞洲的多個國家，當坐飛機七八個小時就到了歐洲時，才真切感到，世界並不大，全球是一體化的。現代世界的開放文明使我們共同生活在一個地球村裏，密切的交往給我們創造了互相學習與交流的機會。

在與世人的交往過程中，我們既要樹立民族自信心，不要一味地崇洋媚外，認為外國的月亮都是圓的，遇事對外人給予過度的厚待而對國人慢待，但也要尊重人類一切文明成果，尊重別的民族的生活方式、文化傳統和風俗習慣，正所謂入鄉隨俗。近年來，國人走出國門旅遊的人越來越多，一些不文明行為屢屢被媒體報導並為外國人所垢病，這體現出國人的公共文明素質有待提高。國人公共文明素質低的原因，從深層來看還在於，我們在一個封閉的環境裏生活得太久了，還不能一下子就學會現代開放環境裏的公共文明規範，這都是在開放發展過程中遇到的問題，相信隨著社會的進一步開放、中外交往的進一步深化，國人也必然會自覺培養提高自己的公共文明教養，不斷提高現代中國人的道德素質，以贏得世人的尊重。

一個有開放心靈和胸懷的人，必然是一個有深刻自信心和自豪感的人，在與人的交往中會自覺地與人為善，自尊尊人，既不妄自菲薄，也不妄自尊大，落落大方，不卑不亢。既有文明教養，學會傾聽和尊重別人，又不隱瞞自己的觀點，坦率真誠。具有開放心靈與性格的人，固然可能會得罪一些封閉心態的人，但也會以自己的真誠開放而得到真朋友，他不防人，人也不用防他，我相信這是國民性走向進步的一種新氣象。中國人的行為方式和性格不再是單一的深沉內斂傾向，而是走向開放、外向。君不見，昔日不苟言笑的漢民族的老大媽，時至今日，熱情奔放的廣場舞，不是已經走向世界了嗎？雖然這種過分的張揚可能給當地的民眾和周邊生活的群眾帶來了一定干擾，但從中一定程度上摺射出中國人國民性正從深沉內斂走向自由奔放。這都是開放的社會環境與開放觀念與心態帶來的結果。

開放的中國將進一步融入世界，也歡迎世界走向中國。開放的中華民族將

把本民族和而不同、包容並進的文化觀念奉獻給世界，將世界一切文明成果融入自己的血液。開放的中國人民將以博大的開放心態、自尊、尊人的行為方式和交往方式與世界各國人民共處於一個和諧世界，也將以這種心態和行為方式把自己的國家建設成為一個更為開放幸福的人間樂園。

原載《倫理學研究》，2016 年第 3 期

中華文化積極的處世之道

在中共中央政治局 2015 年 10 月 12 日就全球治理格局和全球治理體制進行第二十七次集體學習時，習近平總書記強調「要積極發掘中華文化中積極的處世之道和治理理念」。各種民族文化都有其特有的處世之道。所謂處世之道，就是一個民族在處理各種社會人倫關係的歷史長河中所形成的一套具有自身獨特性的價值理念、行為方式、道德原則和規範體系。中華文化是一種人文性、入世性文化，因此特別重視對處世之道的探索，也形成了豐富而積極的處世之道。它是中華民族特定的文化價值取向和核心價值觀的重要體現。因此，挖掘闡發中華民族的積極處世之道，構建社會主義核心價值觀，並且對推動全球治理理念創新發展，具有重要的理論和現實意義。

那麼，中華文化積極的處世之道包含哪些特點和具體內容？

（一）自強不息、厚德載物的處世原則

「天行健，君子以自強不息；地勢坤，君子以厚德載物」，是中華民族精神的集中體現，同時也是中華文化積極處世之道的精神淵藪。一方面，效法行健不息的天道，剛健有為，生生不息，以「知其不可為而為之」的精神氣魄，勇猛精進，迎難而上；另一方面，效法寬廣敦厚的地道，以崇德向善，兼容並包的廣闊胸懷，懷柔遠人，德化天下。這一處世原則既使得中華民族在積極有為中創造了輝煌燦爛的古代文明，在波譎雲詭的近現代革命浪潮中成為獨立自強的民族國家，又使得中華民族以廣博的胸懷在兼容並包中不斷更新壯大，最終形成多元一體的民族格局。

（二）居安思危、與時偕行的處世態度

徐復觀先生認為，中華文化深具憂患意識，憂患是一種遠見，「在這種遠見中，主要發現了吉凶成敗與當事者行為的密切關係，及當事者在行為上所應負的責任」。憂患意識來自於「要以己力突破困難而尚未突破時的心理狀態」。在此，憂患意識表現為居安思危、「戰戰兢兢，如臨深淵，如履薄冰」的現實主義態度和反求諸己的責任使命感，正是由於這種憂患意識的促進發動，「窮則變，變則通，通則久」的與時偕行精神早就植入了中華民族的文化基因裏。因而，早在西周時期，中華民族就已意識到「周雖舊邦，其命維新」的道理。無論是儒家「苟日新，日日新，又日新」的通權達變之道，還是法家「世異則事異，事異則備變」的變法改革精神，都是這種處世態度的彰顯。

（三）執兩用中、守經達權的處世方法

中庸是中華文化積極處世之道的方法論，同時也是一種至高的德性，「中庸之為德也，其至矣乎。」執兩用中並非鄉愿式的隨意調和，而是執其兩端而用於中，使喜怒哀樂「發而皆中節」，追求行事處世的合情合理，無過無不及。守經達權意味著既堅守道德原則，擇善而固執之，又能「不勉而中，不思而得，從容中道」，隨時而處中，最終達到「致中和，天地位焉，萬物育焉」的高明境界。這種不偏頗、不極端的健全理性主義精神，是中華文化處世之道的顯著特性。

（四）積極入世、忠以為公的群己之道

孔子說：「鳥獸不可與同群，吾非斯人之徒與而誰與？」這是儒家文化積極入世的宣言。以儒家文化為主導的中華文化，倡導社會個體應以積極的態度在現實社會中立德、立言、立功，達至人生的不朽。而立身處世的第一要義便是修身，即先要在格物致知中涵養德性，學會自處、自立，通過道義的準繩規約自己的行為，誠意正心，修身齊家。在自身德性完善的基礎上，儒家文化認為社會個體並不是剝離於群體的孤立原子，而對民族、國家有不可捨棄的天職和本務，因而，「治國」「平天下」是修身的最終目的。個體應有精忠報國、成仁取義的道德使命感，與國家、民族榮辱與共，同進共退。後世宋儒「為天地立心，為生民立道，為去聖繼絕學，為萬世開太平」（張載），「先天下之憂而憂，後天下之樂而樂」（范仲淹）的發願，以及明清士大夫「保天下者，匹夫之賤與有責焉耳矣」（顧炎武），「苟利國家生死以，豈因禍福避趨之」（林則徐）的使命感，正是這種積極入世、忠以為公的處世之道的表達。

（五）親親仁民、愛敬他人的人際之道

追求人際關係的和諧友善是中華文化積極處世之道的重要層面。「天下之人皆不相愛，強必執弱，富必侮貧，貴必傲賤，詐必欺愚。凡天下禍篡怨恨，其所以起者，以不相愛生也」。「不相愛」正是一切禍亂的起源，所以，無論是儒家的仁愛，還是墨家的兼愛，都強調以愛作為人際情感紐帶的重要作用。與墨家不別親疏、兼以易別的抽象之愛相比，儒家認為仁愛始於對親人的愛，「愛由親始」正是儒家仁愛「能近取譬」的切近可行之處。但僅僅將仁愛止於家族是不夠的，而應將這種基於血緣親情的愛人情感從家族推擴到全社會，即孟子所謂「老吾老以及人之老，幼吾幼以及人之幼」，由「親親」而達「仁民」。在推擴仁愛之情時要遵循忠恕之道的行仁之方，做到「己欲立而立人，己欲達而達人」「己所不欲，勿施於人」，和諧友善的人際關係建立於「愛人者，人恆愛之；敬人者，人恆敬之」的良性互動之中，即梁漱溟先生所說的「彼此互以對方為重，一個人似不為自己而存在，乃彷彿互為他人而存在者」。如此一來，才能使全社會成為和諧友善的情感共同體。中國古代的熟人社會，人際關係種類相對簡單，主要是「父子、君臣、夫婦、昆弟、朋友」的五倫關係。現代社會，在人際關係種類日益多樣化、複雜化的情況下，更應倡導建立人際相敬相愛的美好情感，追求「老者安之，朋友信之，少者懷之」的理想人際關係模式。

（六）重義利群、守禮尚和的公義良序

中華文化歷來高度重視「義」的公益追求與公理正義。「興天下之利，除天下之害」，為此倡導「有力者疾以助人，有財者勉以分人，有道者勸以教人」「出入相友，守望相助，疾病相扶持」以及「使老有所終，壯有所用，幼有所長，矜寡孤獨廢疾者，皆有所養」的社會公益觀，反對「富者田連阡陌，貧者無立錐之地」的社會不公現象，強調在博施濟眾和患難相恤中，社會的每個成員都能各盡其性，各得其所。義不僅是積極性的行善積德、社會公益，而且也是公平正義的天下公理和得其應得的社會秩序。「義者，正也……天下有義則治，無義則亂」，義的根本在於維護公理公義，因而管子將「禮義廉恥」並舉作為國之四維。義為禮之質，禮為義之用。各種公義和秩序必須通過禮的外在規範加以貫徹落實。「夫禮者，自卑而尊人。雖負販者，必有尊也，而況富貴乎？富貴而知好禮，則不驕不淫；貧賤而知好禮，則志不懾」。禮是維護社會秩序的潤滑劑，通過禮的協調，社會成員才能互相尊重，彼此信任，達到「禮

之用，和為貴」的效果，以維護社會群體的誠信友善，增進社會共同體的和諧度和幸福感。

（七）協和萬邦、世界大同的和平主義

中國文化歷來是以和平主義的天下觀念來看待並處理與其他民族、國家之間關係的。以德服人、以理服人，而非以威壓人、以勢凌人。「國雖大，好戰必亡」，崇尚和平、反對戰爭一直是中華文化處理國家關係的基本理念。同時，中華文化早就認識到「和實生物，同則不繼」以及「物之不齊，物之情也」的道理，因而歷來強調各個民族之間的和而不同、求同存異，也歷來重視各個文化之間的取長補短、交流互鑒，如絲綢之路的開闢、遣唐使的大批來華，法顯、玄奘西行取經和鄭和下西洋等，這些都是中外文明交往的歷史佐證。近現代以來，中華民族在尋求理解和認同的同時，更加強調以和平主義的處世理念來影響國際政治新秩序的形成。樹立「堅持和平發展、促進共同發展、維護國際公平正義、為人類做出貢獻的負責任大國形象，對外更加開放、更加具有親和力、充滿希望、充滿活力的社會主義大國形象」。中華民族偉大復興的中國夢是一種和平夢、世界夢、大同夢，是中華文化的協和萬邦、天下大同思想在當代的繼承創新。在處理國際關係中，我們一定要堅持義利統一、權利義務對等的原則，為各民族國家共同發展和維護世界和平做出應有的貢獻。

「中華文明經歷了 5000 多年的歷史變遷，但始終一脈相承，積澱著中華民族最深層的精神追求，代表著中華民族獨特的精神標識，為中華民族生生不息、發展壯大提供了豐厚滋養」。中華文化中積極的處世之道正是得益於中華優秀傳統文化的滋養，這些積極的處世之道不僅影響著中華民族成員個人的安身立命，也塑造了中華民族積極進取的民族精神和國家性格。深入挖掘並弘揚中華文化的積極處世之道，一定能為我國社會治理和全球治理提供寶貴的精神營養。

原載《中國教育報》，2015 年 12 月 9 日

「禮」之古蘊與核心價值觀的當代建構

　　「一個民族最深沉的精神追求，一定要在其薪火相傳的民族精神中來進行基因測序。」〔註1〕如果對中華文明做一個基因測序的話，那麼，禮樂文明一定是中國古代最顯性的精神特質。中國自古稱為「華夏」。孔穎達在《春秋左傳注疏》中說：「中國有禮儀之大，故稱夏；有服章之美，謂之華，華夏一也。」禮儀隆重和衣著華美成為華夏族區別於周邊其他民族的重要標誌。錢穆先生認為：「要瞭解中國文化，必須站到更高來看到中國之心。中國的核心思想就是『禮』。」〔註2〕禮是中國文化的核心元素。

　　禮樂文明濫觴於夏商，確立於西周，至唐宋而燦然大備，貫穿於中國的文明史，體現著中華文化獨有的人文精神和民族標識，也因此，中國以禮義之邦著稱於世界諸文明之中。可以說，禮樂文明溝通了中國人的價值信仰與行為方式，統合了中國人的價值理念與日常生活方式。

　　今天，在我們培育和弘揚當代社會的核心價值觀時，應借鑒古代核心價值觀與百姓人倫日用相互結合互動的經驗，為社會主義核心價值觀落地生根、深入到民眾的生活實踐、塑造新的中國精神尋找價值本源和路徑支撐。

一、「禮」之古蘊演變

　　「禮」在中國古代具有豐富的意蘊。禮是禮義與禮儀的統一，是中國傳統核心價值之一。從管子的四維：「禮義廉恥」，到漢代董仲舒提倡的「五常」：

〔註1〕習近平，《在德國科爾伯基金會的演講》〔N〕，2014 年 3 月 30 日第 2 版。
〔註2〕鄧爾麟，《錢穆與七房橋世界》〔M〕，藍樺譯，北京：社會科學文獻出版社，1998 年，第 9 頁。

「仁義禮智信」，再到宋代「八德」：「孝悌忠信禮義廉恥」，禮一直是傳統核心價值體系中的重要元素。

自遠古時代到夏商周三代，禮主要是事神致福的宗教祭祀儀式。東漢許慎《說文解字》：「禮，履也。所以事神致福也，從示從豐。」王國維認為禮與「事神」相關：「盛玉以奉神人之器謂之端若豐，推之而奉神人之酒醴亦謂之醴，又推之而奉神人之事通謂之禮。」〔註3〕禮最早的意義是與宗教祭祀相關的儀式，起源於人們面對遠古時期艱難的生存環境，而對神秘自然和天帝鬼神產生的畏懼之心。古人認為「禮以順天，天之道也」，禮就是對天表示順服的象徵，從而「畏天之威，于時保之。不畏于天，將何能保？以亂取國，奉禮以守，猶懼不終。多能無禮，弗能在矣。」（《左傳·文公十五年》）只有通過奉行禮來侍奉天，天才會來保佑自己。

儘管周禮對殷商之禮有所損益，保留了一部分祭祀天地鬼神的儀典，但經過西周以德配天的「人文主義」意識的覺醒之後，禮的巫術宗教意義有所淡化，其人文價值和道德理性的意蘊有所強化。就其內容而言，周禮主要集中在「親親、尊尊」等人道彝倫關係上。

到孔子提出「未能事人，焉能事鬼」（《論語·先進》），強調人與人的關係重於人與鬼神的關係，認為「務民之義，敬鬼神而遠之，可謂『知』矣」（《論語·雍也》）。禮的內涵逐漸超出了敬畏天帝侍奉鬼神的界限。同時，面對禮崩樂壞的春秋亂世，孔子納仁於禮，以仁釋禮，「人而不仁，如禮何」（《論語·八佾》），認為不具有任何道德內涵的儀式只是徒有其表，將仁作為禮的本質，禮擴展到了對人的仁愛情感。而到了孟子則明確提出，「仁之實，事親是也；義之實，從兄是也；智之實，知斯二者弗去是也；禮之實，節文斯二者是也。」認為禮是仁義的儀式節文。從而將禮由從以往對天帝、鬼神的敬畏和順服，轉化落實到「貴貴尊賢」「事親從兄」等人倫事務上，以表達對倫理關係的維護和對道德價值的崇尚。經過先秦儒家的改造，「禮」由表達對神秘自然和鬼神的畏懼、祈求和順服轉化為對人本身的重視，擴展到對人倫關係、社會秩序的敬畏和維護。處理君臣、父子、夫婦、長幼、朋友等五倫關係的倫理準則成為禮的主要內容。

另外，禮不僅僅是一種形式化的儀式，而且包含著實質的價值訴求。也就

〔註3〕 王國維，《王國維手定觀堂集林》〔M〕，杭州：浙江教育出版社，2014年，第156頁。

是說外在禮儀是內在理義即內在的道德規範的表現。「禮也者，理也」(《禮記・仲尼燕居》)，《禮記・樂記》也說：「禮也者，理之不可易者也。」禮不單單是禮貌禮儀禮制，禮歸根到底是對「理」的投射和反映。禮即是理，兩者相互詮釋，互為表裏。禮儀是形式，而理則是其實質。「視聽言動，非理不為，即是禮，禮即是理也。」〔註4〕

禮（理）在國家社會層面，是經略國家、安定社稷的大經大法，其本質在於實現一種非法律維持的社會組織方式，旨在通過禮的設置來實現人際和社群的和諧有序。儒家代表人物荀子就極為重視禮對安邦定國的作用。《荀子・大略》篇云：「人無禮不生，事無禮不成，國家無禮不寧」。「國無禮則不正。禮之所以正國也，譬之：猶衡之於輕重也，猶繩墨之於曲直也，猶規矩之於方圓也，既錯之而人莫之能誣也。」(《荀子・王霸》)對於為政者來說，禮是不可須臾離棄的大經大法：「禮，經國家、定社稷、序民人、利後嗣者也。」(《左傳・隱公十一年》)孔穎達疏曰：「國家非禮不治，社稷得禮乃安，故禮所以經歷國家、安定社稷。以禮教民則親戚和睦，以禮守位則澤及子孫」(《春秋左傳正義》)。強調了禮是一種獨特的社會組織方式和教化手段，禮大可經緯萬邦，小及言談舉止，禮的功能是「定親疏，決嫌疑，別同異，明是非」(《禮記・曲禮上》)以實現「上下有義，貴賤有分，長幼有等，貧富有度」(《管子・五輔》)的社會理想秩序。禮以等差原則為其特徵，確立社會等級關係，使上下男女長幼各安其分，各盡其責，最終達成有序和諧的社會秩序。

在人際關係層面，禮（理）具體是指個體所應崇尚的恭敬、謙讓等道德價值和交往方式，「讓，禮之主也」(《左傳・襄公十三年》)，「君子貴人而賤己，先人而後己，則民作讓。」(《禮記・坊記》)禮是「敬讓之道」(《禮記・經解》)，是「卑己而尊人，小心而畏義」(《禮記・表記》)。更是禮尚往來，貴人敬讓的人際友善之道。

對社會個體而言，禮是立身之本，成人之基。「自曲直以赴禮者謂之成人」(《左傳・昭公二十五年》)，「無禮，無以立」(《左傳・昭公七年》)，孔子也認為「不學禮，無以立。」(《論語・季氏》)是否具有禮義是人禽之辨的大端。孟子言：「辭讓之心，禮之端也」(《孟子・公孫丑上》)，「恭敬之心，禮也」(《孟子・告子上》)，用恭敬和辭讓來解釋禮。荀子也認為禮是「達愛敬之文」，即為了表達內心的愛敬之情感而產生的儀式節文。「容貌、態度、進退、趨行，

〔註4〕〔宋〕程頤、程顥，《二程集》〔M〕，北京：中華書局，2009年，第144頁。

由禮則雅，不由禮則夷固、僻違、庸眾而野」(《荀子·修身》)。歸根到底，禮之真義即是要有仁人之心和「他者」意識，是關懷、尊重、謙讓、敬愛他人的道德情感和價值觀念。「禮節者，仁之貌也」(《禮記·儒行》)。作為儀式節文的禮只是對仁愛、恭敬、辭讓等禮義的外在表達。

二、「禮俗互動」：禮的社會作用機制

禮是儒家倫理精神和道德觀念的具體化、形式化、實踐化，禮將形而上的儒家倫理觀念以非制度化、非法律化的方式內化為人們習以為常的價值觀念和行為方式。所謂禮俗，即是以禮化俗，使社會風習遵循禮治的軌道，這是治理社會的方略，也是採自風俗而對民間生活的調適。從這個意義上說，俗是禮之源，禮是俗之綱；俗是禮之表，禮是俗之質。社會精英通過以禮化俗、禮俗互動的過程把觀念形態推向下層民眾，從而使世俗生活理性化、禮儀化、文明化。中國古代之所以能夠成為一個長期統一的社會，正在於社會精英的價值倡導與民間文化的價值認同之間形成了良性互動，使統治者和精英所倡導的道德價值與民間社會的生活實踐相互合拍，從而最大限度地實現價值共識。古代核心價值觀念的順利傳播離不開禮俗互動的過程，這個過程包含著互相聯繫的兩個方面：價值觀念的世俗化以及人倫日用的倫理化。

（一）價值觀念的世俗化

價值觀念的世俗化即將上層士大夫文化的價值觀念通過教化、行為化、儀式化向民眾生活推廣，從而成為他們的價值信念與生活方式。

首先，禮來源於人性和人的生活，這是禮能夠向民眾推廣的客觀根據。在先秦儒家看來，聖人的制禮作樂，並非聖人的憑空想像，而是有其現實依據。「飲食男女，人之大欲存焉」(《禮記·禮運》)，倡導以禮制欲的儒家並非是要徹底滅絕人的欲望和情感，使人無知無欲，而是主張使人情人慾「發而皆中節」。「夫禮之初，始諸飲食」(《禮記·禮運》)，禮便是對人的食、色等自然生理欲望的引導和節制。「禮者，因人之情而為之節文，以為民坊者也。」(《禮記·坊記》)這一方面說明禮是基於血緣親情而來的，是對仁愛孝悌之情的引申，對人倫之理的順應。這是禮之所以產生的價值依據和心理本源。

禮雖然是源自於人的天性和其自然情感，但其最終目的卻是要將人的性情導向合理的境地，使其「發乎情，止乎禮義」。(《毛詩序》)因此，在一定意義上，禮又是對自然人性和人情的修治，「聖人所以治人七情，修十義，講信

修睦，尚辭讓，去爭奪，捨禮何以治之？」（《禮記・禮運》）「七情」者，喜怒哀懼愛惡欲；「十義」者，君仁臣忠、父慈子孝、兄良弟悌、夫義婦聽、長惠幼順。以文明之禮來修飾自然本性和質樸情感，使人文明化、道德化，使其行為規範化、禮儀化，從而發揮人文化成的作用。

在中國古代，仁義、孝悌、忠信、廉恥等作為統治者和社會精英所倡導的核心價值體系，能夠成為民眾所遵循和認可的價值原則，正是通過將這些價值觀念禮俗化來實現的。具體而言，道德價值是通過「禮」向儀、法、俗等領域滲透，實現道德價值對現實生活的塑造，從而為普通民眾和民間社會所接受，並最終融入到日常生活，化為人倫日用的實踐。在這裡，禮是道德的具象化，是價值從理念走向現實，從規範走向實踐的不二途徑。「故制朝覲之禮，所以明君臣之義也；聘問之禮，所以使諸侯相尊敬也；喪祭之禮，所以明臣子之恩也；鄉飲酒禮，所以明長幼之序也；婚姻之禮，所以明男女之別也。」（《禮記・經解》）朝覲之禮、婚禮、葬禮、鄉飲酒禮等禮儀的設置正是對孝、悌、忠、信等道德價值的落實，禮儀是對人們行為的模式化、固定化，在模式化和固定化的行為方式中體現倫理精神和核心價值觀念。以鄉飲酒禮的設置為例，《禮記・鄉飲酒義》中記載：「鄉飲酒之義：主人拜迎賓於庠門之外，入，三揖而後至階，三讓而後升，所以致尊讓也。盥洗揚觶，所以致潔也。拜至，拜洗，拜受，拜送，拜既，所以致敬也。」鄉飲酒禮是每隔三年的正月，鄉人聚會招待年高德劭者，其目的是為了讓人們在宴飲歡聚之時受到教化，以培養人們尊賢敬老，明長幼之序的社會風尚，進而增強鄉黨之間的恭敬、謙讓之禮，避免爭鬥、訴訟之心。可見，禮是儒家道德觀念與倫理精神落實化為具體可操作的實踐方式。正如有學者所言，「儀式是用一套清晰的象徵方式，依靠有規律的重複，在人們心裏產生暗示的作用。它是把一些共同的觀念和規則予以合理化方式，它所形成的觀念和規則，對儀式參與者會有潛移默化的影響。」〔註5〕

（二）人倫日用的倫理化

人倫日用的倫理化，即，使日常生活承載並體現倫理價值觀念，使日常生活不斷文明化、禮儀化、風尚化。這是民眾在日常生活中服膺並實踐傳統核心價值觀念與行為方式的過程。重視人倫日用是儒學的重要精神特質。如「服食

〔註 5〕葛兆光，《古代中國文化講義》〔M〕，上海：復旦大學出版社，2015 年，第 30 頁。

器用的倫理化是中國傳統文化結構性的特徵。」〔註6〕據學者統計,「服」、「食」、「器用」的用詞,出現在《論語》和《孟子》中的頻率,甚至高於儒家一貫崇奉的「禮」和「德」,不能不是儒家高度重視生活價值的反映。「倫理對社會的最大的作用並不在於士大夫的觀念闡述,而是在這種觀念主導下的生活方式、風俗習慣對民眾的影響。」〔註7〕傳統核心價值觀的構建和確立過程,是士大夫所倡導的倫理觀念不斷滲透到日常生活的過程,是衣食住行等生活方式的倫理化。

　　就穿衣而言,「為人子者,父母存,冠衣不純素。孤子當室,冠衣不純采。」(《禮記‧曲禮》)就飲食而言,如何排座次、放碗筷、喝湯、吃肉都有具體禮儀要求,「長者未舉觶,少者不敢飲。長者賜,少者、賤者不敢辭。」(《禮記‧曲禮》)在居住方面,強調通過居住的方位等標誌以彰顯父尊子卑的家庭倫理:「為人子者,居不主奧,坐不中席,行不中道,立不中門」(《禮記‧曲禮》),即便是對行走坐臥,也有極為細緻的規範要求。如兒童行走時要端正不可蹦跳奔走,「若父母長上有所喚召,卻當疾走而前,不可舒緩。」(《童蒙須知‧語言步趨第二》)以示對尊長的恭敬。不僅如此,在日用器物中也往往含有隱性的價值意蘊,讓人們在穿衣吃飯中踐行人倫物理。例如,在古代思想家看來,衣服不僅是用來防寒蔽體的,更有通過對材質、款式、花紋等的設定以「表德勸善,別尊卑也」(《白虎通義‧衣裳》)的功能。人們不僅從經典文本中接受倫理教化,也從人倫日用的器品中潛移默化地接受倫理觀念。所謂「器以別致,然後上下粲然有倫,此禮之大經也。名器既亡,則禮安得獨在哉!」(《資治通鑒‧卷一‧威烈王二十三年》)日用器物不僅是滿足日常生活所需的物質工具,更是體現並實踐倫理的手段。日用器物和天理道德相互貫通,即道即器。而「禮之教化也微,其止邪也於未形,使人日徙善遠罪而不自知也。」(《禮記‧經解》)這正是人倫日用的倫理化所達成的效果。

三、禮與社會主義核心價值觀

　　社會主義核心價值觀,既是對傳統核心價值觀的繼承,也是當代中國人價值觀念的共識凝聚。社會主義核心價值觀要發揮作用,積澱成為民族心理,外

〔註6〕劉志琴,〈思想與社會:從生活領域拓展中國思想史的新資源〉〔J〕,《江海學刊》,2003年第2期。

〔註7〕劉志琴,〈思想與社會:從生活領域拓展中國思想史的新資源〉〔J〕,《江海學刊》,2003年第2期。

化成為民眾的行為方式，就要將社會主義核心價值觀融於教、涵於制、載於文、化於境、行於眾，用優秀傳統文化涵養社會主義核心價值觀，將其與民族復興、社會治理和日常生活相結合。

正如生物基因決定和支持生命的基本構造，使生命體延續並遺傳相似的特性一樣，文化基因則決定著一個國家、一個民族的精神世界的構成和特性，並使之代代相傳。禮是社會主義核心價值觀的文化基因，能夠成為涵養社會主義核心價值觀的重要源泉。通過創造性轉化和繼承性發展，把禮的精神、原則、範式提煉出來，為弘揚和培育社會主義核心價值觀提供精神涵養和價值資源。

（一）禮是涵養文化自信和民族自覺的精神資源

禮是華夏文明的象徵，是中華文化的重要標識。中國古代有「夷夏之辨」，「夷」與「夏」之間的區別主要在是否接受或認同中原的文化，而並不側重於血緣、疆域等外在因素。禮義和禮儀是區別文明（華夏）與野蠻（戎狄）的重要標準。韓愈在其《原道》中說：「孔子之作春秋也，諸侯用夷禮則夷之，進於中國則中國之。」在漢語中「華夏」和「夷狄」並非固定的特指，而是依據其是否達到文明的程度而不斷變化的。「諸夏而夷狄則夷狄之，夷狄而諸夏則諸夏之。」這個標準一直是中國傳統民族觀和國家觀的主流，宋朝程頤程顥同樣認為：「禮一失則為夷狄，再失則為禽獸。」（《二程遺書》卷二上）可見，如果禮崩樂壞，失禮喪德，那麼文明也會墮落為野蠻，「華夏」也會淪為「夷狄」。而且從長期的歷史事實來看，異族統治者也無不在中華文化的感召下接受華夏禮義，最終融為中華民族的一份子。錢穆先生對此總結道：「……中國人內心，一向是『人道觀』與『文化觀』超勝了其『民族觀』與『國家觀』。」〔註8〕因而，在傳統的國家和民族觀念中，國家和民族不僅是一個政治共同體，更是一個信奉共同價值觀念的文化共同體。因而，遠在春秋時期，作為禮儀之邦的中國已經有處理與異族關係的和平方式：「遠人不服，則修文德以來之。既來之，則安之。」（《論語・季氏》）這種「修文德以來之」的方式，正是以文明的而非征服的方式，以感化而非強迫的方式，來營造一個崇尚文明和諧的邦國理想。今天，在我們崇尚富強、民主、文明、和諧的國家建設目標時，更應該繼承這種傳統的國家和民族觀念，以禮的理念和「修文德以來之」的方式協和萬邦，為構建和諧世界貢獻中國智慧。

〔註 8〕錢穆，《民族與文化》〔M〕，北京：九州出版社，2012 年，第 20 頁。

（二）禮治仍是現代政治治理的重要補充

禮在社會層面，追求實現一種非法律維持的社會組織方式——稱之為禮治或德治。「道之以政，齊之以刑，民免而無恥。道之以德，齊之以禮，有恥且格。」（《論語·為政》）禮治作為對法治的重要補充，其最終目的在於實現持續富足安定的社會理想。民主、自由、平等、公正、法治等現代價值是現代政治的重要價值前提，但對實現一個良序社會而言，強調這些現代價值僅僅是，且只能是一個前提，卻並非現代政治的最終目的。如有學者所言，「現代性價值中只強調了民主、自由、批判、權利，而忽視了教化、規範、義務、社群，這正需要以禮或禮的類似物來加以補充。」〔註9〕禮不是民主，甚至禮所強調的等差意識並不符合所謂的民主精神。但就政治所追求的良序社會而言，禮並無悖於民主，而是對民主的重要補充。禮注重的是社群利益，強調的是個體義務，正好與現代社會極端重視個人權利的制度設定構成一種平衡。禮側重的是秩序，但並不反對個人自由。禮是在規則秩序下的自由，是對無條件自由的限制。同時就平等而言，禮所追求的是更高級、更深層次的平等。「禮尚往來，來而不往，非禮也；往而不來，亦非禮也。」（《禮記·曲禮》）禮所倡導的平等是禮尚往來的平等，更是卑己而敬人的平等，這種平等短期而言看似不等，卻在主體的互相關切和彼此尊重的長期互動中體現著更深層次意義上的平等。

禮治是對法治的重要補充。中國古人早就意識到了法治的侷限性：「法能殺不孝者，而不能為孔、曾之行，法能刑竊盜者而不能使人為伯夷之廉。」（《淮南子·泰族訓》）法治是確保一個社會維持合作的基本保證，其目標是使作奸犯科者得到懲戒以維護社會正義。但一刀切式的硬性標準和冷冰冰的非人化（impersonal）法則，只能發揮其懲戒作用，並不能調動起人們維護它的主觀能動性。而且法律並不能覆蓋到一切領域，例如法律無法關注到家庭倫理和個體美德。否則人們將生活在動輒得咎密不透風的法律網絡中，這樣最終必將傷害到人們的自由和權利。因而法治歸根到底只能是一種消極的、以防範為主的治理方式。「禮治精神是另一種不同於法治主義的形式系統，它通過整體和諧的世界觀來協調人的行為，關注的是行為在整體秩序之下的合宜與否，而法治主義則是對人在追求目的時可能發生的行為衝突加以協調。」〔註10〕與法

〔註 9〕 陳來，〈儒家「禮」的觀念與現代世界〉〔J〕，《孔子研究》，2001 年第 1 期。
〔註10〕 張志強，〈禮俗與文明——當前中國哲學研究的一種趨向及其思想關切〉〔J〕，《中國社會科學報》，2014 年第 6 期。

治相比，禮治對社會治理具有建構性的作用，是一種更為積極的社會治理方式，禮治建基於歷史傳統和風俗習慣，深入到社會生活的各個層面，滲透到日常行為的方方面面。禮治在其現實層面，比法律具有更強的適應性和靈活性，且更符合「以人際關係為本位的中國文化」〔註11〕。

（三）禮是重構日常生活，培育社會主義核心價值的重要依託

如前文指出，「禮俗互動」的方式，即價值觀念的世俗化和日常生活的倫理化的雙重過程，使得仁義、孝悌、忠信、敬讓、廉恥等古典價值，為普通民眾所遵奉，成為普通百姓的價值信仰。這一方面提示我們，「禮源於俗」，要回歸百姓的人倫日用，不斷根據變化了的現實生活形態來完善核心價值觀的內容，因為只有反映真實生活的價值觀念才能為人們所長久信奉；另一方面，禮要回歸於俗，價值觀念要發揮作用必須超脫出文本和口號的倡導，必須融於生活，化為行為，才能教訓成俗，轉換社會風氣。

當代中國社會呈現出價值多元化的趨向，社會主義核心價值觀是諸多價值的最大公約數，是當前中國社會價值觀念的共識凝聚。要使這些價值觀念落地生根，就要以禮俗互動的傳統範式為典範，以禮節儀式設計和實踐為抓手，在日常生活和人倫日用中踐行社會主義核心價值觀的要求。例如，近年來對傳統節日的重視，在很大程度上促進了傳統文化的民間復興，既增進了公民對本民族歷史傳統的瞭解，也增強了民族自信和文化自豪感。又例如，高規格地紀念反法西斯勝利 70 週年，設立烈士紀念日等國家禮儀，極大地激發了人民的愛國主義情感，培育了公民愛國的信念。同樣的，以制度來推動和保障民間的良風美俗，重視家庭倫理建構和個體美德的培養，使其真正成為體現社會主義核心價值的最小單元，才能使社會主義核心價值觀落地生根。

在中華民族偉大復興的今天，文化復興是民族復興的精神引領，重新審視禮義的價值內核，發掘禮的當代價值，具有重要的現實意義。禮是涵養社會主義核心價值觀的重要文化源泉，是構建中國話語體系的最佳支撐。讓禮義不僅成為文化復興的價值淵藪，更成為涵養國民品德的精神營養。

原載《當代中國價值觀研究》，2016 年第 4 期

〔註11〕 參見方朝暉，〈中國文化的模式與儒學：以禮為例〉〔J〕，《復旦學報（社會科學版）》，2010 年第 1 期。

行善去惡論：
《太上感應篇》的傳統道德智慧

　　《太上感應篇》被譽為「古今第一善書」，旨在以因果感應之理與事，勸人為善去惡。此書源出於《抱朴子》，後經宋代李昌齡、鄭清之等先賢發揚光大，流通於世，影響深遠。上至朝廷，下至民間，刊印傳播者眾多，到明清時期達到高峰，對傳統中國社會後期民眾的價值信仰和倫理實踐產生了重要影響。

　　《太上感應篇》全文 1277 字，分總論、善行、惡行和結論 4 部分，共列舉 22 項善行，155 項惡行。從其內容看，在總論部分和結論部分實際上講的是「禍福無門，惟人自召。善惡之報，如影隨形」的道德制裁論，主體部分就是勸善的「眾善奉行」論和「諸惡莫作」論。旨在勸善，但大部分篇章卻在論述「諸惡莫作」，這是此文本的一個特點。實際上，道德是在善與惡的矛盾對立中發展進步的，勸善與懲惡是事情的一體兩面，勸善在某種意義上就是在戒惡，戒惡實際上也是在勸善。當然仔細分析起來，勸善更多地包含「應該」的倡導的正面的、較高要求的道德，而戒惡規範則是某種禁止性的、底線的、基本的規範。一方面要「眾善奉行」，另一方面要「諸惡莫作」。主體部分提出了行善去惡的實質主義的道德行為規範，回答了人們應該如何正確地行動或者要做一個什麼樣的人的問題，而在總論和結論部分提出了「善惡報應」的道德制裁理論，回答了人為什麼要這麼做以及這麼做會有什麼後果。本文欲從上面所述三個方面對《太上感應篇》中所體現的中國傳統道德智慧進行一些分析論述。

　　《太上感應篇》雖是一篇道教勸善書，但其具有儒釋道相統一的特點，其諸多倫理規範要求是中華民族整體倫理生活經驗的集匯，體現出儒道合流趨勢，其因果報應思想又體現出道釋合流傾向。所謂「感應」指善惡報應，由天地神鬼根據世上人們的所作所為給以相應的獎懲。因此，開篇即以十六字「禍福無門，唯人自召，善惡之報，如影隨形」為綱，宣揚「善有善報、惡有惡報」的因果觀念，以期達到勸人為善去惡的目的。正所謂「善惡者，儒家之義理；因果者，佛門之法教；感應者，道人之指化」。

一、「眾善奉行」論

　　道德思維既是一種禁戒性的，也是一種倡導性的，前者旨在防止人性中的惡，而後者旨在倡導並弘揚人性中的善。行為有善惡，報應也自然有福報與惡報兩種，福報以勸善，惡報以懲惡。在《太上感應篇》中，勸善的「應該」論述仍居篇前，但相對論述較少，那麼，其包含了哪些倡導的善德善行呢？

　　這一部分的首句是「是道則進，非道則退」，這可以理解為一個行善的抽象總原則。是說一切合於道義的事都要積極去做，而不合道義的事則不做。《太上感應篇》是一篇道家道教勸善書，因此，強調本學派的源發性概念與原則，這種思想可以說已經深入中國人的心中，為人要講道理，做事要講道義，「得道多助，失道寡助」，「有理走遍天下，無理寸步難行」，「多行不義必自斃」。

　　下面分論的部分，我將根據其內容和邏輯將其順序重組，但不會刪句，來加以分析。在我看來這種「眾善奉行」的道德智慧和要求可以包括修己、待人兩個方面。

　　在修己方面，提出「遏惡揚善，推多取少」。我認為這可以理解為修己的一個前提和總論，既然是勸善去惡，因此，人們無論是從心理上還是行為上都要堅持遏制自己心中那種惡性來弘揚人性中的善，道德之善惡在行為利害上表現為一種損益性，因此，在臨財上，一定要推讓多的而取少的，這樣「吃得虧，坐一堆」，不僅利人，也可使自己養成不貪自足之美德，達成「知足常樂」之境界；「積德累功，慈心於物」。既然善惡因果報應是以人的在心為德，在事為功為依據的，因此，我們自然要積累功德，以慈愛之心對待萬事萬物，濟貧拔苦，戒殺放生，功莫大焉。在修己的主觀態度上，「受辱不怨，受寵若驚」。寵辱不驚，體現了人在道德修養上的定力和自信，是大智大勇之人的修養境界。在個人行為上，要「不履邪徑，不欺暗室」。這裡似乎又成了一種禁戒式

語調，但確實存在於勸善部分，實際上是一種正話反說，也再次證明勸善與懲惡是相輔相成的。它不僅是實指不要抄小路、走捷徑，實際上在抽象引申意義上，就是做人要光明磊落，堂堂正正，不做雞鳴狗盜之事，甚至也包含儒家所說的「慎獨」境界，而這則是人的個人修養的最高境界。

在人際方面提出：「忠孝友悌，正己化人」；「矜孤恤寡，敬老懷幼」；「宜憫人之凶，樂人之善。濟人之急，救人之危」；「見人之得，如己之得。見人之失，如己之失。不彰人短，不炫己長」；「施恩不求報，與人不追悔」；「昆蟲草木，猶不可傷」。這其中包含了儒家提出的忠以對君的臣子道德，孝以對父、兄友弟悌等家庭倫理規範，而且要求在社會上要尊老懷幼、矜孤恤寡，實是一種人道而溫馨的人際處世之道。對別人遇到的不幸要同情關懷，要有與人為善的心態和行為，濟人之急，救人之危，這都是善舉義行，是為儒、道、墨家所共同倡導的中國傳統道德智慧。在處理人際關係上，要抱持一種與人為善的心態，與人同情同理，而不是拂人之性，不彰人短，不炫己長。「施恩不求報，與人不追悔。」這些都是在處理人際關係上的正確道德態度和個人修養。中國傳統道德智慧要求受施受惠的人要「知恩圖報」，但對於施予者，則是要求施恩不求報，如果施與人又後悔了，這說明修養還不到家，今後可能會因為後悔而不再行善，因此，「與人」就「不追悔」了。道家強調天人合人，儒家強調民胞吾與，因此，對他人的這種善意愛心還要盡量擴大到動物植物界，因此，「昆蟲草木，猶不可傷」。這種包含現代生態倫理的思想還是非常超前而文明的。

二、「諸惡莫作」論

儒家思想建立在人性善理論之上，因此，其思想論述多集中在勸人為善，成聖成賢上，「吾欲仁斯仁至矣」「人皆可以成堯舜」「塗之人可以成禹」，養浩然之氣，成大丈夫或君子，這對於追求內聖和自我完善的人來說是有可能的。但對於日常生活的普通大眾，則首先要禁絕惡，做個好人，如果作惡多端，連個好人也做不了，何談成聖成賢？

所謂「善惡」包括思想價值觀念上的是非對錯和行動上的利害損益，那麼，這種「諸惡」是哪些惡？本人慾對《太上感應篇》的「諸惡」論述按照下述幾個問題的邏輯對其前後順序進行重新編排，以利於現代人有一個系統、條理性的把握。所謂惡肯定是指人的惡德惡行，人的惡無非體現為做人做事兩個方面，人的行為往往都是在社會人倫關係和社會人際交往中進行的，因此，

我們也分析了人倫之惡與人際之惡。官員是社會上的重要領袖人群，在《太上感應篇》中也有相關論述，因此，我們也單獨分析一下「為官之惡」。另外，人總是生活在一定的生態與社會文化環境中的，因此，對於文化道德與自然生態的態度問題也會產生善惡問題。《太上感應篇》在論述了上述各種具體的惡後，還分析了兩種最大的惡，即「橫取人財」與「枉殺人者」。對這個文本中基於道教信仰習俗的惡，由於對非教徒也無約束力，自當從略不計。如「晦臘歌舞，朔旦號怒。對北涕唾及溺，對灶吟詠及哭。又以灶火燒香，穢柴作食。夜起裸露，八節行刑。唾流星，指虹霓，輒指三光，久視日月。春月燎獵，對北惡罵，無故殺龜打蛇」。

第一，做人做事之惡

人之惡，自然有行之惡，但卻起於念之惡，人的品德是思想與行動的統一，因此，人要防惡，當從存善念善心做起。「夫心起於善，善雖未為，而吉神已隨之。或心起於惡，惡雖未為，而凶神已隨之。」培養自己的心德、好心、善心、良心，可用以下論述作為反省的尺度：

剛強不仁，狠戾自用。是非不當，向背乖宜。知過不改，知善不為。每好矜誇，常行妒忌。沽買虛譽，包貯險心。干求不遂，便生咒恨。分外營求，力上施設。淫慾過度，心毒貌慈。施與後悔，假借不還。貪婪無厭，咒詛求直。

我們有仁愛之心而無暴戾之氣嗎？我們有是非正義感嗎？我們能知過就改嗎？我們常有矜誇妒忌之心嗎？我們會沽名釣名、包藏禍心嗎？我們會貪婪無厭、淫慾過度嗎？

苟富而驕，苟免無恥。認恩推過，嫁禍賣惡。強取強求，好侵好奪。擄掠致富，巧詐求遷。怨天尤人，呵風罵雨。得新忘故，口是心非。賞罰不平，逸樂過節。貪冒於財，欺罔其上。造作惡語，讒毀平人。毀人稱直，罵神稱正。

如果我們要從自己行為和品德、人格上反省自己是一正人君子、好人還是一個壞人、小人，那就應該反省一下自己是不是富而驕，無羞恥感，忘恩負義，嫁禍於人，強取豪奪，巧詐求遷，口是心非，讒毀平人？

在做事方面，我們則要反省自己是否在經濟生活、公共生活中「以惡易好，以私廢公。短尺狹度，輕稱小升。以偽雜真，採取奸利」。以次充好，以劣充優，以假充真，以私廢公，其實質都是奪人家、奪公共財產之舉，自古以來即被看作是大惡，在現代市場經濟條件下，在利益和私慾驅動下，這種惡有所泛濫，不能不力戒。

第二，人倫人際之惡

人的生存與活動都是在一定人倫關係中進行的，也離不開人與人之間的交往，維護良好有序的人倫關係是一種良善，反之破壞這種合理的人倫關係則是一種惡。中國古代的人倫關係主要體現為父子、夫婦、兄弟（或者長幼）、君臣、朋友五倫，《白虎通義》中提出的「三綱六紀」對這種五倫關係又有所拓展，列入了師生、族人、諸舅等，《天人感應篇》認為凡是破壞這些合理人倫關係的都是一種惡，具體包括：

陰賊良善，暗侮君親。慢其先生，叛其所事。誑諸無識，謗諸同學。虛誣詐偽，攻訐宗親。男不忠良，女不柔順。不和其室，不敬其夫。恚怒師傅，牴觸父兄。用妻妾語，違父母訓。棄順效逆，背親向疏。損子墮胎，行多隱僻。無行於妻子，失禮於舅姑。

具體的社會交往總是主體性的，人際性的，善惡就體現在這種對他人的態度和利益損益性上，無論是從思想觀念上，還是行為上，在與人發生交際時，《天人感應篇》的下述論述都是我們自身衡量自己在人際交往下是否有壞心惡行的標準：不能成人之美，而是願人有失，毀人成功，損害別人的精神和物質權益，譏笑、欺辱、壓榨別人，無不是人際之惡。

願人有失，毀人成功。危人自安，減人自益。竊人之能，蔽人之善。形人之醜，訐人之私。耗人貨財，離人骨肉。侵人所愛，助人為非。逞志作威，辱人求勝。敗人苗稼，破人婚姻。挫人所長，護己所短。乘威迫脅，縱暴殺傷。見他榮貴，願他流貶。見他富有，願他破散。見他色美，起心私之。負他貨財，願他身死。損人器物，以窮人用。見他失便，便說他過。見他體相不具而笑之，見他才能可稱而抑之。苟虐其下，恐嚇於他。鬥合爭訟，妄逐朋黨。壓良為賤，謾驀愚人。

第三，為官之惡

虐下取功，諂上希旨。輕蔑天民，擾亂國政。受恩不感，念怨不休。以直為曲，以曲為直。賞及非義，刑及無辜。殺人取財，傾人取位。誅降戮服，貶正排賢。凌孤逼寡，棄法受賂。入輕為重，見殺加怒。自罪引他，壅塞方術。

不能正確處理上下人際關係，諂上虐下，恩怨不清，是非不明，賞罰無當，殺人取財，奪位排賢，凌逼孤寡，貪髒枉法，貪腐受賄等等都是為官之惡，當為為官者戒。

第四，社會生態之惡

　　《太上感應篇》作為古代的一部勸善書還難能可貴地表達了對文化價值的尊重，認為「訕謗聖賢，侵凌道德」是一種惡，「破人之家，取其財寶」「決水放火，以害民居」等破壞社會生活秩序的行為也是一種惡。「散棄五穀，勞擾眾生。紊亂規模，以敗人功。」不能惜力愛物，以敗人功也是一種惡，甚至還提出了傷及動物、植物生命也更是一種大惡：「射飛逐走，發蟄驚棲。填穴覆巢，傷胎破卵。無故剪裁，非禮烹宰。埋蠱厭人，用藥殺樹。」這種思想體現出萬物平等、天人合一的傳統理念，甚至具有現代生態倫理尊重、保護動植物，維護生態平衡的意蘊。

　　惡的本質如上所述是觀念上的非與錯，行為上的損與害，但從形式上看主要是違背「義」與「理」，即「非義而動，背理而行。以惡為能，忍作殘害」。在論述了上述多種惡德惡行後，在《太上感應篇》看來，最大的惡莫過於「橫取人財」與「枉殺人者」這兩項，前者是剝奪人的生存生活條件，在人類進入文明社會後都將其看作是大惡之一；而後者則是直取人的性命，對別人的生命存在構成直接威脅。這兩種大惡必然要有大的惡報：「如是等罪，司命隨其輕重，奪其紀算，算盡則死，死有餘責，乃殃及子孫。」

　　上述諸惡，從做人做事的角度看，損害了個人的德性和人格，不利於人的自我完善，阻礙了我們成為一位好人；從人倫人際關係上，破壞了人倫關係和人際交往。為官之惡不僅有害於自己的人品，更可能會對社會生活和公共利益帶來更大危害，對文化、社會、生態價值的破壞這種惡也會影響人們的生活，破壞善的價值。在現代社會，對於諸種惡，要通過教育和自我修養以及正義的制度安排逐步加以去除，對於「殺人越貨」這種大惡、罪行就要依靠法律進行嚴懲，這是維護社會秩序和人的生命財產安全的必要手段。

　　防惡、戒惡、懲惡、罰罪是做人做事、人際交往、為官、維護社會生活的基本底線，「諸惡莫作」才能保證我們成為一個好人、好官而不是壞人、壞官，也是「眾善奉行」的基礎，當然，「諸惡莫作」的最終目的還是要「眾善奉行」。禁戒性的「諸惡莫作」的戒惡論是《太上感應篇》這個文本的重要特色，思想豐富，概括精準，針對性強，汲取其思想精華，可以為當代人做個好人、不做壞人提供有益借鑒。

三、「善惡報應」論

　　行善去惡，告訴了人們應該做什麼，不應該做什麼，那麼，人為什麼要這麼做？不做又能有什麼後果？也就是說我們為什麼要實踐道德？或者說我們

實踐道德的動力和約制力是什麼？這個實踐道德的動力和約制力在倫理學理論上一般被稱為「道德制裁」理論。在常識性話語中，我們說到「制裁」這個詞似乎僅有懲罰的意義；而在倫理學上，它還廣義地包括推動實踐道德的動力和約制力。《太上感應篇》是道教的一個勸善文本，其「勸善」「禁戒」的制裁措施主要是壽夭禍福。道教思想以追求長生不老、現世幸福為終極價值目標，因此，其勸善懲惡的制裁手段論述自然只能是這些並加以宗教的神秘力量恐嚇。它認為，「天地有司過之神，依人所犯輕重以奪人算」，「又有三臺北斗神君在人頭上，錄人罪惡，奪其紀算」，「又有三尸神在人身中每到庚申日，輒上詣天曹言人罪過」，於是人們的作為通過天地鬼神來裁決。當人非義而動、背理而行時，就會「大則奪紀、小則奪算」，而「算減則貧耗」，「多逢憂患」，最終「算盡則死」，人就離開了人世；如果死有餘辜，還將殃及子孫。所謂「是道則進，非道則退」，則「天道佑之，福祿隨之，眾邪避之，神靈衛之，所作必成，神仙可冀」。若改惡從善，則將轉禍為福。作惡有過的最直接後果就是肉體的消亡。所以「欲求長生者」，就必須迴避大大小小「有數百事」的過錯，諸惡莫作。

　　與避惡相統一的是趨善，能眾善奉行，做個「所謂善人，人皆敬之。天道佑之，福祿隨之。眾邪遠之，神靈衛之，所作必成，神仙可冀」。要達到更高的人生境界，得道成仙，必須做更大的好事。「欲求天仙者，當立一千三百善，欲求地仙者，當立三百善。」如果人們堅持「諸惡莫作，眾善奉行，久久必獲吉慶，所謂轉禍為福也」。「故吉人語善、視善、行善，一日有三善，三年天必降之福。凶人語惡、視惡、行惡，一日有三惡，三年天必降之禍。胡不勉而行之。」

　　一般認為，傳統中國人的精神生活和行為方式是由儒釋道相結合的力量所左右的，儒家為人們提供了現實的人倫道德規範，道教的神佑鬼懲，佛教的三世兩重因果的持續不斷的報應思想強化了人們的這種倫理實踐動機與效果。《太上感應篇》在勸人行善去惡的道德機制方面正是很好地實現了這種三教合一的特點。其所講的實質性的行善去惡的道德行為規範，具有鮮明的儒家特點，而其因果報應的制裁理論則充分體現出道釋甚至民間信仰的特點，從而成為全民族的集體無意識式的民族道德智慧。

　　在推動人們行善去惡的動力與約束機制方面，儒家堅持「人之初、性本善」的人性論，孟子相信人都有四個善端，人皆可以成堯舜，孔夫子也相信

「吾欲仁，斯仁至矣」。因此，道德的動力和約束力主要是依靠人性的自覺，把自己本有的善性調動並發揮出來，就可以成為君子、大丈夫甚至聖賢。這種人性內求內聖的思想到了王陽明那裡走到了極致，認為「心外無物」，只要致良知，就可以解決一切問題。這體現出儒家道德理想主義的特質。在以儒家思想為基礎的現實政治生活中，實際上儒家的勸善並非全靠思想和心性，也是伴隨著政策甚至法律上的利害獎懲。如對儒家道德的根基之一的「孝」既有積極方面的「舉孝廉」的政策，也有「五刑之屬三千，罪莫大於不孝」的嚴刑峻法。因此，思想和心性的自覺，對心性和修養很高的人可能有用；而對於普通大眾，不僅要啟發教化他們自覺為善去惡，同時必須用利害、政策、法律加以獎懲。

《太上感應篇》是一篇勸善文，「勸」還是一種教化，它自然還不是實際的行為利害獎懲，它只是從義理上抽象地講清楚善惡因果福禍報應，欲使人形成這樣的宗教信仰並附之以神佑鬼懲、善惡必報的威嚇，使人們行善去惡。把利害禍福與宗教恫嚇結合起來，從而達到勸人為善去惡之效果。道教本起源於中國的民間宗教，「福善禍淫」的思想也起源於儒家早期經典，如「天道福善禍淫，降災於夏，以彰厥罪」（《尚書‧湯誥》），「惟上帝不常，作善，降之百祥；作不善，降之百殃」（《尚書‧伊訓》）。「積善之家，必有餘慶，積不善之家，必有餘殃」（《易傳‧文言傳‧坤文言》）。《中庸》有言：「大德者必得其位，必得其祿，必得其名，必得其壽。」這些都體現出儒家也有以利害勸善的思想。那麼，如何看待這種以功利與思想心性勸善的道德制裁理論呢？我認為，這兩種勸善理論和措施各有其合理性和針對性，心性論、工夫論是一種動機論、道義論，而利害論則是一種功利論，這兩種理論可以分別針對處於不同道德層次的人，也可以相互補充、相互支持、相互結合，才能取得更好的勸人為善，促進道德實踐的作用。按現代的倫理學話語就是要把美德倫理與制度倫理相結合，從個人層面還要不斷開發人性和道德的自覺，不斷提高人們的道德覺悟；另從社會方面看，就是要不斷完善相關的道德獎懲的制度安排，不能讓英雄流血又流淚，也不能讓小人的惡行沒有任何代價或者付出很小的代價。捨此，就不能懲惡揚善，樹立正義和良善的社會風氣。

另外，如何看待宗教信仰與理性力量在人的道德行為中的作用？如上所述，儒釋道三教合一的機制包含著一些宗教神秘力量對人們的威懾，這是傳統中國道德能被很多人奉行的原因與機制之一。現代人不再信道信佛和一切宗

教神秘力量，科學的倡明，使人們不再相信有神秘力量的存在，加之我們中華民族本身就是比較缺乏宗教信仰的民族，在現代理性精神的消解下，這種本來就脆弱的宗教信仰精神自然很快就消失殆盡。如果人們天不怕、地不怕，道德的動力和約束力就會不強，這也是現代道德失落的原因之一。現代人自認為是一種理性的存在，一切都要拿到理性面前進行審判，這自然沒錯，先知後行，明理達行，但理性並不能解決所有人生與道德實踐問題。在人生實踐中，如果缺乏一些終極的信仰力量，往往是軟弱無力的。這種認識已經為中西方的歷史所證實。在人的精神生活中，如果沒有一定的信仰，道德就缺乏最後的根據。因此，連愛因斯坦這樣的大科學家也曾提出「宗教是倫理的基礎」的觀點，西方的社會治理和對人的行為控制之所以能取得好的效果，就是依靠宗教、道德與法律的完善結合而實現的。

在中國，本身就缺乏全民信教的傳統，加之我們長期的無神論教育和國家相關的宗教政策，使當代大多數世俗中國人普遍缺乏宗教信仰。因此，在現代社會，像《太上感應篇》這樣用利害福禍勸善，在某種意義上已經形成了民族的集體無意識的善惡價值信仰，但對於神佑鬼懲，因果報應，估計信的人就比較少了。那麼，如何建立當代中國社會的道德制裁理論和社會實踐機制呢？

我的觀點就是要把理性精神、價值信仰和獎懲機制、制度安排結合起來，以推動人們行善去惡，促進中國社會道德進步。

上帝死了，現代人把一切都要放到理性的面前進行審判，不管其得失短長，現實存在就是這樣。因此，現代社會道德必須建立在理性基礎之上，要讓人們願意並決心去實行某種道德，一定認為它是對的、好的、善的，是值得自己去做的，如果對這種善的價值目標有明晰的認識，又有情感上的喜愛，有意志上的堅持，那就會成為一種道德價值信念或者信仰。實際上宋明理學家堅定不移地踐行儒家倫理，提高自身的德性，實際上所依賴的就是這種真誠而堅定的信念或者價值信仰。「為天地立心，為生民立命，為往聖繼絕學，為萬世開太平」，殺身成仁、捨生取義，「生當作人傑，死亦為鬼雄」，「人生自古誰無死，留取丹心照汗青」。如果人們對一種價值目標的信仰達到了極致，實際上也就體現出一種宗教精神了，只是這種宗教是一種道德宗教，是一種價值信仰而非宗教迷信信仰。在我看來，《太上感應篇》的宗教迷信思想已經不能對當代人發揮勸善懲惡的作用了，我們要從思想心性方面，不斷對人們進行人生觀、價值觀、道德觀教育，使人們不斷提高道德信仰的理性程度和自覺程度，將其轉

化為一種價值信仰的強大精神力量。「三軍可奪帥也，匹夫不可奪志也」，行善去惡最終還是不能離開人的主體精神和道德自覺。

同時，社會更要用理性、科學與民主精神，不斷提高社會道德治理水平，政策、法律及相關制度安排一定要促進獎善懲惡的有效的保障機制。如評選道德楷模不僅要給予他們精神鼓勵，也要給予物質獎勵。如韓國就頒布了一部《孝行獎勵資助法》，對孝子從福利、住房、兒女入托等制度上予以獎勵。在當代中國，對跌倒訛詐之人應大膽運用媒體曝光、誠信記錄、經濟處罰、法律懲處等機制進行懲罰，在對道德事件的法律處理上要慎之又慎，避免「彭宇案」對社會道德的負面影響與破壞作用。不斷完善道德事件的立法條文，如國外民法對拾金不昧的人的物質獎勵，「好人法」的免責條款等都可以為我們所借鑒。不斷完善相關制度和法律，制度和法律能夠發揮促進和保障道德的作用。

總之理性自覺、價值信仰和好的制度安排與道德法律化是促進人們行善去惡，促進中國社會道德進步的動力與保障機制。

原載《船山學刊》，2018 年第 1 期

辟穀及其修心價值的
文化詮釋與實踐親證

　　近年來，隨著對中華傳統文化的重視，一些古老的文化現象與傳統日益受到重視，辟穀就是其中之一。按照科學的理解，人們作為一種肉體的存在，怎麼可能幾天、十幾天甚至幾十天不吃飯呢？由於現代科學思維已經成為一種強勢的占統治地位的思維方式甚至被一些學者稱為「科學教」——即把科學變成神一樣的信仰，因此，不能為科學完全解釋的東西，人們都可能認為它是偽科學甚至是騙術。國學大師、著名文化學者錢穆（1895～1990）曾說：「現代科學，究竟是研究物的問題，不是研究人的問題。所以對人的問題上，可以有大利，亦可以有大害，誰也說不定。而且科學縱使不斷發明，對此世界仍還保留著一個不可知。」〔註1〕因此，對辟穀問題僅以科學方法研究是不夠的，還必須運用人文性的文化學方法進行研究詮釋。

　　按照科學或者常識性的理解，人是一個生物體，必須通過攝取食物才能維持生命體的營養和正常運轉，因此，七天以上不進食可能會導致死亡的這種觀點似乎成為了社會大眾的基本認知與信念。因此，一聽到辟穀可以七天甚至更長時間不進食，人不僅不死而且還很有精神，這個情況往往顛覆了他們的認知與常識，就斥之以偽科學或者騙術，而且科學觀認為凡是科學化的東西，是可普遍化、可重複、驗證的，因此，他們大多不相信主體或者個體的體驗，把個人的修行實踐和個人體驗都不視作是客觀事實。這就像長期以來特別是近百年來的西醫和中醫之爭一樣，中醫是中華文化的重要要素，在西醫傳入中國前

〔註1〕錢穆，《中華文化十二講》〔M〕，北京：九州島出版社，2017年，第130頁。

的幾千年歷史上，我們的祖先一直是依靠中醫以維護自己的身體健康和養護生命的，可是在近百年來，人們崇尚西方科學，只相信西醫，民國時期很多著名西化派學者都是極力反對中醫，甚至提出了要政府廢除中醫的提案，某些著名人物在患病之後，在西醫無法治癒的情況下，寧可等死也不願使用中醫進行治療，進而付出了生命的代價。可是在近二十多年來的兩次對抗流行傳染疾病的過程中，中醫以其顯著效果使人們重新認識它的價值，這也讓我們再次思考科學與文化間的關係。幾年前，曾經在部分媒體中熱烈討論過「中醫是否是偽科學？」的問題，兩派意見也是針鋒相對，實際上，中醫確實不是嚴格意義上的西方科學，它是中國文化，但它確實能治病救人。應該承認，科學不能解決人類面臨的所有問題，而我們也確實不能缺乏科學觀念，但我們也必須承認，科學並沒有窮盡世界的所有問題，特別是涉及到主體—人的問題，我們還需要增添人文、文化的認識視角。辟穀，本來就主要是一種文化現象，如果僅以現代科學和西方醫學的觀點來看待它，是難以達到客觀的認識的。

筆者自 2018 年 11 月至今一年多來，已經自行在家五次清水辟穀，分別是兩次 7 天，兩次 8 天，一次 12 天，親證體驗了辟穀養生之效，修心之果，同時作為一位中華文化的學習研究者，想從文化詮釋與實踐親證的角度對下述問題進行探討：什麼是辟穀及其實質和機理？辟穀有哪些精神層面的修心、修德的作用及價值？欲通過對這些問題的討論，對辟穀有一個較為全面公允的認知和評價。

一、辟穀是一種歷史和現實的客觀事實

任何一種學術研究和文化詮釋總是以客觀存在的事實、現象與活動為前提的，古今中外的大量文獻和歷史記載，證明辟穀確實是一種客觀存在的事實。

中國歷史上有關辟穀記載的文獻是很多的。辟穀最早的記載源自《莊子·逍遙遊》：「藐姑射之山，有神人居焉。肌膚若冰雪，淖約若處子，不食五穀，吸風飲露，乘雲氣，御飛龍，而遊乎四海之外……」「不食五穀」是神仙的典型特徵之一。道家修煉的目的恰恰在於長生不老，得道成仙。如果這還是一種對神仙境界描述的話，那麼儒家經典、集秦漢前禮儀論著的《大戴禮記·易本命》說：「食肉者勇敢而悍，食穀者智慧而巧，食氣者神明而壽，不食者不死而神。」這是辟穀術最早的理論根據，論述了辟穀的主要機理在於食氣，而

且相信這樣可以「神明而壽」，即在生理上可以達到長壽，在心理上可以使人神明。公元前約 200 年西漢時期的著作《卻穀食氣篇》，這是最早專門論述辟穀的文獻之一（1973 年，湖南長沙馬王堆 3 號漢墓出土）。道教經典《太平經》認為辟穀可「令人病悉除去，顏色更好，無所禁防。古者得道老者，皆由不食」。《史記・留侯傳》：「張良性多疾，即導引不食穀。」這明確記載了張良曾經以辟穀治病的史實。東晉道士葛洪（283～343）在《抱朴子內篇・雜應》中說：「餘數見斷穀人三年二年者多，皆身輕色好。」並舉出具體例子以證之：「三國吳道士石春，在行氣為人治病時，常一月或百日不食」等。《梁書・方術列傳第四十五・處士》記載陶弘景（456～536）「善辟穀導引之法，年逾八十而有壯容」。《舊唐書》記載一個叫王遠知的人，修習吐納導引之術，服食靈芝和白術等，活到百歲以上，且頭髮烏黑、步履輕捷。《宋史・隱逸傳》載，宋初道士陳摶居武當山九室岩，「服氣辟穀歷二十餘年，但日飲酒數杯」。甚至，《全唐詩》也有關於辟穀的記錄與詩讚：「仲夏齋戒月，三旬斷腥膻。自覺心骨爽，行起身翩翩。始知絕粒人，四體更輕便。初能脫病患，久必成神仙。」〔註 2〕

其實在西方及其他國家文化和歷史上，也有不少辟穀的記載史實：9 億印度教徒在聖日斷食，有些斷食長達整整一個月。佛祖菩提樹下斷食 49 日，接著得到完全的開悟。

1400 萬猶太人在悔罪日斷食。歷史文獻紀錄最早的斷食療法臨床個案，可以說是阿拉伯醫學家伊文西納（又譯亞維采那，Avicenna（Ibn Sina），980～1037），他的《醫典》（*The Book of Healing*），報導如何讓病人斷食一個月，期間鼓勵他們散步、做體操、曬太陽、按摩，於是各式各樣頑疾、疑難雜症不藥而愈。

日本人也自古習慣斷食。著名小說家村井弦齋（1864～1927）在 1919 年做了一星期長的斷食，1920 年再做 30 天，即治好了纏身的頑疾，出版《斷食療法》作為見證。1919～1921 年期間，法學博士今井嘉幸（1878～1951）做了幾次斷食，醫好了久病不愈的支氣管氣喘，轟動全國，使日本人更有信心採用斷食來治病。甚至 2016 年的諾貝爾生理學或醫學獎，還頒發給了日本科學家大隅良典，以獎勵他在闡明細胞自噬（Autophagy，或稱自體吞噬）的分子機

〔註 2〕 清・彭定求等編，中華書局編輯部點校，《全唐詩（增訂本）》〔M〕，北京：中華書局，1999 年，第 4772 頁。

制和生理功能上的開拓性研究。以表彰他發現了細胞自噬的生物學機制。而辟穀、斷食就是這種自噬療病機制。

前蘇聯大文豪托爾斯泰（Lev Nikolayevich Tolstoy，1828～1910）說：「當我們的身體成為被宰殺動物的活動墳場時，我們怎能期望這個世界能有理想的地方？」他身體力行以辟穀來養生，並對辟穀給予了很高的評價：「辟穀不只是健康，更是靈魂的喜悅。」前蘇聯科學家柴可夫的一段話，一直為人所追捧，他說：「在我看來，這個時代最偉大的發現，就是使人通過合理的斷食而變得更年輕。我已經 85 歲了，並為身體靈活而感到驕傲，我可以很容易地做以頭頂地而倒立的瑜伽動作。我一天只吃兩餐，每週斷食 24 小時。一年內總有三四次，一次斷食七到十天。我相信人可以活到 120 歲，之所以早死，是因為飲食不當。我有完美的健康、充沛的活力，是因為我遵循了自然的法則。斷食是健康的關鍵，它能淨化體內的細胞。如果你想要身心都健康，有活力，今天就開始斷食吧！」〔註3〕

另外，稍加討論一下本文的文獻是必要的，筆者以「辟穀」為關鍵詞在「中國知網」（CNKI）中進行了檢索，辟穀相關論文，不過 30 餘篇，部分與現代醫學領域有關；以「辟穀」為主題查詢，相關論文有 200 餘篇，但絕大部分與辟穀的學術研究關係不大，包括辟穀記實、日記，對辟穀的科學澄清報導，辟穀與現代醫學的研究等，且大部分論文質量不佳，看來，辟穀還沒有成為一個學術討論的熱點問題，且研究質量有待提高，本書參考了其中 10 餘篇質量較好的論文，並認為辟穀不僅是學術研究的對象，它首先是人生主體養生、修行的一個實踐問題，基於此，本文的討論也參考了網絡相關資源和文獻，並以筆者一年多來的五次辟穀實踐體驗為根據。

二、辟穀及其實質和機理

什麼是辟穀？它又稱卻穀、去穀、絕穀、絕粒、卻粒、休糧等。辟穀，從字義上可以理解為「節制穀物」或者「去除穀物」，也就是說，辟穀意味著控制穀物攝入，或者不食穀物。《現代漢語詞典》將辟穀解釋為「不吃五穀等食物，方士道家當作祛病強身修煉成仙的一種方法」〔註4〕。辟穀在歷史上確實

〔註3〕 古代推崇斷食、素食的名人與聖人，http://blog.udn.com/1688ku/13898738，查詢日期 2020-02-24。
〔註4〕 中國社會科學院語言研究所詞典編輯室編，《現代漢語詞典（6 版）》〔M〕，北京：商務出版社，2012 年，第 73 頁。

主要是指道家方士的一種修煉方法，可在當下，辟穀不僅為道士所獨有，而是受到很多大眾的關注與修行，某些學者這樣界定辟穀的修煉和醫學性質：「辟穀當是「服氣辟穀」之簡稱，具有明確的修煉涵義。應強調辟穀過程中的服氣修煉和服氣修煉自然而成的『不食』狀態。」「從服氣辟穀的科學研究出發，可將其明確為中醫氣功療法與限食療法的複合療法」。該學者將辟穀分類為四種：第一，斷食法之一種；第二，食餌療法；第三，服氣辟穀之簡稱，為一種道家養生術；第四，改良「辟穀食餌」，如柔性辟穀。〔註 5〕還有學者認為：「辟穀基本概念是指採用導引和／或服餌的方法達到不攝入日常食物的狀態，是實現養生保健和治療疾病的一整套綜合、全面、系統的自然療法。」〔註 6〕總之，從當前「中國知網」（CNKI）上能檢索到的論文，大多是從醫學的角度進行研究，這樣，才會使其和當前的科學思維與學術研究體制相契洽，但我認為對辟穀還應從一個更大的哲學、文化與人生修為的角度來進行研究。比如，醫學把辟穀看作是一種針對疾病的自然或者限制能量的治療方法，可對於我來說，根本就沒有什麼病，從事辟穀的動因並不是為了治病而是為了身心更佳的養生修行活動。如果僅從醫學的角度來認識辟穀的話，就會使辟穀主體僅為病人，實施者為醫生，這對病人顯然是被動的，再者，如果僅把辟穀看作是一種宗教修行，那麼，也會使主體窄化。更有甚者，在中醫學界也有學者認為辟穀僅是道士能為，而為常人所不能為。有學者稱：

　　辟穀原為道教求仙方術，古無平人辟穀養生依據。《內經》《難經》均明示「平人絕穀」神無所養則七日而亡，古醫籍中辟穀與養生分列別論，道醫認為平人辟穀易致病夭壽。食氣辟穀無成功實例和理論依據，……辟穀背離傳統中醫學「穀肉果菜」「五穀為養」古訓，違反現代營養學「食物多樣、穀類為主」原則，似難具備成為中醫養生方法和特色診療技術的可行性。〔註 7〕

　　從筆者的實踐來看，這種觀點代表了一般大眾常識的看法，顯然站不住腳，我既非道士，也不治病，僅為養生修行，一年多來已經五次辟穀，最長 12 天只喝水，不還活的好好的，身體狀況比前更好了。不僅是筆者本人，而且在

〔註 5〕劉峰、趙勇、李巧林、陳全福，〈辟穀本義〉，《中華中醫藥雜誌》第 33 卷第 2 期，2018 年 2 月，第 641 頁。

〔註 6〕孫文、桑小普、宿濱、馮琳、黃婧兒、劉長喜，〈辟穀的概念與內涵解析〉，《中醫雜誌》第 58 卷第 21 期，2017 年 11 月，第 1812 頁。

〔註 7〕馬芳芳、廖艷、林殷、張聰、奚茜、潘詩霞、王一辰、柯秀慧，〈辟穀非平人養生法考辨〉，《北京中醫藥大學學報》第 41 卷第 2 期，2018 年 2 月，第 97 頁。

我的日常交往中，輕鬆成功辟穀的大有人在，這些親身經歷與實踐也是一種客觀人文事實，說明辟穀是人的一種自然潛能，當然它是不是適應於每個人，這還有待驗證。但已經證偽了上述論文中平常人或者說健康的人不能辟穀而且會七日而亡的理論。

　　如果從文化與人生的角度來看待辟穀的話，不僅其主體大大增加了，而且也會影響到對其一些特殊性質與機理的認識。因此，在筆者看來，辟穀是指一種主體以積極心態、主動選擇在一定時期內不食以五穀為主的食物而達到治病、養生、修心目的的主體行為與活動。通俗地講就是在一段時間內主動選擇不吃飯，對於辟穀概念的理解，筆者欲從不食的對象、時間的長短、不食的態度等幾個方面來加以釐清，談談我對什麼是辟穀的理解。

　　以不食的對象言，最純粹的是指不僅不吃食物且不喝水，亦即不吃不喝，這叫「全辟穀」，是部分修煉程度高的人才能做到的。其次，有「清水辟穀」，指只喝水不再吃別的任何東西，再次是「半辟穀」，即不食五穀主食（其中有的吃肉，有的不吃肉食）只吃水果、蔬菜。至於食代餐粉、營養素甚至藥物的在我們看來這不能算是辟穀。之所以會有這種辟穀方法，確實在古代道教中也有「服餌」辟穀的，但我理解的辟穀是比較純粹的清水服氣辟穀。

　　以不食的時間長短來看，有主張一周辟一天，一月辟一周，一季辟一周，甚至更長時間的各種主張，但我比較認同一種比較普遍的觀點，即一次辟穀不到一周即 7 天以上的不能叫做辟穀，只能謂之「輕斷食」。因為辟穀的基本機制是絕食采氣，關胃啟肺，能量轉化，外採天地之氣，內耗身體脂肪和垃圾以維護身體運行，並清理身體垃圾和毒素以達到祛病、健體、養生之目的。而這些胃肺功能，能量轉化和辟穀目的都是在七天以下不能完全實現的。

　　以辟穀的主體態度來看，一定是主體以積極心態、主動採取的行為，這一點使它與斷食的強制，絕食的抗爭的消極性而區別開來。在斷糧、饑荒的環境下的斷食，那是沒有選擇之下被迫停吃，沒有主觀的選擇；抗議式「絕食」不是為了改善自己身心靈狀態，往往是消極的表示，所以不算是辟穀。斷食療法在西方醫學中也有運用，每週1～2兩天的「輕斷食」在西方文化中也有實踐者並得到多數人的認同。前者顯然是為了治病，後者雖然也是相信對身體有好處或者說是為了養生，但對於主體來說，總是建立在一定程度上的「節食」，帶有或多或少的自制、強制與堅持，因此，其時間長度顯然是有限的。至於特殊歷史條件和人生困境中的「絕食」抗爭雖然也建立在主體信念基礎上，但卻

是建立在一種抗爭的負面情緒基礎上，絕食是達到其他政治和人生目的的手段。這與以健身、養生、修行為目的主動採取的辟穀行為也是大異其趣的。可能有人會問，這很重要嗎？從客觀上來看都是斷食呀，人作為生物體必須遵循吐故納新，以食物營養來維持人體生存呀！這恰恰就是一般常識和科學思維的習慣使然。科學思維往往是建立在主客二分基礎上的，是外求的物的文化，而文化思維往往是主客體統一、主體參與其中的內求的心的文化，並相信天人合一，心物相通，不僅物能影響心，而且心也能影響物。在筆者辟穀過程中，常常被身邊沒有辟穀經驗的同事和朋友問到：這麼多天不吃飯，你餓嗎？一聽這個問題就知道是沒辟過穀的。辟穀並不是挨餓，在日常生活中，筆者也是如果上一頓吃的較少，到了吃飯時間，也會感到肚子餓，怎麼可能僅靠毅力而 7 至 12 天不吃飯呢？從自己的體驗來看，動了辟穀的心念後，真就不餓了，而且幾次復食時，也不是因為感到飢餓而是心念發動想復食了。這可能會使沒辟穀經驗的人感覺這是唯心主義，可卻是我五次辟穀的真實體驗與親證。斷食者首先會感覺餓，有非常強烈的身心反應，但是辟穀則沒有非常強烈的反應，沒有痛苦，活動自如，正常生活，正常工作。斷食不提倡服氣，也沒有服氣術這個說法，斷食者會很餓，要堅持下來依靠的是頑強的意志，辟穀是一種穩定的狀態，是行氣到一定階段，人體的一種自然反應，並不是外力強加的，其目的不是鍛鍊意志，而是強身健體！斷食建立在西方文化基礎之上，考慮的是營養，物質，維生素，辟穀立足於中國文化之上，注重的是人與自然的和諧與融通。

總結上述，如果僅以實證科學的思維和方法是難以理解辟穀的，因此，我們可以從宏觀上有這樣的基本認識，科學說明了很多問題，但科學卻沒有窮盡人和人生的很多問題，科學與文化是一種種屬關係，也就是說科學只是文化的諸多要素中的一種，而不是文化的全部，我們只能以一種更為宏大和全面的文化視角與觀點，特別是中國文化的視角與觀點來認識評價辟穀這一現象，否則，就缺乏理解和解釋的基本立場和方法。

關於辟穀的本質，它究竟是科學還是宗教？不可否認，辟穀在中國，最初主要是產生於道教中的，在西方及印度文化中，也常常體現在宗教人士的修行實踐中，道教所有養生術的根本宗旨是長生永壽、不老成仙。道教飲食養生術和辟穀養生術同樣遵循著這一原則，對日常飲食養生功效的不滿足，導致了辟穀養生術的出現。道教養生術有其宗教信仰底蘊，不過它們也有科學探尋的成

分，道教辟穀術之進步同時離不開道教養生家的科學觀察、試驗等實踐活動。道教辟穀主要分為服藥（餌）辟穀和食氣辟穀兩種。節制飲食也是傳統中醫養生思想的一大特色。如《素問・上古天真論》篇提倡「飲食有節」，《素問・痹論》篇認為「飲食自倍，腸胃乃傷」，皆是認為多食、飽食是對人體腸胃的傷害。如何避免這種傷害呢？唯有節食、斷食即辟穀。食和不食是相對的，比如道教講的「服食」這一概念嚴格是指藥物、食物，但也指服氣、服符。「服食是道教養生中一類十分常見的現象，其外延可以是藥物，還可以包括日常膳食、特殊飲食、氣、符等。」〔註8〕對日常飲食養生功效的不滿足，導致了辟穀的出現。

堅持天人合一的中國文化的某些人士認為，辟穀是一種生命的自然本能，是存在於人身上的一種潛能。辟穀，「辟」就是休息的意思，「穀」是五穀雜糧的意思，辟穀就是讓我們從吃五穀的狀況中出來休息一段時間，讓自己身體的各項機能有一個短暫的休息，從而更好地品味五穀的美好滋味。辟穀的目的不是不食，而是讓你食之有味，更加精細精緻的去品味生活。我們都知道，我們每天會吃東西，但是我們也知道，沒有任何一個人一直在連續不停地吃，而在每餐之間，總是會有一段休息時間，也就是說，人只有兩種狀態，一種是吃飯，一種就是辟穀。這個辟穀的時間可以幾小時、十幾小時、幾天、十幾天甚至更長的時間。這麼說來，辟穀就不再讓人感覺那麼神秘神奇了，因為人人都辟過穀，甚至可以說人人都在辟穀。辟穀既不是科學，更不是宗教，它只是一種自然現象，是人類由來已久的生活方式。不論是在古代東方、還是古代西方，都有不吃穀麥的自然療法。不同的是，在東方稱為辟穀，在西方稱為斷食。不論是東方的辟穀還是西方的斷食，雖然具體方法各異，但本質都相同。辟穀是上天賦予生命的一種自然本能。我們都知道，在動物界，沒有醫院，沒有專業的醫生，但是動物為什麼能夠生生不息呢？這是因為，每個生命從一出生開始，就懂得珍惜生命，就學會與自然環境交流。許多動物生病了，就本能地不吃不喝，找一個安靜的地方來對自己的身體進行療愈；許多鳥兒為了保證生命的強健及後代的繁衍，會主動地選擇飛過千山萬水，尋求最合適的環境；不少動物在冬季選擇冬眠，其實也是辟穀的一種。多少年來，我們忽視了這種生命的本性，變得麻木不仁，就是因為我們身體蘊涵著無盡的潛能被自己製造出來的東西迷惑著、壓抑著，喪失了寶貴的自然天性。

〔註8〕黃永鋒，〈「服食」新詮〉，《宗教學研究》第 4 期，2007 年，第 45 頁。

為什麼不吃東西，身體還有能量，進入辟穀狀態後，支持人體生命活動的能量消耗，由通過食物中攝取，變為從自身和大宇宙中直接攝取。辟穀期間不進飲食，不但不感到飢餓，而且身輕體健，精力充沛。支持人體生命的能量從哪裏來的呢？靠服氣，靠呼吸和思想（存想日月星光等）啟動光合作用，直接通過空氣吸收大自然中的營養和能量，以維持生命。中醫歷來有「氣滿不思食」的說法，在辟穀狀態下，由於胃腸道沒有了食物的負擔，修煉者更容易體會到神清氣爽，內心愉悅的感受。在辟穀期間人體所需能量消耗是有來源的，人體是個小宇宙，人體以外的時空是個大宇宙，人體是大宇宙的縮影，人體小宇宙是大宇宙衍生孕育出來的，人在宇宙之中。人體辟穀功能沒有開發出來之前，人體對大宇宙來講是一個封閉的系統，通過修煉，把功能調動出來，對人體來講就成為一個開放的系統，改變了人體的功能，人體生命所需的各種物質能量則通過穴竅毛孔呼吸及思想意識直接從大宇宙中攝取，而不需要傳統生理學、營養學的進食轉化過程來維持人體所需能量。進入辟穀狀態後，即是改變了人體能量來源的供應管道。〔註9〕這種觀點顯然是建立在天人合一的理論基礎上的，我們對這種存在於宇宙間的能量可能還沒有完全從科學上搞清楚，不能證真，但也不能證偽，因為如果不承認這種理論，就無法解釋辟穀者長期不進食，是如何得以存活的。

三、辟穀修心價值的實踐親證

辟穀有利於人的肉體生理健康，這在醫學界已經有比較多的研究，筆者作為一名文化、哲學工作者，想在此基礎上著重探討辟穀對人的精神即人的智慧、價值觀、心性、品德會發生哪些影響呢？在這個問題的討論中，我們既吸取了學術界的一般認識，也包含了筆者自己的一些主體認知與實踐體驗。

第一，辟穀有利於開發人的智慧，激發人的潛能。辟穀期間脾胃不需要氣血的供給，會使它們變得更加敏銳，因此大腦能收到額外淨化後的血液和養料，供給視力、嗅覺、味覺等五官的末梢神經，阻塞大腦的有毒廢物也會被清除，因而頭腦清醒、思想靈敏、感官更敏銳，並能增強記憶力、精力加倍；人體進入辟穀狀態，本身就是進入了很好的氣功態。在這種狀態下，大腦就進入一種全新的功能態，雜念減少，心情舒暢，腦細胞的功能充分調動出來，使人的思維能力發生質的變化，智力得到進一步的開發。由於在辟穀期間，大腦處

〔註9〕辟穀：直接從宇宙中攝取能量（附方法）修行圈，https://wemp.app/posts/ 811d2bb5-c461-44f8-987b-ca1005d093f6，查詢日期 2019-05-01。

於一種全新的功能態，人的顯意識容易隱退，而潛意識被調動出來，極易誘發出體內的潛在功能。靈感非凡、創意爆棚──斷食期間右腦功能盡情發揮，往往得以天馬行空去想像，每有神來之筆的創造力，寫作、藝術創作、解決難題等，都不時有夢寐以求的成績出現。這些基本認識還需要得到腦科學與神經科學的研究論證，筆者作為一名哲學與文化學者，以及一位辟穀實際修煉者只能談談我自己辟穀期間的實際體驗，自己在此期間是不是變得更加聰明了，這不好說，但在第五天後人變得更有精神，神足不思睡的情況是有的，而且幾次的經驗是一樣的。在第一次辟穀的第七天，全天三個時段上午、下午、晚上一直從事高強度的會議、講課任務，但也沒覺得累。

第二，辟穀使我們重新思考人生，實現價值觀轉變，提升人生覺解境界。西方文化是一種建立在主客二分基礎上的外求性文化，認識自然外物、征服外物，追求財富、權利等外在價值，而中國文化認為天人合一、天人感應，人是一個小宇宙，人與天地可以進行能量的交換，欲改變世界，先改變自己，因此中國文化是一種向內用力與追求的文化，這種特點被新儒家稱為一種內在自我超越。辟穀通過若干天的斷食，使主體與自己的身體進行對話，這種與身體的自我對話，會促使人們重新思考生命與人生的價值。因為在我們的日常生活中，經常會聽到「民以食為天」，如果不吃飯了，似乎每天的生活就缺乏很多內容，但也可以使人清心寡欲，從正面想，我飯都可以不吃了，外在的功名利祿這些還會去在意嗎？在辟穀期間，本身要求人要保持思想的平靜淡泊，筆者本人確有類似體驗，通過辟穀使我的價值觀發生了顛覆性改變，認為人健康而優雅地活著是人生的本體性目的價值，而外在的功名利祿都是一種暫時的工具性價值，相較於前者是不值得執著追求的，為了這些外在價值去拼命工作，也是一種偏執，是不值得的。在花甲之年，學習辟穀，從而使筆者的人生觀、價值觀改變，獲得人生新的覺解，感到這真是命運垂青。辟穀名人、經濟精英，阿里巴巴董事會主席馬雲先生曾說：

人們只關心我的財富與成功，但是從來不關注一下我身體與心靈，創建阿里巴巴曾讓我身心疲憊，在巨大的光環下，我並沒有體驗到身體與心靈上的自由。我的時間都被秘書「刻寫」在日程表上，別人將我的角色當作了真正的馬雲，其實我比任何人都明白，這些只是我的角色不是真我，辟穀幫助我找回了真我。辟穀不只是健康，更是靈魂的喜悅。每次在一起辟穀的師兄師妹，皮膚都變得光嫩圓滑，體重減輕，身心自在。而且每年都有不少阿里巴巴的成員參

加辟穀活動。〔註10〕

這段話不僅指出了辟穀對他身體的積極影響，而且還談到了對他心靈與精神的影響，即「辟穀幫助我找回了真我。辟穀不只是健康，更是靈魂的喜悅。」

第三、辟穀會使我們形成節制自律的美德和持續健康的生活方式。辟穀就是打破天天需要且必須吃飯的習慣，進行相對時間較長的一段時間的禁食或者節食，這種行為的實踐與修煉顯然有利於人們真正形成「節制」和「自律」的美德，雖然真正的辟穀狀態是絕食采氣的不餓狀態，不可能是完全的意志自律和節制能夠實現的，但其中也不能說沒有一點自律的因素，而且，要打破人們每天吃飯這個習慣，本身就需要一定的自律和節制美德。關鍵是反過來看，經過一段時間辟穀後，人們更可能形成穩定的節食生活習慣。馬克思（Karl Heinrich Marx，1818～1883）曾認為：「道德的基礎是人類精神的自律」〔註11〕，顯然具有自律精神和節制美德是一個人道德人格的重要標誌。節制也是古希臘哲學家柏拉圖（Plato，公元前429～347）提出的西方四主德之一，即智慧、勇敢、節制、公正。節制的對象是人的欲望，人的最基本、最日常的欲望是什麼？這自然是食欲，因此，在日常生活中，能否做到節食甚至辟穀就是培養人們節制美德的重要途徑。富蘭克林（Benjamin Franklin，1706～1790）曾在其修身計劃中列出他認為13種最重要的德性，其中四條涉及到了節制的美德，這四條分別是：1. 節制：食不可飽，飲不可醉；2. 少言：言必有益，避免閒聊；5. 節儉：當花費才花費，不可浪費；12. 節欲：少行房事，愛惜身體，延年益智。〔註12〕他在第一條就談到了節食節飲，可見其基礎性與首要性。我國中醫經典《黃帝內經》也曾談到上古之人之所以能夠長壽就在於「法於陰陽，和於術數，食飲有節，起居有常，不妄作勞，故能形與神俱，而盡終其天年，度百歲乃去。」我們在日常生活中也都懂得吃「七、八分飽」是養生之道，適當節食有利於人的長壽，這也得到了現代醫學的證明。可是在我國近幾十年的發展過程中，經濟發展、社會進步，人民群眾的生活水平顯著提高，溫飽問題已經解決，當前的問題不是營養不良而是營養過剩，人們食糖、油、鹽、肉等

〔註10〕馬云：辟穀幫助我找回了真我（附教程）修行圈，https://wemp.app/posts/3eae 5459-3730-441d-a8c2-16149255bd6a，查詢日期2019-03-08。

〔註11〕（德）馬克思、恩格斯著，《馬克思恩格斯選集（第1卷）》〔M〕，北京：人民出版社，1956年，第15頁。

〔註12〕（美）本傑明·富蘭克林著：《奮鬥史》〔M〕，北京：民族出版社，2002年，第127頁。

都過量，這導致很多人「三高」並危害人的身體健康。有的人甚至小孩、年輕人就肥胖過度，早早就患上糖尿病等等，這一切都與不注意節食有關係。辟穀作為一種傳統養生術不僅有利於這些現代文明病的祛除，而且更能從人的心靈、精神與品德上形成節制、自律之美德。因為如果只是在辟穀期間禁食、節食，在復食後不能堅持節制、自律的生活方式的話，那就不能發揮辟穀的長效機制。真正的辟穀需要長時期形成節食自律、清靜有恆的生活方式，一屋不掃何以掃天下，一食不節何以渡人生？經過辟穀修煉，人們會形成這種清靜自守、節制淡定的生活方式，這是筆者的修煉體會也是存在狀態，經過一年多來的五次成功辟穀後，深刻反省認識自己六十春秋的歲月，實際上還沒真正形成節食之習慣，而經過辟穀後，則從每天每餐做起注意節食，晚飯不吃或者不吃主食，只喝一點蔬菜湯或者複合豆漿之類，遇上宴會、會議等餐會機會，也儘量自律少食，每天早上起來都要秤量體重，努力使體重的變化保持在正負 1 公斤內，這樣才可能身心俱佳、延年益壽。通過節制美德的培育，自律修行，培育精氣神，努力達到「氣足不思食」、「精足不思淫」、「神足不思眠」的狀態，以求健康長壽。

原載臺灣輔仁大學《哲學與文化》，2020 年第 553 卷

現代中國應並重公共道德和個體美德
——對陳來、蔡祥元兩位先生的回應

　　近期，陳來先生在《文史哲》雜誌 2020 年第 1 期上發表了《中國近代以來重公德輕私德的偏向與流弊》一文，引起了相關問題的學術討論，蔡祥元教授隨後發表了《儒家「家天下」的思想困境與現代出路》一文與陳來先生商榷，對此學術討論，筆者作為一名倫理學專業工作者，也發表一些自己的看法。

一、傳統道德是「道」「德」、「公」「私」的合題

　　本人的討論欲從道德這個概念開始，並且認為，在傳統中國，私德、公德的問題多強調其聯繫而非區隔，因為二者的主體都是人，而且，儒家有合內外之道的內聖外王理論、修齊治平理論，還因為中國古代的公私領域只是觀念上而非實體場域上的區隔。

　　「道德」這個合成詞出現之前，它原本是兩個獨立的詞，儘管它們之間也有聯繫。作為一個合成詞，「道德」最早出現在《莊子》《荀子》《禮記》等文本中，我們這裡不分析道與德的哲學意義，僅從倫理學意義上，「道」是指規範，在倫理學意義上要解決的就是人在人際或者群際交往中「如何正確的行動」這個問題，這在西方倫理學中被稱為規範倫理學，而「德」是指「德性」「品質」「人格」，這種德性主體顯然必須落實為一定的個體，「德」的問題是要回答「我們要成為什麼樣的人」，這在西方倫理學中被稱為「美德倫理學」，有學者曾經邀約筆者從中國思想資源的角度來分析一下中國傳統儒家倫理學究竟是一種美德倫理學還是規範倫理學，筆者為此撰文並在相關的會議上發表了演講：筆者的觀點是中國儒家倫理是二者的合題，但是以美德倫理為基

礎〔註1〕。儒家倫理既有德性、人格關懷，比如講究修養，成聖成賢，同時也有社會秩序關懷和追求，親民至善，但外王以內聖為基礎，齊家、治國、平天下以修身為基礎，世道以人心為基礎。因此，德與道的區分確實是相對的，二者是有聯繫的，成為什麼樣的人和如何正確地行動，都包含著行動的指令性，這使二者有時很難區分。比如以「五常」為例，我們常說「仁」是人心、情感，「義」是理性、行動之合宜，禮偏於外在的行為，但在孟子看來，它又是以恭敬之心、辭讓之心為基礎的，智是心知，但卻必須發越為實踐中之明智，信雖然要外信於人，但卻是以內誠於己為基礎的，等等，不一而足。儘管如此，在中國傳統倫理範疇或者德目中，也有能相對分得清楚的德目和原則，比如孟子所講「五倫」，即「父子有親，君臣有義，夫婦有別，長幼有序，朋友有信」，主要是講人際間相互對待的一種倫理原則，它可能是「道」，子思在《中庸》中明確將其稱為「五達道」，與此對應的還有「三達德」，即「知、仁、勇」，這顯然是「德」。有「五倫」必然有「十義」，「十義」在《禮記禮運》篇中的表述為：「父慈、子孝、兄良、弟悌、夫義、婦聽、長惠、幼順、君仁、臣忠。」雖然與「五倫」並沒有完全一一對應，但其所表達的則是基於不同人際關係中的主體角色的倫理義務，這個義務顯然是具體主體之德，而非道。另外，後世官箴所表達的官員最主要的官德三德「清、慎、勤」，顯然是官員對待財富、政事的一種態度和德性，而非道。因此，在中國傳統倫理中，確實有德與道或者私德與公德不分的情況，由於道德是「德」（個體德性、情操、人格、素質）和「道」（人際、己群、群際規範、原則、準則）的統一，加之中國自古以來「公」「私」概念的價值觀念性強，而場域區隔性差，又加之儒學內聖外王的內外推擴思維方式，可以說自古以來公、私德的概念和實質分界就不甚清楚，甚至可以說是不分或者連成一體的。中國傳統思維方式重綜合統一而輕視分析釐清，但這並不意味著中國傳統道德的概念都是缺乏準確含義和邊界釐清的，只是有時候這種分析釐清不那麼清晰而已，這就像中國的飲食是各種材料和調味綜合到一起，而西方的三明治等食品是分得一清二楚一樣。

因此，在我看來，傳統道德是不太重視公德與私德的區隔，而恰恰是重視二者的聯繫，合內外之道，仁宅義路，即使是基於理性精神和公共政治實踐的「義」，在孟子看來，也是以仁之愛人之心為基礎的。仁才是人安身立命之

〔註1〕 參閱肖群忠、李傑，〈修身倫理與治平倫理的合與分——對中國傳統道德的新的視角分析〉〔J〕，《齊魯學刊》，2011 年第 5 期。

宅,而義僅是人要走的路,走出去不還得走回來嗎?從這個意義上看,筆者認為傳統道德多強調公德與私德的聯繫而非區隔,這種區隔應該是近現代以後的事了。

那麼,為什麼傳統道德不太強調公德與私德的區隔呢?道德總是產生於一定社會關係基礎上的,客觀的社會關係不是區隔的,產生於其基礎上的道德則自然難以作這樣明顯的區隔。現代嚴格意義上的公共領域在古代中國並不發達,絕大多數中國人生活在家裏、鄉里(大多即族裏)的私人生活領域,個別人從事政治,一出家門,便入國門,而居於其間的公共領域(臺灣翻譯為民間社會,大陸翻譯為公民社會)則不甚發達。家國同構以家為基礎,家是國的基礎,國是家的放大,德國哲學家黑格爾在談到中國「孝敬」問題時說:「中國純粹建築在這一種道德結合上,國家的特性便是客觀的『家庭孝敬』。」〔註2〕這句話充分說明了孝道構成了傳統中國社會的精神基礎,孝本來是一家庭倫理的德目,卻成為組織國家社會的精神基礎。可見私德是可以成為公共領域的精神基礎並被加以運用的,這樣的社會結構和精神模式決定了私德、公德不用或者難以區隔。

社會公德建基的基礎是一定民族文化的公觀念,以及公私領域的區隔,而中國古代公私領域區隔也只是一個價值倡導性的觀念詞,不具有實體場域區隔的清晰性。

在傳統中國,「公」最基本的含義是朝廷、政府或國家,官府就是「公家」「公門」。既然「公」的主要含義是政府、朝廷或政府之事,那麼,與它相對的「私」就有民間的意思。儘管「公」在傳統中國也有「普遍」「全體」的社會性含義,但政府和國家含義卻是占主導地位的。這就是為什麼現在只要一提公民道德,在好多人的腦海裏就會想到是黨和國家主導的國家道德〔註3〕。

在觀念上,中國文化似乎是非常崇公貶私的,但是,中國的社會公德狀況為什麼卻比較差呢?這就是因為沒有客觀性的場域的分隔,而只是一種思想觀念上的倡導而已,公私相混正是造成社會公德缺乏的根本原因。私是自環、自營,反私則為公,而私是道德上的惡,公則是道德上的善。但人們對什麼是公共利益的存在卻相當模糊,家是私,國是公,但國只是家的放大,家是國的

〔註 2〕 黑格爾,王造時譯,《歷史哲學》〔M〕,北京:生活・讀書・新知三聯書店,1956 年,第 165 頁。
〔註 3〕 參見肖群忠,〈社會公德幾個基本理論問題〉〔J〕,《河北學刊》,2007 年第 6 期。

基礎，而處於兩者之間的民間社會又不那麼發達，因此，似乎只有私才是現實的，人們大可以化公為私。公的含義還包括所謂抽象的天下的概念，這似乎離現實日常生活更遠了。在歷史上，即使談公私之別，也經常是在思想層面提要求，而較少落實到實際行為的檢查與規範上來。正是因為沒有這樣公私場域的區隔，或者說真正意義上的公共領域或者市民社會並不發達，所以，沒有必要區分私德和公德，大多數人一輩子生活在家庭、家族、鄉里的私人生活和交往中，很少涉及或者用到社會公德，而士人出仕為官，實際上涉及的已經是士君、官民的政治道德了，況且能入仕為官的人畢竟也是少數人〔註4〕。

二、公德私德的近現代區隔及其意蘊

根據陳弱水的研究，現代中國的公德觀念是 20 世紀初從日本引入的。公德觀念起自明治時期（1868～1912）的日本，「公德」一詞可能最早出現於福澤諭吉（1834～1901）的《文明論概略》（1975 年初版），隨後，「公德」逐漸成為代表明治前二十年社會倫理意識的主要標誌。到 19 世紀 20 世紀之交，日本出現了闡揚公德的熱潮，在明治三十四年（1901）達於頂峰。當時，日本的公德觀念大體包含三項要素：（1）不傷害不確定的他人以及公眾的利益；（2）協助他人，並為公眾創造利益；（3）為國家效力〔註5〕。

「公德」被介紹入中國，始於梁啟超 1902 年 3 月發表的《新民說》，當時正值日本討論公德議題的高潮。社會公德問題由於梁氏的宣說而廣受國人注目，不過，《新民說》中的「公德」和日本的主流公德思想稍異其趣。梁啟超所闡發的「公德」含有兩個主要元素，用他的話來說，一是「愛國心」，一是「公共心」或「公益心」；一是國家倫理，一是社會倫理，而尤以前者為重。簡言之，梁氏宣揚公德的基本目的是在主張，中國若要成為有力量的民族國家，必須先有為其獻身的人民；培養社會倫理的問題則是其次的。也有一部分人的意見與梁啟超不同，如馬君武於 1903 年初在日本發表的《論公德》，則旨在強調公德的社會文化性內涵〔註6〕。

公德、私德概念的分殊區隔源自梁啟超《新民說》一書，他區分這兩個概念，先寫了《論公德》一文，最初的動機是想批評中國人的自私和缺乏公共意

〔註4〕　參見肖群忠，〈社會公德幾個基本理論問題〉〔J〕，《河北學刊》，2007 年第 6 期。
〔註5〕　陳弱水，《公共意識與中國文化》〔M〕，北京：新星出版社，2006 年，第 8～13 頁。
〔註6〕　參見肖群忠，〈社會公德幾個基本理論問題〉〔J〕，《河北學刊》，2007 年第 6 期。

識，這是他對於當時國民性反思的結果，也是他的重要訴求之一，就是「新民」必須是有公德之人，舊民只知有束身寡過的私德，卻不知有公德，「知公德，而新道德出焉矣，而新民出焉矣」，「公德之大目的，既在利群，而萬千條理即由是生焉」〔註7〕，這是他對甲午海戰中國戰敗、保種強國的時代危局反思的結果，是對日本強調社會公德經驗的借鑒，也是對當時學術界普遍認為中國人比較自私而缺乏公共精神的流行觀點的吸納。當時在討論中國國民性問題的書中，由美國傳教士阿瑟‧亨德森‧史密斯所著，於 1890 年即在上海出版的《中國人的性格》一書影響很大，其重要觀點就是認為中國人「缺乏公共精神」：「人民群眾只是特別注意個人不要受損失，對於公共財產則根本不加考慮，不想承擔任何責任。」〔註8〕但在之後兩年，梁先生又寫了《論私德》一文，認為講公德還離不開私德，甚至認為公德與私德只是一個相對的分析概念，私德實為公德之基礎。「公德者私德之推也，知私德而不知公德，所缺者只在一推」，「是故欲鑄國民，必以培養個人之私德為第一義；欲從事於鑄國民者，必以自培養其個人之私德為第一義」〔註9〕。梁先生提出倡公德之說，其重要的價值訴求主要是保種強國的「國家主義」導向，主要講的是族群國家意識，要求國民或者新民要有保種強國的國家群體意識，而非嚴格意義上的「公共領域生活中的交往之道與文明規範」的意識。

其實，日本自明治維新以來尤其是在 20 世紀初年，在持續西化或者近代化的過程中所推動的社會公德運動，其內容和意趣自然包括了「公共道德」方面的內容，這也就是後來為什麼同為東亞人的日本人，卻以講究文明禮貌和良好的公共文明素質享譽世界的原因，他們重視這個問題至今已經有一百多年的歷史了，記得改革開放之初的 1983 年，筆者大學畢業剛參加工作時，從事的是外事工作，最早接待來自日本的友好團體，當把他們接到賓館等他們再出來出席晚宴時，每個人都是把自己洗得乾乾淨淨，穿得衣冠楚楚，筆者曾經在日本訪學，日本教授在上課時也是穿得一絲不苟，更別說待客了。他們的這種社會公德運動，在明治時期的前二十多年裏的主要訴求就是國家整體主義的教化，捨此就不能理解他們國民性中的講究忠德甚至天皇主義、武士道精神是

〔註7〕 梁啟超，《新民說》〔M〕，鄭州：中州古籍出版社，1998 年，第 65、66 頁。
〔註8〕 阿瑟‧亨德森‧史密斯，《中國人的性格》〔M〕，吳湘州、王清淮譯，延吉：延邊大學出版社，1991 年，第 76 頁。
〔註9〕 梁啟超著，《新民說》〔M〕，第 197 頁。

從哪裏來的，而且為何成為他們長期以來德育的重要內容〔註10〕。這一點在日本訪學時與日本學者的交流中，他們認為強調國家精神也是 20 世紀初年日本德育的主要內容。

那麼，社會公德究竟是指國家道德還是社會道德？在我看來，雖然這兩層意義在廣義上都可以算作社會公德，但在更為嚴格的意義上，或者在現代語境中，首先應把社會公德歸結為社會道德而非國家道德。

什麼是公共領域？陳弱水認為：

> 對公德問題而言，公共領域最主要的內涵就是公共場合。……一般而言，公共所有或向公眾開放的空間屬於公共場合。但公共場合與私人場合的差別，並不完全取決於空間的性質，空間中人群的組成也是一個重要因素。一個只有同學、朋友或家人的電梯，可以算是私人場合，當一個陌生人走進來後，它的性質就起了變化。在公共場合，行為應當自我約束，儘量遵守規章，避免妨害他人或破壞公共利益。
>
> ……公共場合併不完全等於公共領域……在公德問題上，公共領域指的是日常生活中的公共領域。我為它下的定義是：個人與公共財產或無特定關係人所構成的共同場域。這個場域包括兩個部分：其一，公眾使用的空間；其次，個人行為對私人關係圈外所能造成影響的範圍。這個場域的第一部分主要是空間的性質。第二部分則是以行為影響力的範圍——而非特定的時空因素——來作界定，當個人的行為可能對私人生活以外的人產生明顯影響時，這個行為就處於公共領域。〔註11〕

通過這樣的概念辨析，我們可知實際上嚴格意義上的「社會公德」或者其準確狹義就是指這種公共生活領域的交往道德。這與列寧對社會公德的理解也是一致的，即社會公德就是指「數百年來人們就知道的、數千年來在一切處世格言上反覆談到的、起碼的公共生活規則」〔註12〕。

現代中國救亡圖存和革命的特殊歷史背景與時代需要，使我們長期以來把公德定位為一種國家道德。我們長期把「五愛」作為社會主義社會的社會公

〔註10〕參見肖群忠，〈日本現代化過程中的社會公德建設及其對當代中國的啟示〉〔J〕，《道德與文明》，2008 年第 4 期。

〔註11〕陳弱水，《公共意識與中國文化》〔M〕，第 29～30 頁。

〔註12〕列寧，《列寧選集》第 3 卷〔M〕，北京：人民出版社，1972 年，第 247 頁。

德，這不僅在《政協臨時綱領》這部新中國成立初期的臨時憲法中得以確認，而且延續了很長時間，雖然有時也沿用列寧所說的上述社會公德概念，但似乎與「愛祖國、愛人民」等「五愛」相比起來，那只是細枝末節，是小事，因此，在我們的倫理學體系中語焉不詳。在制定《公民道德建設實施綱要》時，有可能覺得把「五愛」表述為社會公德不合適，就換成是「社會主義社會公民道德的基本要求」，這種表述同樣體現出對社會公德概念的含混不清〔註13〕。

在梁啟超力倡公德之後，中國近現代的歷史背景和時代需要並沒有多少改變。救亡圖存演化為革命，無論是國內革命戰爭，還是抗擊日本帝國主義的民族戰爭，都需要革命組織和政黨用傳統公德意識與公德來動員其追奉者為民族國家或黨派的利益而獻身，這成為壯大革命組織、開展革命鬥爭的重要思想武器。這種思想，首先要求黨員向黨效忠，再而要求民眾遵從黨所設定的目標，以此統一思想、統一行動。在這種大公觀念的影響下，我們所謂的公德長期以來被看作是無產階級的革命道德、階級道德，中國共產黨取得全國政權以後，實際上還是把這種革命道德直接延續為社會主義社會的道德及社會主義社會的國家道德。因而，長期以來未能實現從革命黨到執政黨的轉化，仍以革命戰爭年代所形成的意識形態和思想道德來指導已經變化了的社會生活，以國家道德、政黨意識形態道德來取代社會公德。

在四十多年的改革開放的過程中，當代中國社會生活已經呈現出多元化的態勢，國家政治生活和市民的經濟、文化生活分際日趨明顯，社會生活日益豐富。在這樣的情勢下，如果還把社會公德僅僅理解為國家道德，而非社會道德，必然漠視社會公德建設，這將不利於中國公民道德素質的提高。因此，加強社會公共道德建設，是當代中國道德建設的重要任務〔註14〕。

三、個體美德與公共道德的當代培育及其意義

這裡，我想對兩位先生討論的觀點和相關問題談一些看法。

作為一位中國哲學家或者中國哲學史家，陳來先生在他的學術研究中，不僅重視研究中國哲學史的相關問題，而且對於倫理學或者中國倫理學也用力甚勤，比如近年來出版有《仁學本體論》《儒學美德論》等大作，我覺得這是非常合理的，中國哲學甚至中國文化都是以倫理為核心和靈魂的，研究中國哲學與中國文化，重視倫理學說，這不僅可以全面深入地把握中國哲學與文化，

〔註13〕參見肖群忠，〈社會公德幾個基本理論問題〉〔J〕，《河北學刊》，2007年第6期。
〔註14〕參見肖群忠，〈社會公德幾個基本理論問題〉〔J〕，《河北學刊》，2007年第6期。

而且也體現了學者的淑世情懷與實踐關懷。陳先生治學在取材上以問題為導向，不拘一格，早在 20 世紀 90 年代，先生就有研究宋明以後蒙學中的倫理思想的長文，筆者當時閱後甚為感佩。像這樣的學術大家，研究取材不僅僅是盯在那些哲學史上大家的思想文本，而且也重視這些民間文化中的俗文本，這樣才會更真實地把握實踐與歷史變化中的中國倫理精神。陳先生這次所撰寫的長文《中國近代以來重公德輕私德的偏向與流弊》﹝註15﹞仍然保持了這樣一種風格，不僅重視梁啟超的《新民說》《德育鑒》等經典文獻，由於主題的歷史性特點，也特別重視 20 世紀的倫理學文獻如劉師培的《倫理學教科書》，這是現代中國人寫的最早的倫理學教科書。筆者認為，當代中國倫理學研究應該重視並加強當代中國的昨天即民國時期倫理思想的研究，難能可貴的是，陳先生在文獻上不僅重視如上思想、學術大家的文本材料，而且在當代的討論中，不僅引用了「紅色五老」之一的徐特立先生的文章觀點，而且還比較分析了中國共產黨和國家相關文件對這個問題的表述，難能可貴，因為歷史的客觀現實就是這樣，我國當代道德建設的主流價值經典表述往往是通過黨的文件甚至國家法律如作為臨時憲法的政協《共同綱領》和 1954 年及 1982 年版憲法，這種根據學術問題不拘一格全面選取材料的態度令人敬重。另外，陳先生向來以思想清晰、分析透徹、表達精準而著稱，這篇長文也還是保持了其長期以來的治學、思想和表達風格。作了以上文獻和形式上的評論後，下面對陳先生文中所表達的思想觀點也談點我的看法。

　　陳先生全面疏理了自梁啟超以來的近現代對公德和私德區隔及其相關關係的論述與討論，在歷史的敘述中進行理論分析，探索「社會公德」的準確含義，以及它與私德的關係，分析我們當代道德建設中的缺陷與短板，得出了很多獨特的觀點與看法。總之，在 1949 年前的敘述分析中，正確指出了公德與私德的區隔作為一個近現代問題在中國源自梁啟超，在傳統中國文化與道德中，私德與公德是有密切聯繫的，由於這個問題的複雜性，不同學者對社會公德的含義及其與私德關係的理解不同，這是因為他們的認識與關懷不同所導致，這些歷史敘述和分析為我們提供了一個近現代關於這個問題的翔實的學術信息。陳先生通過分析，認為對社會公德準確或者狹義的理解應該是「公共道德」，強調在現代社會道德建設中既要加強公共道德建設，又要加強個人美

﹝註15﹞陳來，〈國近代以來重公德輕私德的偏向與流弊〉〔J〕，《文史哲》，2020 年第
　　　1 期。下不贅注。

德即私德建設的觀點，都是相當準確科學的。如果說陳先生對 1949 年前的分析是一種厚重的學術積累的話，那麼，對 1949 年後的分析研究和結論對於當代道德建設就更有啟發意義和現實價值，下面從三個方面加以述評分析：

第一，對公民（國家）道德的分析彰顯了我們在相當長時間內道德建設上的偏頗。如前所述，新中國成立以後的主流社會道德來源於共產黨在革命中形成的革命道德，其基本職能是動員群眾，為建立新中國而奮鬥，因此肯定是集體、團體至上，為此不僅要捨小家，而且要犧牲自我以獻身於偉大的革命鬥爭。新中國成立後，我們雖然已經取得了政權，但延續了這種戰爭時期道德的動員、凝聚、教化功能，在道德的價值取向上特別重視國家和整體的需要和利益，立足於國家和政黨的利益需要而對民眾提出一些合政治與道德為一體的簡單化的規範要求，這就是以集體主義為原則，以「五愛」為全體國民公德的根源，並以政協綱領和國家憲法的形式加以確定、宣示與教化。其內容保持了相對的穩定性，八二憲法不同於五四憲法之處，只是把「五愛」中的「愛護公共財物」改為「愛社會主義」，更加突出了政治性和意識形態性，實際上離「公共生活規則」的社會公德越離越遠，這樣一個幅員遼闊，又具有深遠道德文化傳統的大國，民眾的道德生活怎麼可能僅憑這麼五條抽象的政治道德原則來指導呢？道德是要為政治服務，但道德的主要功能主要是指導民眾的日常生活的。因此，筆者曾經撰文指出，這種簡單化的做法實際上是以政治取代了道德，割斷了我們民族源遠流長的道德傳統，據此，筆者曾經借鑒日本的中國思想史學者溝口雄三的道德層次「三結構說」，即道德可分為上層的國家教化倫理和下層的民間生活倫理，居於中間的則是職業倫理，以及東歐學者赫勒提出的日常生活理論，提出了「日常生活倫理」並有論著加以論述〔註16〕。筆者所說的「教化倫理」從實質內容上和陳來先生所說的「公民道德」是一致的，而筆者之所以不用「公民倫理」的表述，是因為這樣表述，意味著公民是主體，但實際上這種道德主要是國家對民眾提出的一種教化要求，其主體究竟是國家還是公民，說不清楚，因此，用「教化倫理」也許更準確些。當代中國主流表述都是用「公民道德」，實際上這個概念的內涵也是很寬泛的，是指代所有道德的，比如《公民道德建設實施綱要》中的「公民道德」就是這種寬泛意義。如果仔細分析這個概念的話，「公民」實際上是一個法權概念，即具有一個國

〔註16〕參見肖群忠等著，《日常生活行為倫理學》〔M〕，北京：中國人民大學出版社，2018 年。

家國籍並享受相應權利，履行相應義務的人，那麼「公民道德」也就是在守法層面上能夠履行社會基本道德義務的人，相當於我曾撰文指出的「常人」之德，中人之性，實際上它的要求是低於「君子」道德層次的，更是低於聖賢層次了。通過上述分析，我們可以明白，陳來先生何以認為長期以來國家教化道德（公民道德），政治意識形態原則作為「社會公德「的主要含義，是有偏頗的，如果以之取代豐富的日常生活倫理，則更是片面的。

　　第二，陳來先生將社會公德主要理解為「公共道德」，並認為它是現代公德建設的主要內容，這無論是從學術認識上和實踐運用上都是科學準確的。正如前面所討論的那樣，狹義的社會公德就是指這種人類在公共生活與交往中的基本規則和文明素質。那種國家道德、公民道德，或者教化道德，應該歸屬為政治道德，而「公共道德」（借用陳先生表達）則是一種社會道德特別是民間社會，日常生活而非制度生活中的道德。這種公共道德或者社會道德不僅具有一定的民族性，同時更具有某種全人類性。近幾十年來，隨著改革開放，我國人民與世界各國人民的交往越來越多，某些國人常常被外國人詬病的道德缺失就主要是這種公共道德文明素質，即你在旅遊過程中，是不是能夠愛護而不損毀人家的文物古蹟、建築，是否能夠講究衛生，不隨地吐痰，不亂扔垃圾，是否遵守公共交通秩序，是否在公共場所保持安靜，而並不關心你是不是「愛祖國」「愛社會主義」。對於我們國內道德建設來說，我們並不是認為這些政治道德就不需要了，而是不能僅此而已。這些政治道德體現著國家的基本價值導向，其對國民的價值引領作用也是不可替代的，如「全民全意為人民服務」不僅是共產主義道德的核心，它同樣是一種非常高尚的道德追求與境界，與儒家所講「博施於民而能濟眾」（《論語‧雍也》）的仁德最高境界也是相通或者一致的。「愛人民」也就是仁愛，「愛科學」在現代社會更是一種進步的觀念。我們只是說，僅憑這麼幾條基本原則還不能指導非常豐富的生活，人民群眾的日常生活既包括個人的日常生活和日常交往，也包括公共生活與公共交往，相較於傳統社會，現代生活的公共性顯然是日益凸現和重要了，比如，人們在公共場所的用餐較之以往顯然更多了，人們的運動、休閒、觀賞藝術、出行乘車，旅行遊玩無不是在公共空間和場所進行的，因此，在現代社會公德建設中應該加強公共道德和文明素質這些顯性的、行為層面的、普遍應用的道德建設，以提高民眾和整個中華民族的道德素質。

　　第三，陳先生對個體美德的分析就更為獨特出彩。正是因為他豐厚紮實的

儒學修養,使他深深明白,在道德生活中,主體或者個體是出發點也是基礎,這也就是《大學》中所言「自天子以至於庶人,一是皆以修身為本」。因此,他看到了在當代道德建設中,既忽視了公共道德的建設,也忽視了個體美德也即私德的培育。他正確指出,直到 1996 年十四屆六中全會通過了《中共中央關於加強社會主義精神文明建設若干重要問題的決議》,決議中雖然提出社會公德、職業道德、家庭美德三分的框架,但仍沒有提及個人道德。在 2001 年由中共中央發布的《公民道德建設實施綱要》中雖然提出了「個人美德」,但其內涵卻沒有像上述三個領域的道德有明確論述。更妙的是他認為:《綱要》指導思想中提出的「愛國守法、明禮誠信、團結友善、勤儉自強、敬業奉獻」的基本道德規範,這五項可謂「新五德」,而且認為它「應該就是《綱要》所說的『個人道德』的內容,只是《綱要》自身並沒有作這樣的明確肯定」。這真是發前人之所未發,倫理學界都尚未有人作出如此詮釋,陳先生之思維敏捷、觀點獨到可見一斑。不管怎麼說,陳先生敏銳地看到了我們長期以來忽視個體美德即私德建設的弊端,估計在陳先生文章寄出前還未能看到中共中央於 2019 年 10 月 27 日發布的《新時代公民道德建設實施綱要》,其中已經明確提出了個人美德並對其內容作出了經典性論述,我在拙文中是這樣描述和解讀的:

> 　　黨的十七大報告提出了道德建設的第四個領域即個人品德,但個人品德建設的主要道德要求是什麼?當時並沒有給予準確全面的概括,新《綱要》則將之表達為:「推動踐行以愛國奉獻、明禮遵規、勤勞善良、寬厚正直、自強自律為主要內容的個人品德,鼓勵人們在日常生活中養成好品行。」這是對社會主義核心價值觀的個人層面的要求即「愛國、敬業、誠信、友善」的繼承、充實與發展,除了強調在國家政治生活中要愛國,在社會生活中要奉獻、善良、明禮遵規外,還要求個體要有勤勞、寬厚、正直、自強、自律的個人美德,並認為個人品德的作用主要是指導人們的日常生活,旨在鼓勵人們在日常生活中養成好品德。道德建設確實必須貫徹落實在日常生活中,形成良好品德是道德建設的最終目的,只有人人都具有良好品德,才能提高中華民族的整體道德素質,才能把公民道德建設真正落在實處。〔註17〕

《新綱要》對個人私德內容的概括表述是否準確,還需要不斷從理論上繼

〔註17〕 肖群忠,〈民族文化自信與傳統美德傳承〉〔J〕,《道德與文明》,2020 年第 1 期。

續探討，在實踐中不斷完善，但重視個人品德或者私德修養不僅是中華民族的優良傳統，也實在是時代之需要。

從以上分析可以看出陳來先生此文的下述研究結論是完全正確的：

> 總之，本文基於倫理學和道德學的視角，以個人基本道德為核心，認為近代以來最大的問題是政治公德取代個人道德、壓抑個人道德、取消個人道德，並相應地忽視社會公德，使得政治公德、社會公德和個人道德之間失去應有的平衡。因此，恢復個人道德的獨立性和重要性，並大力倡導社會公德，是反思當代中國道德生活的關鍵。

下面讓我們再分析一下蔡祥元先生《儒家「家天下」的思想困境與現代出路——與陳來先生商榷公私德之辨》〔註18〕一文的觀點，從問題意識和思維邏輯上看，蔡先生和陳先生不盡一致，陳先生直接討論的問題是：究竟什麼是公德和私德及其相互關係，而蔡先生講的是產生這種公德私德的社會基礎及其現代出路的問題，或者如何在現代社會促進道德建設。雖然這兩個問題也是有聯繫的，但在一定意義上還不是一個問題，從蔡先生的角度看，也自有其一定道理。

蔡先生認為，儒家倫理是產生於家國同構的「家天下」的社會基礎之上的，所以重視私德，而現代社會要注意區隔私人領域和公共領域，這種傳統的「家天下」基礎上產生的私德為基礎的道德模式或者建設思路在現代社會遇到了困境，其出路就是在現代道德建設中更應該重視規則而非個人良知自覺即私德。

讓我們從蔡先生的立論根據和提供的未來出路兩個方面進行分析。私德為基礎推擴出或者發用於公共生活或者政治生活這種「修己安人」的儒家或者傳統道德模式，確實是產生於古代家國同構的社會基礎之上，在先秦時期，儒家雖然是顯學，但也只是諸子之學的一家，還具有某種民間性，且其倫理智慧也是產生於民眾的日常生活中，其論證方式也是一種樸素的生活化論證，到了漢代，它才上升為國家的統治哲學，因為其「親親，尊尊，長長」，「君君，臣臣，父父，子子」的倫理精神是符合統治階級的治理需要的。我一直認為，儒家學說或者儒家道德之所以能在兩千多年的歷史中長期佔據統治地位，就在於它完美地實現了民眾日常生活和國家意識形態的高度契合，求忠臣必出於

〔註18〕蔡祥元，〈儒家「家天下」的思想困境與現代出路——與陳來先生商榷公私德之辨〉〔J〕，《文史哲》，2020年第3期。下不贅注。

孝子之門，在家能孝親，在朝就能忠君，這恰恰是儒學在古代中國取得成功的原因所在，對我們今天也是深有啟發意義的。如何才能把我們的國家教化道德與民眾的日常生活道德很好地結合起來，這確實是我們成功進行社會道德建設的可資借鑒的歷史經驗。另外，不可否認，血緣親情關係更容易產生道德，或者說在家庭等私人交往關係中發揮精神紐帶作用的更多的是道德而非規則和法律。因為在家庭私人領域，主要是情感而非理性是道德的主體心理根據，這也就是某些學者所說的「情本體」，仁愛之心先要愛父母親人，而這種親親之愛是仁民、愛物的基礎。因此，如何理解私德公德之分？其實私德不僅包括個人品德，而且作為一個相對的概念，在家庭私人交往中產生的道德也都是私德，甚至再擴大一些，凡是發生在熟人之間的交往，在一定意義上都是私德，而公德其狹義雖然僅指「公共道德」，但實際上國家政治道德或者公民道德從廣義上也是公德，只是前者對應的是公共生活領域的陌生人交往，而後者對應的是公民與國家的政治關係領域。總之，私德是指個人品德或者熟人之間的交往道德，如果說它是「人際」關係，那麼，公德則是「己群」關係，因此，上述公德的意蘊只是表明這種「群」的範圍大小不同。

　　傳統道德這種重私德的傳統，確實產生、形成於傳統中國家國同構乃至「家天下」的歷史土壤。如果比較現代社會和古代社會的社會結構差異的話，確實體現為家國同構和公私區隔，而產生一定道德的社會結構和這個道德本身確實有某種聯繫，但還不是一回事，因此，說「家天下」的社會基礎和政治模式在現代遇到了困境，肯定是對的，而且說得還不到位，這種社會結構特別是政治模式可以說已經消亡了，那麼，蔡先生這種籠統化的表達，我想可能主要是指建基於這種社會結構基礎上的私德為基礎，私德、公德相結合的思維模式，按蔡先生的認知與判斷可能在現代遇到了困境或者說是難以為繼了，是不是這樣呢？在我看來，如果從道德思維或者道德生活本身來看，儒家重視私德、修身、內聖的傳統恐怕在現代社會中不僅不會遇到困境，而且還會繼續彰顯它的永恆價值。馬克思認為：「道德的基礎是人類精神的自律。」〔註19〕道德的主體永遠是人，道德生活的出發點永遠是具體的個人，因此，只有「修己」，才能「安人」，修身是齊家、治國、平天下的基礎，這是儒學的基本理念和信念，儒學相信每個人都可以經過自己不懈的修養與努力，達到聖賢境界，這就是孟子說的「人皆可以為堯舜」（《孟子・告子下》），荀子說的「塗之人可

〔註19〕《馬克思恩格斯選集》第 1 卷〔M〕，北京：人民出版社，1956 年，第 15 頁。

以為禹」(《荀子‧性惡》)。人在道德精神生活中有高度的自覺能動性,可以做到「吾欲仁,斯仁至矣」(《論語‧里仁》),「富貴不能淫,貧賤不能移,威武不能屈」(《孟子‧滕文公下》),「殺身成仁」(《論語‧衛靈公》),「捨生取義」(《孟子‧告子上》),這種高度的道德自覺能動性,只要是人想做,也必然就會因為德是得之在我者,可以通過不斷努力而達到的。即使只有少數聖賢才能夠完全做到,但「高山仰止,景行行止,雖不能至,然心鄉往之」(《史記‧孔子世家贊》),道德正是以這種應然超越的思想力量發揮著提升人性,鼓勵人們走向崇高的作用,道德的這種內聖精神並不會因時代的變遷而消亡。儒學思維的重要特質就在於修德求之在我,反求諸己,要改變社會先改變自己,先有好人,後有好社會。

另外,蔡先生給出的未來出路是:「我們首先需要區分開『家』與『天下』,區分開『私領域』與『公領域』,並且這種區分通過規則來進行。這既是對『公領域』的保護,也是對『私領域』的成全。儒家『公天下』的社會理想,在現代社會應該通過規則來體現和保障。」在現代視野中,這一觀點顯然是有其合理性的,現代社會是一個陌生人社會,是一個公共化、複雜化、世俗化的社會,因此,一些公共生活中的規則確實不能全靠自覺,必須通過規則來保障,這也就是為什麼在倫理學界,有學者提出我們要在傳統德性倫理學基礎上,建設制度倫理學,甚至還有人提出道德法律化,我們國家也正在努力建設個人誠信體系建設,這些都是努力強化並保障規則意識的體現,但顯然,「規則至上」主要是一種法律或者法治意識,而道德的根本特點還是在於以人的自覺信念為維持手段,因此,在現代道德建設中,應該並重規則意識和道德自覺,或者說並重「公共道德」和「個人美德」建設,因為即使有再完備的規則,如果遇上素質低的人,他們也會有意規避規則甚至破壞規則,這種例子在生活中並不鮮見。比如,在北京某野生動物園,某女明明知道駕車進園區不能下車的規則,卻還是下車,導致其母飼虎喪命、本人受傷的悲劇。因此,儒家強調修身、內聖的道德傳統在現代社會仍然具有其價值。

總之,公德與私德的辨析,是近現代中國凸現的一個重要學術問題,在這個問題提出百年之後,我們重新辨析討論這個問題,不僅有助於推動中國哲學和倫理學界對相關研究的深化,而且,釐清問題,明確建設方向與重點,對於當代中國道德建設,也是非常有實踐指導意義的。

原載《文史哲》,2020 年第 4 期

論「個體品德」及其培育的當代意義

　　任何一種社會道德既包括社會、集團道德，也包括個體品德或者個人私德，在傳統中國，私德與公德是一體的，甚至是以私德為基礎的，在近現代中國，從梁啟超起始有公、私德之辨，在現代與當代中國的一段相當長時期內，由於社會生活的變化與時代使命的不同，社會主流道德有重公德輕私德之偏。2019 年中共中央、國務院發布的《新時代公民道德建設實施綱要》根據新的時代需要，不僅再次重申而且對作為社會主義道德體系組成部分的「個人品德」的內涵首次作出了概括表達，黨和國家領導人近年來也特別強調要重視個體品德或者私德培育，提出了「明大德、守公德、嚴私德」的重要論述，那麼，什麼是個體品德或者個人私德，當代中國社會主義道德體系中的「個體品德」是如何形成並被規定表述的，培育個體品德在當代社會有何意義與價值？這是我們欲加以討論的問題。

一、問題與邊界：「個體品德」與「私德」

　　什麼是個體品德和個人私德？這兩個概念既有聯繫，又有差異，需要認真詮釋分析。

　　所謂個體品德，是指只與自身有關，而不涉及他人的行為或品質，如勤學、立志、儉樸、溫和，或謙虛、嚴肅、耐心、慎重等。《堯典》「直而溫，寬而栗，剛而無虐，簡而無傲」與《皋陶謨》「寬而栗，柔而立，願而恭，亂而敬，擾而毅，直而溫，簡而廉，剛而塞，強而毅」，這些德目和品質基本都是己身應有之道德品質。梁啟超先生也曾指出：「《皋陶謨》之九德，《洪範》之三德，《論語》所謂『溫良恭儉讓』，所謂『克己復禮』，所謂『忠信篤敬』，所

謂『寡尤寡悔』，所謂『剛毅木訥』，所謂『知命知言』，《大學》所謂『知止，慎獨，戒欺，求慊』，《中庸》所謂『好學，力行，知恥』，所謂『戒慎恐懼』，所謂『致曲』，《孟子》所謂『存心養性』，所謂『反身、強恕』……凡此之類，關於私德者，發揮幾無餘蘊，於養成私人（私人者對於公人而言，謂一個人不與他人交涉之時也）之資格，庶乎備矣。」〔註1〕

那麼，什麼是個人私德或者直言「私德」？從道德內容與應用範圍而言，指涉及私人領域並運用於私人或者熟人交往領域的道德，常常與公德相對。所謂公德，指涉及公共關係與交往或者陌生人之間交往，群己、群際交往的道德。個體品德與個人私德顯然有重合，前者重點強調的是「個體」的品德，後者強調的是內容和應用範圍僅關涉或者波及私人交往領域的道德；前者多追求人格、性情的完美，後者多追求倫理關係的協調處理；前者多表現為一種「品質」規範，後者多表現為行為與交往規範。

其實，傳統知識分子和士大夫階層，包括一般民眾在中國傳統文化重私德的影響下，大多都非常重視私德或者個人品德的修養。《大學》有言：「自天子以至於庶人，壹是皆以修身為本。」儒家的內聖為外王的基礎的思想在某種意義上都是對私德或者修身的重視。

在西方，基督教三主德「信愛望」表達的似乎是信徒對上帝的態度，但實際上，是從教徒個人品德意義層面述說的三種基本品德。柏拉圖在《理想國》中提出的世俗四主德，即「智慧、勇敢、節制、公正」，最初似乎是講城邦各個社會階層的人的群體品質，如僧侶、貴族、哲學家應該具有智慧之品質，軍人應該具有勇敢之品質，平民應該具有節制之品質，各個階層的人各守其分，就實現了城邦正義。發展到後來，這四種品質在西方被當作一般人均應具有的普遍個人美德。

本傑明·富蘭克林（1706～1790）是近現代西方最偉大的代表人物之一，他是美國《獨立宣言》的草擬者，被華盛頓稱作「美國人的象徵」。其著作《奮鬥史》被看作一部偉大的成功者最翔實的紀錄，一部有益於後人的史無前例的傳記。在這部著作中，他總結了修養己身的 13 條美德規範。

富蘭克林童年時就重視自身的道德修養。到了 1728 年，在他 22 歲的時候，他更加自覺地為自己制定了「一個可以使自己道德完善的大膽而艱巨的計劃」，「我列舉出了我當時所認為值得和必須做到的十三種德行。並且在每一個

〔註 1〕 梁啟超，《新民說》〔M〕，鄭州：中州古籍出版社，1998 年，第 19 頁。

條目下面我又加了一句簡潔的戒條，清楚表明我對全部條目的應用範圍：一、節制：食不可飽，飲不可醉。二、少言：言必有益，避免閒聊。三、秩序：物歸其所，事定期限。四、決心：當做必做，持之以恆。五、節儉：當花費才花費，不可浪費。六、勤勉：珍惜光陰，做有用的事。七、坦誠：真誠待人，言行一致。八、公正：害人之事不可做，利人之事多履行。九、中庸：不走極端，容忍為上。十、整潔：衣著整潔，居室乾淨。十一、鎮定：臨危不亂，處亂不驚。十二、節欲：少行房事，愛惜身體，延年益智。十三、謙遜：以耶穌、蘇格拉底為範」〔註2〕。這 13 條德目，實際上可以分為四個大類，即做事或處事美德、待人之道、自我控制、個體美德。處事美德包括「決心」「勤勉」「秩序」幾條；待人之道包括「坦誠」「公正」；屬於自我控制的有「節制」「少言」「節儉」「節欲」；屬於個體美德的有「整潔」「鎮定」「中庸」「謙遜」。

在現代西方，法國人安德烈‧孔特—斯蓬維爾著的《小愛大德：美德淺論》，其法文版已經再版六次，並被翻譯成英、法、德、意、日等26種版本在世界多國出版，1996年榮獲拉布呂耶爾獎。該書詳細闡述了禮貌、忠誠、明智、節制、勇氣、正義、慷慨、憐憫、仁慈、感激、謙虛、單純、溫和、真誠、幽默、愛情等18種美德。另外美國著名教育專家、曾任里根政府時期教育部長的威廉‧貝內特（William J. Bennett）所著的《美德書》，也以大量史實、故事、名句詳細論述了如下十大美德：同情、工作、誠實、責任、友誼、勇氣、毅力、自律、忠誠、信念。可見，各個民族、各個國家與文化在不同歷史時期所強調的個人品德的內容既有相同之處，又有不同的特點，但都同樣重視個人品德的培育。

這種純粹的個人品德確實是有其獨立價值的，但從產生與作用機制來看，似乎又不可避免地與人際道德、公共道德相聯繫。這種純粹的個人品德，如陳來先生所說：「僅僅指導個人行為而不涉及他人的道德德性在中國古代儒家道德體系中不占多數，其他都屬於『可能影響他人』的範圍，仁義禮智信都含有『對他人的義務』，在中國古代道德文化中『對自己的義務』和『對他人的義務』是合一的而不是分立的。」〔註3〕個人「私」德總是相對於「公德」而言的，人的道德固然也存在著一些純粹的不涉及他人的品質，但道德最終是

〔註2〕 本傑明‧富蘭克林（著），劉超（譯），《奮鬥史》〔M〕，北京：民族出版社，2002年，第126～127頁。

〔註3〕 陳來，〈中國近代以來重公德輕私德的偏向與流弊〉〔J〕，《文史哲》，2020年第1期。

為了協調人與人的關係而存在的。私與公是相對的，人的很多品質不僅是一種自我完善，而且是一種對他人的態度。以中國傳統道德的「五常」——仁、義、禮、智、信為例，過去有學者認為「三綱」是一種人際倫理之綱，「五常」是人人必備的恒常美德，但事實上，五常不僅是關涉己身的美德，而且在一定程度上關涉他人，如「仁者愛人」「義以正己」。仁是主體自身的一種積極性情感，但這種情感卻是投向他人的；義主要是要求自我的規範，但從最終根源上說，卻產生於人倫關係的「倫分」。孟子認為，義產生於個體內心的「羞惡之心」，但事實上，這種「羞惡之心」，並不是義的產生根源，而是主體在判斷和評價自己和別人是否履行了義務後的一種心理反應，「羞」是自己沒盡義務而感到害羞，「惡」是因為別人沒有履行義務而令我們感到厭惡，如果將之看作是「義」的產生根源恰恰是倒果為因了。「禮」雖然是個人行為的一種文飾，卻是基於對別人的辭讓之心和恭敬之心生成的；「智」雖然可能表現為個人的智商、情商與德商，但如果離開對他人和社會關係的把握，我們就不需要智慧了。信則更是「內誠於己，外信於人」。

所謂公德與私德的區分也是相對的，私德是個人應有的優良品質，但這種品質大多又體現在與他人的交往實踐中。另外，從交往場域和空間角度看，典型的公共空間、公共場所的人際交往道德自然是公德，比如正式的政治關係、職業關係、公共空間和場所的陌生人交往，但我們往往也將其中人與人的熟人關係交往或者私人關係交往，如將家人、親戚、朋友間的交往看作是私德。馬君武先生就是這樣理解公私德概念的區隔的：「私德者何？對於身家上之德義是也。公德者何？對於社會上之德義是也。」〔註4〕可見，簡單從德性的主體承擔者來劃分或者從道德的指向與作用範圍，即對己、對人的角度來劃分，都難以嚴格區分出個體品德（有但太少）和個人私德（私德往往要投射或者運用於人際交往和公共生活）的不同之處。儘管上述概念存在著交叉和模糊地帶，但在日常生活中又需理解把握這種相對中的確定性，當我們評價一個人的個體品德和私德時，知道指的是這個人的做人品質或者整體素質在私人生活與交往中的道德行為表現，就夠了。

總結上面的討論，我們可以給個人品德下一個定義：所謂「個體品德」，是指在內容上多且僅涉及個人應具的品格而不涉及人際、群己交往的品質，在應用範圍上僅涉及個人修身、私人（熟人）交往活動中的個人行為特徵和素質、

〔註4〕莫世祥，《馬君武集》〔M〕，武漢：華中師範大學出版社，2011年，第143頁。

人格、人品,這是一般意義上的理解,它與「私德」概念是一種交叉重合但又有所不同的概念。在當代中國,作為社會主義道德體系的組成部分,並由中國共產黨的文件提出且加以規定的「個體品德」,則是指國家對個人私德提出的基本道德要求,這種要求既包括對個人基本做人品質的要求,也包括對個人處理國家、職業、人際關係的基本道德要求。這是政黨、國家對國民個體基本美德的一種期待與要求,與廣泛社會生活和人生交往中的私德或者個體美德有一定的聯繫,但並不是完全相同,前者只具有制度生活中的社會期待要素,後者才真正是主體人生日常生活與交往中的個體美德。前者可以用文件加以表述,後者由於內容的廣泛性,各個民族、時代文化的差異性,難以作統一的表述,如在中國傳統文化中有「三達德」(子思)「四德」(孟子)「五常」等的表達,在西方道德傳統中,有基督教道德的「信愛望」三主德和世俗的四主德即智慧、勇敢、節制、公正的表達。社會主義道德體系中的「個體品德」概念的提出與表述,既能夠體現黨和國家對個體品德培育問題的重視,也能夠幫助我們瞭解國家與社會在個體基本品德方面對民眾的道德期待,但它並不能窮盡個體品德修養的豐富內容和個性特質。

二、當代「個體品德」的提出與意蘊

中國傳統文化是非常重視個人私德修養的,儒家經典《大學》提出「自天子以至於庶人壹是皆以修身為本」,修身是齊家、治國、平天下的基礎。內聖是外王的基礎。「為仁由己,而由人乎哉?」(《論語‧顏淵》)「仁遠乎哉?我欲仁,斯仁至矣。」(《論語‧述而》)中國古人在實踐中是非常重視個體品德修養的,士大夫把人格、名節和聲譽看得比生命還重要,甚至視其為自己的精神生命。普通百姓也認為做事先要做人,做人才是人生的根本。

近現代以來,中國社會謀求變革與富強,一些知識分子將國家、民族在近現代的落後歸罪於傳統文化甚至認為是中國傳統道德過於講私德不重公德而導致的,因此大力倡導為國家、民族犧牲、奮鬥的革命道德而不太強調或者實際上無暇有更多精力顧及個人私德。

最早提出公、私德之辨的梁啟超先生對私德與公德關係的認識比較全面,他認為「無私德則不能立」,「無公德則不能團」,相比較而言,私德是個人立身處世的根本,公德是社群得以維持的條件。他最初認為,中國文化重私德、輕公德的情形必須改變,否則,中國在近代世界的衰落是無法挽救的。他認為中國傳統倫理只重視人對人之私人性交往的倫理,而不重視人對團體、民

族、國家的倫理。中國要從衰落轉向振興，一定要加強國民對「群」的責任意識，這個「群」不是指社會，而是指國家。這種思想在現代中國影響深遠。但在其後期思想中梁啟超先生又重新回到重視私德的傳統思維上來了，認為無私德則公德無基礎。章太炎先生倡言革命道德，但也比較重視個人私德，其思想也是比較全面的。章太炎先生認為：革命道德即堅定勇敢、不畏犧牲，屬於大德、公德；但在大德公德之外，小德私德也不能忽視，缺乏私德，就不可能有大德的自覺，私德是公德的基礎。

之後，中國共產黨在領導人民進行救亡圖存、民族獨立的革命實踐中，主要倡導的是捨棄家庭、投身革命、不怕犧牲、勇於奉獻的集體主義道德。劉少奇同志雖然曾經撰寫了《論共產黨員的修養》一文，似乎從形式上是要加強黨員個人修養，但其實質內容卻是要求黨員必須投身革命實踐並在其中加強黨性修養，因為他講的主要是黨員的政治修養，防止黨員腐化墮落，是黨組織對黨員的要求，仍然屬於今天所說的「嚴大德」即政治道德的範疇。1949 年中華人民共和國成立後，黨的領袖延續了革命時期的思維方式，比起私德，更加重視公德建設。

在 1954 年憲法與 1982 年憲法中，雖然都有「五愛」的公民基本道德的規定和表述，但卻長期沒有個體品德的相關要求。1996 年黨的十四屆六中全會通過了《中共中央關於加強社會主義精神文明建設若干重要問題的決議》，其中提出社會公德、職業道德、家庭美德三分的框架，但除這三類道德之外，並沒有提及個人道德。黨的十七大報告是首次提出個人品德建設的中央文件，在黨的十七大報告中，胡錦濤指出，要「大力弘揚愛國主義、集體主義、社會主義思想，以增強誠信意識為重點，加強社會公德、職業道德、家庭美德、個人品德建設，發揮道德模範榜樣作用，引導人們自覺履行法定義務、社會責任、家庭責任」﹝註5﹞。在 2001 年由中共中央發布的《公民道德建設實施綱要》中，除社會公德、職業道德、家庭美德之外，增加了「個人道德」﹝註6﹞（個人品德）的概念，是很有意義的。可惜，與社會公德、職業道德、家庭美德不同，此下沒有列出個人道德的德目，有關「個人道德」的提法在後來十幾年中沒有繼續。與 1996 年不同而有所進展的地方是指導思想中提出的「愛國守法、

﹝註 5﹞ 胡錦濤，《高舉中國特色社會主義偉大旗幟為奪取全面建設小康社會新勝利而奮鬥——在中國共產黨第十七次全國代表大會上的報告》﹝M﹞，北京：人民出版社，2007 年，第 35 頁。

﹝註 6﹞ 《公民道德建設實施綱要》﹝M﹞，北京：人民出版社，2001 年，第 8 頁。

明禮誠信、團結友善、勤儉自強、敬業奉獻」〔註7〕的基本道德規範。陳來先生認為這「新五德」，「應該就是《綱要》所說的『個人道德』的內容，只是《綱要》自身並沒有作這樣的明確肯定」，「在邏輯上，應該屬於個人基本道德，其中既有個人基本公德，也有個人基本私德。愛國守法、敬業奉獻屬於公德，明禮誠信、團結友善、勤儉自強屬於私德。《綱要》的體系邏輯應是以個人基本道德為核心，從中演繹或推化出社會公德、職業道德、家庭美德，形成完整的道德體系。但『個人基本道德』的觀念始終不能出場，我們的道德體系中始終不能有『個人基本道德』的地位」〔註8〕。

　　2013 年 12 月 23 日，中共中央辦公廳印發的《關於培育和踐行社會主義核心價值觀的意見》指出：「黨的十八大提出，倡導富強、民主、文明、和諧，倡導自由、平等、公正、法治，倡導愛國、敬業、誠信、友善，積極培育和踐行社會主義核心價值觀……富強、民主、文明、和諧是國家層面的價值目標，自由、平等、公正、法治是社會層面的價值取向，愛國、敬業、誠信、友善是公民個人層面的價值準則，這 24 個字是社會主義核心價值觀的基本內容。」〔註9〕「愛國、敬業、誠信、友善」，是公民基本道德規範，是從個人行為層面對社會主義核心價值觀基本理念的凝練。它覆蓋社會道德生活的各個領域，是公民必須恪守的基本道德準則，也是評價公民道德行為選擇的基本價值標準。

　　習近平在黨的十九大報告中提出「推進社會公德、職業道德、家庭美德、個人品德建設」〔註10〕，在 2018 年兩會上又提出「明大德、守公德、嚴私德」〔註11〕，其中的私德即是個人品德。中共中央、國務院於 2019 年 10 月 27 日發布的《新時代公民道德建設實施綱要》中已經明確提出了個人品德並對其內容作出了經典性論述：「推動踐行以愛國奉獻、明禮遵規、勤勞善良、寬厚

〔註 7〕《公民道德建設實施綱要》〔M〕，北京：人民出版社，2001 年，第 3 頁。

〔註 8〕陳來，〈中國近代以來重公德輕私德的偏向與流弊〉〔J〕，《文史哲》，2020 年第 1 期。

〔註 9〕《關於培育和踐行社會主義核心價值觀的意見》〔M〕，北京：人民出版社，2013 年，第 4 頁。

〔註10〕習近平，《決勝全面建成小康社會　奪取新時代中國特色社會主義偉大勝利——在中國共產黨第十九次全國代表大會上的報告》〔M〕，北京：人民出版社，2017 年，第 43 頁。

〔註11〕向賢彪，《明大德　守公德　嚴私德》〔N〕，《中國紀檢監察報》，2018 年 3 月 16 日第 5 版。

正直、自強自律為主要內容的個人品德，鼓勵人們在日常生活中養成好品行。」〔註12〕其既包含了政黨、國家對個體基本品德的要求與期待，也提倡人民群眾在日常生活中自覺養成美好品行。

這種表述與之前社會公德、職業道德及家庭道德的表述一樣，均延續了四字五句話的表達形式，近二三十年來的實踐證明，上述三德的表述還是比較準確的，這次對個人品德的表達與 2001 年發布的《公民道德建設實施綱要》中對「基本道德規範」的表達有一定的繼承與損益關係，也是對 2013 年中央提出的社會主義核心價值觀對個人層面的要求即「愛國、敬業、誠信、友善」的繼承、充實與發展，但其含義尚待從理論層面進行分析與實踐檢驗。在五句話的表達之後，還有一句即是「鼓勵人們在日常生活中養成好品行」〔註13〕，這可能是提出者自覺意識到了上述五條只是政黨、國家對公民個人品德方面提出的一種最基本要求，而在日常生活中，個體品德的內容體現與行為要求是極其豐富的，是不能簡單用這五句話窮盡的，只能依賴個體的自我修養加以充實完善。只有將道德建設與個體品德修養貫徹落實在日常生活中，使人人都具有良好品德，才能提高中華民族的整體道德素質，才能把公民道德建設真正落在實處。

在此的詮釋論述，我們僅將重點放在這五句話的分析討論上。這五句話的內在邏輯似乎不如上述三德有具體的應用領域而好分析，以筆者目前的粗淺認識，這五句話，應該理解為十個德目，四字一句大多有內在聯繫，但個別句子之間的聯繫似乎並不密切。如果做整體的邏輯分析，前兩句可視為個體在國家與社會生活中的基本道德態度，第三句、第四句可視作個人的基本品德，第五句可視為個人的基本人生態度。筆者試從這三個方面，對上述五句話十個德目進行分析：

「愛國奉獻」「明禮遵規」是個體在國家、社會生活中應具有的道德態度與品質，如果這句話表達的是「有所為」的積極義務，那麼，第二句話表達的則是「有所守」的消極義務。愛國不僅是國民的一種政治義務，也是人的道德義務，這與我們長期以來提倡的「五愛」中的「愛祖國」或者「愛國主義」的要求是相同的，是人的基本政治道德品質。「奉獻」是個體在處理人際、群己

〔註12〕《新時代公民道德建設實施綱要》〔M〕，北京：人民出版社，2019 年，第 6 頁。

〔註13〕《新時代公民道德建設實施綱要》〔M〕，北京：人民出版社，2019 年，第 6 頁。

關係時所應抱持的道德態度與道德精神，它是「愛人民」「為人民服務」和中國傳統倫理的「互以對方為重」（梁漱溟語）的利他主義、集體主義的道德善意的集中體現。明禮遵規就是要求我們在「明理」（禮者，理也、履也）基礎上，自覺遵守社會的文化傳統、風俗習慣、道德規範、文明禮儀，遵守法律法規和社會生活的合理規範，從而維護社會秩序和禮儀之邦的文明風氣。

「勤勞善良」「寬厚正直」則是對個人基本品德的集中概括表達，可以以四個相對獨立的德目來理解。「勤勞」是中華民族的優良傳統，這一點受到全世界人民的認可，在現代化發展中，這一可貴品質也支撐了中國的發展，它與黨和國家長期提倡的「愛勞動」精神是一致的。中國現時代的經濟社會發展雖然取得了巨大的進步，但仍需要倡導和培育中國人「勤勞」的優良品質。中國老百姓深知勤勞是立身之本，耕讀傳家，勤勞致富，勤能補拙。勤勞不僅能促進事業發展，而且能提升人格品質。道德必然涉及人與人之間的得失損益關係，因此，所謂「善良」指人應具有與人為善的態度和作出有利於他人的行為。善良的人身上應既有仁愛之心又有義舉善行。如果說「勤勞」是一種對待事的態度，那麼「善良」則是對人的態度。「寬厚」是中華民族「厚德載物」民族精神的體現，具有這種品質的人能夠嚴於律己、寬以待人，能夠待人隨和、和而不同，能夠容忍他人的小缺點過失，能夠尊重並理解別人。「正直」是指一個人能夠持之以恆地堅持正道與原則，保持思想、行動與道德的統一。「寬容」和「正直」是個體品德的正反兩個方面，做人既要寬容，又不能沒有原則，在正直的基礎上要盡量寬容。

「自強自律」是個體品德中主體的人生態度，「自強」也是中華民族精神中「天行健，君子以自強不息」精神在個體身上的體現與要求。在人生長途中，任何人都要自力自強，這是人主體性的集中體現，也是人生與事業成功的可貴品質。如果說「自強」是外求的主體精神的品質，那麼「自律」則是內求的主體精神品質。我們的人生拓展和事業成功都離不開「自強」的精神和修為，我們心理和精神強大的主體表現是「自律」，「自律」是「自強」的心理支撐和表現。在人的精神與道德生活中，「自律」尤為重要。「道德是人類精神的自律」，形成自我控制能力是全部道德修養的要義，因此，具有「自律」的品質是一個人道德人格高尚的綜合體現。

三、培育個體品德的當代價值

那麼，當代社會為什麼要重視個人品德或者私德建設呢？主要有三方面

的原因：

（一）注重個體品德培育符合中外古今人類道德生活的內在規律

道德是人的道德，人是道德的主體，道德的主體雖然有時也表現為群體，但大多是以個體的形式存在的，道德生活永遠都不可能離開個體這個客觀實在的主體，因此，道德雖然會應用於人際與群己、群際交往中，但這種交往仍然是人與人的交往，因此可以說，個體品德或者個人私德是道德生活的體，而人際、群己道德是用，前者是本，後者是末，這就是《大學》中所說的「自天子以至於庶人，壹是皆以修身為本」的道理，這裡明確講修身為本，包含格物、致知、誠意、正心的修身工夫是齊家、治國、平天下的本體，後者是其發用。明明德是本體，親民（新民）、至善是發用。內聖是外王的根本，修身的道德內容雖然可能包含很多，但這個修身的主體一定是各個人之個體，在這個意義上也可以說個體品德是齊家的家庭道德、治國的政治道德、平天下的社會道德的根本。重視道德、重視修身、重視私德，是以儒家為核心的中國傳統文化的優良傳統，強調修身、反求諸己、修身為本肯定是修己身而非他人之身，仁者愛人、義以正己、嚴於律己、寬以待人、政者正也、正己正人等都是中國傳統講求私德和個人修養的基本精神。生活實踐也告訴我們，由品德好的人組成的家庭、單位，關係一般比較和諧，矛盾比較少，這有利於家庭穩定、事業發展。古代中國由於實行君主專制制度，加之對君主的制度約束又比較少，因此，君主個人私德或者個體品德的好壞往往成為政治成敗、社會是否清明的關鍵，所謂「一言興邦、一言喪邦」之說即是強調君主的個體品德對國家興亡的重要性。所以，中國歷史上長期具有盼明君賢臣的傳統，雖然不同於今天重視外在制度監督的政治制度，卻也反映出中國人長期以來對私德的重視。對於普通人來說也是如此，立身為本，一個人要成事，先要做好人，一個品德不好的人，人們不僅不會信任他，而且也不願與之交往。「中國傳統社會的道德建設總體上是由個人的私德涵養和家庭道德建設支撐著的。」〔註14〕從以上歷史經驗來看，私德或者個人品德實在是道德生活的根本與基礎。

西方的倫理學傳統最初也是重視個體美德的，亞里士多德被看作西方倫理學的創始人，其著作《尼各馬可倫理學》主要探討的是人的美德，其重視美德的傳統被視作「亞里士多德傳統」。這一傳統的要旨就是強調以「行為者」

〔註14〕廖小平，〈個人品德建設：道德建設的個體維度〉〔J〕，《道德與文明》，2008年第 2 期。

即以人的完整性作為道德選擇和評價的最後根據，這實際上就是強調個體品德在生活中的始基性、根源性和重要性。自啟蒙運動以來，近代西方基於自由主義的社會理論，認為社會不能給人們提出更高的道德要求，否則就是一種精神專制，因此，使人們走向「自我完善」甚至「成聖成賢」的美德傳統受到漠視，只要求人們有符合社會秩序的「正確的行動」。同時，在倫理學理論上也出現了各種規範倫理學的設計，可歷史已經證明這種規範倫理的設計之間充滿著矛盾和衝突，不僅不能保證人們行動的正確，在道德生活中也不能給人們提出完善的要求，僅是一種「底線倫理」，這在某種意義上，是把道德降為法律，甚至有人公開主張道德法律化，這在某種意義上，是取消了道德。道德如果失去了指引人們追求至善的價值引領作用，僅僅變成一些行動的規約，就會成為無價值根基和向善目標的戒律，這也許就是西方近代規範倫理學失敗原因之所在。正是基於對這一情況的反思，20世紀50年代末，西方倫理學界形成了所謂的「美德倫理學運動」，重新呼籲回歸重視美德的「亞里士多德傳統」，體現了對完整的人的美德或者個體品德的重視。

（二）注重培育個體品德是對現代中國道德建設偏頗的糾正

公德、私德概念的分殊區隔源自梁啟超先生寫的《新民說》一書，他為了區分這兩個概念，先寫了《論公德》一文，最初的動機是想批評中國人自私和缺乏公共意識，這是他對當時國民性反思的結果，也是他的重要訴求之一，即「新民」必須是有公德之人，舊民只知有束身寡過的私德，卻不知有公德，「知公德，而新道德出焉矣，而新民出焉矣」[註15]。「公德之大目的，既在利群，而萬千條理即由是生焉。」[註16] 這是他對甲午海戰中國戰敗、保種強國時代危局反思的結果，是對日本強調社會公德經驗的借鑒，也是對當時學術界普遍所持中國人比較自私且缺乏公共精神流行觀點的吸納。之後兩年，梁啟超先生又寫了《論私德》一文，認為公德還是離不開私德，甚至認為公德與私德只是一個相對的分析概念，私德實為公德之基礎。「公德者私德之推也，知私德而不知公德，所缺者只在一推」，「是故欲鑄國民，必惟培養個人之私德為第一義；欲從事於鑄國民者，必以自培養其個人之私德為第一義」[註17]。可以說，梁啟超先生的認識較前更趨於科學合理。

［註15］梁啟超，《新民說》〔M〕，鄭州：中州古籍出版社，1998年，第65頁。
［註16］梁啟超，《新民說》〔M〕，鄭州：中州古籍出版社，1998年，第66頁。
［註17］梁啟超，《新民說》〔M〕，鄭州：中州古籍出版社，1998年，第197頁。

在梁啟超力倡公德之後，中國近現代的歷史背景和時代需要並沒有多少改變。救亡圖存衍化為革命，無論是國內革命戰爭，還是抗擊日本帝國主義的民族戰爭，都需要革命組織和政黨用傳統公的意識與公德來動員其追奉者為民族國家或黨派的利益獻身，這成為壯大革命組織、開展革命鬥爭的重要思想武器。這種思想，首先要求黨員向黨效忠，再而要求民眾遵從黨所設定的目標，以此統一思想、統一行動。在這種大公觀念的影響下，我們所謂的公德長期以來被看作是無產階級的革命道德、階級道德。中國共產黨執掌全國政權以後，實際上仍直接把這種革命道德延續為社會主義社會的道德及社會主義社會的國家道德。我們雖然已經取得了政權，但仍延續了戰爭時期道德的動員、凝聚、教化功能，在道德的價值取向上特別重視國家和社會整體的需要和利益，並且立足於國家和政黨的需要對民眾提出了一些合政治與道德為一體的規範要求，即以集體主義為原則，以「五愛」為全體國民公德，並以政協綱領和國家憲法的形式加以確定、宣示與教化。但在這樣一個幅員遼闊又具有深遠道德文化傳統的大國，民眾的道德生活不可能僅憑五條政治道德原則來指導，道德要為政治服務，但道德也要指導民眾的日常生活，這也是它的主要功能。當代中國建設「公民道德」，而「公民」實際上是一個法權概念，即具有一個國家國籍並享受相應權利、履行相應義務的人，那麼「公民道德」也就是在守法層面上，能夠履行社會基本道德義務的人，相當於筆者曾撰文指出的「常人」之德、中人之性，實際上它的要求是低於「君子」道德層次的，更是低於聖賢層次的。這種偏嚮導致現代中國在道德建設中較長一段時間不太重視個人品德和私德的培育。有的學者就認為道德建設的缺失原因之一在於「以國家道德替代公德，侵蝕私德」，應該「繼承傳統儒家優秀的道德傳統，加強個體的私德培養」〔註18〕。當然，我們在此強調私德建設的重要性，並不意味著我們要否認現代社會對社會公德建設的重視。現代生活公共性日益增強，陌生人交往日益增多，因此要重視私德與公德的辯證統一，克服僅重視社會公德或者國家政治道德，而忽視個體品德或者私德建設的偏頗。「個人品德建設是當今中國道德建設的進一步拓展和深化。」〔註19〕其不僅是社會主義道德體系的完善，也是一切道德建設的根基，不能轉化為個人品德的一切道德建設，都只

〔註18〕於建東，〈當代公德與私德的牴牾與和諧〉〔J〕，《湖南大學學報（社會科學版）》，2015 年第 1 期。

〔註19〕劉新華，〈公民道德建設應重視公民私德的培養〉〔J〕，《馬克思主義與現實》，2006 年第 6 期。

是空中樓閣而已，這是因為一切道德建設都要以個人作為道德主體，個體也是家庭、職業、社會公德的承擔者與體現者，個人品德的好壞嚴重地制約著公共道德的建設。梁啟超早就說過：「斷無私德濁下，而公德可以襲取者。」〔註20〕我國著名教育家陶行知先生也曾深刻地指出：「私德不講究的人，每每就是成為妨礙公德的人，所以一個人私德更是要緊，私德更是公德的要本」，因此，一定要「把自己的私德建立起來，建築起『人格長城』來」〔註21〕。有學者認為，在當代中國公民道德建設中，私德具有更根本的意義，這是因為「公德是外在的社會道德規範，受客觀的社會關係的制約，體現著社會整體的利益，而私德則始終與個人的道德認識、道德情感、道德意志等相聯繫，反映著個人對公民道德的認識與心理態度，是個人內在的德性。外在的公民道德規範只有內化為個人的德性才能發揮其作用」〔註22〕。「我國現實生活中出現的種種不道德現象，大多不是由於社會道德失範，而是與公民的私欲惡性膨脹、德性缺失密切相關。」〔註23〕這種觀點非常有啟發性，啟發我們在當前的公民道德建設中一定要重視個人品德或者私德的培育。

（三）注重培育個體品德有利於提升中華民族特別是幹部的道德素質

私德或者個體品德是有道德之人的素質，是人格的主體基礎，不矜細行，終累大德，千里之行始於足下，登高必自卑，行遠必自邇，只有加強每個人的個人品德或者私德建設，才能為全民族道德素質整體提升奠定堅實基礎。因此，在當代道德建設中不僅要重視公民政治道德、社會公德、職業道德、家庭道德建設，還要重視個體品德培育。

完善的道德結構必然是私德與公德的統一，長期不重視個體品德培育，必然會影響中華民族道德素質的提升。有調查顯示，大多數人認為雖然時下社會倫理狀況不佳，但自身道德尚好。言下之意就是別人道德都不好，唯獨自己有好的道德，試想如果每個人都有好的道德，那麼為什麼由個體組成和交往的倫理關係卻不佳，這不是自相矛盾的嗎？一部分國人在出境遊的過程中所表現

〔註20〕 梁啟超，《飲冰室合集：第4冊》〔M〕，北京：中華書局，1989年，第12頁。
〔註21〕 陶行知，《陶行知文集》〔M〕，南京：江蘇教育出版社，1986年，第724頁。
〔註22〕 劉新華，〈公民道德建設應重視公民私德的培養〉〔J〕，《馬克思主義與現實》，2006年第6期。
〔註23〕 劉新華，〈公民道德建設應重視公民私德的培養〉〔J〕，《馬克思主義與現實》，2006年第6期。

出的大聲喧嘩、不愛護環境、不遵守公德規範等問題表面上看是公德的缺失，實際上卻暴露出某些國人自身道德修養不好、個體品德較差的本質。中國國力的增強，使文化自信心大大增強，但要提高中華文明的世界影響力，恢復和弘揚「禮儀之邦」的文明形象，就必須依靠社會不斷地進行道德教育，加強個體品德修養。只有這樣才能真正讓世界各國人民尊重中國人，才能真正從精神上實現中華民族的偉大復興。

古代社會，士農工商四民都比較重視自己的私德，士即知識分子，作為四民之首，更是非常重視自己的私德修養，對全民作出「厚德載物」之示範引領。在現代社會，知識、地位都並不等於私德、素質和品位。私德是公德的基礎，從近代有留學制度以來，以前很多人都是自覺學成歸國報效，而現在很多人都是學成而不歸，甚至為外國服務。有些人在國內天天大談愛國主義，卻將家人和財產轉移到國外，這些現象之所以存在，就是因為長期缺乏「私德」的培育。章太炎先生說：「吾於是知優於私德者亦必優於公德，薄於私德者亦必薄於公德，而無道德者之不能革命，較然明矣。」〔註24〕從日常生活小事來看，即使是一些高等學校教師集中居住的社區，也常常存在亂扔垃圾、不認真做垃圾分類的問題，這種行為本身表面上涉及公共環境衛生的公德內容，但實質上卻反映了某些人不能在小事上做到儒家之「慎獨」，即在無人監督的情況下不能做到為小善而拒小惡。可見，提高中華民族的整體道德素質的目標依舊任重而道遠。

公德固然重要，但如果忽視了個體品德或私德的培育，重公德輕私德，就會出現很多社會問題，也不利於黨員幹部道德素質的培養。如由於個體品德的缺失，某些人表面唱高調，私下卻生活糜爛、個人修養極差。習近平在 2018年兩會上提出的「明大德、守公德、嚴私德」就要求幹部必須明確政治之大德，守社會之公德，嚴格培育修養自己的私德。明大德是根本，有統率之功；守公德是規制，具保障之力；嚴私德是基礎，成動力之源。這三者相輔相成、相得益彰。學術界有學者將明大德主要闡發為對黨忠誠，守公德主要是用權為民，嚴私德是強化操守，並將嚴私德的具體要求概括為以下四個方面：一是對待家庭要修其家廉，二是對待親情要修其黨性，三是對待友情要修其原則，四是對待子女要修其美德〔註25〕。這種概括闡發是非常準確的。習近平總書記

〔註24〕章太炎，《章太炎全集：第 8 冊》〔M〕，上海：上海人民出版社，1994 年，第288 頁。

〔註25〕陳琳，〈明大德　嚴公德　守私德　黨員幹部必備的三項道德修養〉〔J〕，《人民論壇》，2018 年第 9 期。

2014 年 3 月 9 日在參加第十二屆全國人大二次會議安徽代表團審議時的講話中提出「三嚴三實」，即要求各級領導幹部做到「既嚴以修身、嚴以用權、嚴以律己；又謀事要實、創業要實、做人要實」〔註26〕。「嚴以修身」「嚴以律己」講的都是私德。可見注重個人品德或者私德培育，必將有利於提高幹部道德素質，必會贏得人民群眾的尊重與信賴。

原載《倫理學研究》，2021 年第 5 期

〔註26〕 《習近平論「三嚴三實」——十八大以來重要論述摘編》〔EB／OL〕，（2015-06-04）〔2021-08-14〕http://www.xinhuanet.com/politics/2015-06/04/c_12787823.htm.

個人基本私德六論
——基於儒學資源的分析

　　近百年來，由於中國社會救亡圖存、奮發圖強、革命建設、發展復興的社會任務的急迫和繁重，社會主流價值往往比較重視引導青年和民眾注重社會公德，從而把熱情、精力投身到社會事業中去，甚至，對中國近代以來的落後，從道德上加以反思，如梁啟超在其《新民說》中，最初認為是因為傳統中國人只重私德而輕公德造成的。在百年之後，中國的經濟、科技、軍事等硬實力取得令世人矚目的成就後，加強文化建設、重鑄民族道德之魂、重樹禮儀之邦形象，都需要提高中華民族的整體道德素質，從倫理學與道德建設的內在規律反思，人們整體道德素質的提高自然離不開人們的社會公德、職業道德、家庭道德這些涉及人際、己群關係的社會道德，更離不開純粹個體品質或者美德意義上的個人私德或者個體品德。雖然，道德生活中的社會與個人總是處於一種相互聯繫與影響的互動過程中，但筆者更相信儒家的道德思維方式的真理性：即私德是公德的基礎，這就像修身是齊家、治國、平天下的基礎，明明德是親民、新民的基礎，內聖是外王的基礎。

　　中共中央、國務院 2019 年 10 月印發的道德建設文件《新時代公民道德建設實施綱要》在社會主義道德體系中的幾大具體領域道德——社會公德、職業道德、家庭道德——的基礎上，明確將「個人品德」納入並首次對其內容進行了規定和表達[註1]。習近平總書記也多次強調要「明大德、守公德、嚴私

〔註 1〕《新時代公民道德建設實施綱要》〔N〕，《人民日報》，2019 年 10 月 28 日第 1 版。

德」〔註2〕〔註3〕〔註4〕。這一切都說明中國社會在百年之後，在道德生活與社會道德建設中又重新重視個人私德，這可以說是一種符合古今中外道德生活內在規律的巨大進步。作為一名倫理學工作者有責任自覺推動這種進步，筆者曾撰有《論「個體品德」及其培育的當代意義》，對個體品德與私德概念的交叉區隔、一般意義的個人私德和社會主流價值觀或者國家對公民基本私德的道德期待的聯繫與區別也作了分析，並對《新時代公民道德建設實施綱要》中規定表述的「個體品德」內容進行了分析，在此基礎上還論述了培育個體私德的當代意義〔註5〕。之後，筆者又進一步思考：有無可能提煉概括出超越中西古今的時空差別，超越國家對個體品德的期待，而從一個人純粹做人美德角度的所有好人和君子都應該追求或者具備的基本美德呢？也就是個人基本的或者普遍的德性是什麼？錢穆先生有言：「竊謂惟德性乃大眾之所同，人人具此性，人人涵此德，問者即當問之此，學者亦當學於此。只有在大眾德性之共同處，始有大學問。只有學問到人人德性之愈普遍處，始是愈廣大。」〔註6〕這段話可以說對研究這一問題給予了很大鼓勵。拙文是根據現有學術研究成果，經過思考探索，提出的一個基本思考及論證，供方家討論指教，也期望從實踐上進一步推動中國社會對個人私德重新重視的進步潮流，對提升民眾整體道德素質有所助益。

　　什麼是個人私德的基本或者普遍德性？對此問題，錢穆先生的下述意見也是深具啟發意義：「人性不是專偏在理智的，理智只是人性中一部分，更要還是情感，故中國人常稱『性情』。『情』是主要，『智』只是次要的。中國人看性情在理智之上。有性情才發生出行為。那行為又再還到自己心上，那便叫作『德』。人的一切行為本都是向外的，如孝父母，當然要向父母盡孝道。但他的孝行也影響在自己心上，這稱德。一切行為發源於己之性，歸宿到自己心

〔註2〕習近平，《青年要自覺踐行社會主義核心價值觀：在北京大學師生座談會上的講話（2014年5月4日）》〔N〕，《人民日報》，2014年5月5日第2版。
〔註3〕習近平，《在紀念五四運動100週年大會上的講話（2019年4月30日）》〔N〕，《人民日報》，2019年5月1日第2版。
〔註4〕習近平，《在「七一勳章」頒授儀式上的講話（2021年6月29日）》〔N〕，《人民日報》，2021年6月30日第2版。
〔註5〕肖群忠，〈論「個體品德」及其培育的當代意義〉〔J〕，《倫理學研究》，2021年第5期。
〔註6〕錢穆，《中國思想通俗講話》〔M〕，北京：生活・讀書・新知三聯書店，2002年，第2頁。

上，便完成為己之德。故中國人又常稱『德性』。這一『德』字，在西洋文字裏又很難得恰好的翻譯。西方人只講行為造成習慣，再從習慣表現為行為。中國人認為行為不但向外表現，還存在自己心裏，這就成為此人之品德或稱德性。性是先天的，德是後天的，『德性合一』，也正如性道合一，所以中國人又常稱『道德』。」〔註7〕這段話的重點在於，德雖然離不開智性要素的參與，但重要的是情，德性、情操、品質的根本特性在於由內在的性情發出於外在的行為，而又由外在行為還歸於性情，是內在性情（心理）和行為的高度統一。本文六個基本概念，也作這樣的理解。它是個體的心性與行為的統一，之所以稱個人或者個體，就在於它不會或者不太涉及人際交往，是個人的一種心性和德性。正如唐代韓愈在《原道》中所說：「由是而之焉之謂道，足乎己無待於外之謂德」，但這種心性和行為總還是要表現或者投射或者應用於人際交往中去的，因為善惡總是在關係中體現的，但我們還是力圖從個人德性的角度去分析，而盡力避免後者。比如，目前中央有關文件中對個體品德的規範表達就有「愛國奉獻」「明禮遵規」，筆者認為這是國家希望個體在國家、社會生活中應具有的道德態度與品質，但它還不是嚴格意義上的個人私德，其實質內容應該是公民道德與社會公德。另外，什麼是基本的或者普遍的德性？這需要我們借鑒倫理學史上先賢的思考，立足於既有的體驗、概括，力圖達到更為科學的認知。

一、論善良

「善良」顯然是一個現代合成詞，也是中國民眾在對一個人德性進行評價性表達常用的詞，如果給它一個簡單界定的話，就是一個人的良心善行（舉）。良心就是一個人的善心、好心。實際上我們在認識和評價一個人是否具有「善良」德性和品質時，往往是指其有無惻隱同情心和親愛博愛心。一個人善良首先是有這種出於惻隱同情基礎上的愛心，一個人有愛心才會對別人和萬物產生善意，因此，儒家講「親親、仁民、愛物」，就是這種推擴思維，「民胞物與」「天下一家」都是這種思想的進一步發展，但這一切推擴的原點、基礎都是人之初、性本善的那點愛心和善意。正是因為這種初心、善根的本源性和重要性，因此，慈悲心、同情心、愛心普遍受到世界各大宗教的重視，佛教講慈悲為懷、普度眾生，基督教講愛人如己，世俗教育也都特別重視「愛的教育」（既

〔註 7〕錢穆，《中華文化十二講》〔M〕，北京：九州出版社，2011 年，第 15 頁。

是教育名著書名也是教育理念），可見愛心或者愛情（廣義的）、善意或者良心實在是所有個人美德和人格的最根本的基礎。

人的德性或者品質是心與行的內外統一，人的愛心與善意是存於人的內心的，它需要也必然會表現於外在的行為中，這樣才能使別人感受到他的愛心和善意，那麼，一個善良的人必然有很多「善行」「利行」，這些才是一個善良之人的外在行為特徵。比如，一個有同情心的人看到別人的苦難肯定不會生出幸災樂禍的心態，而總會生出悲憫同情之心，就如孟子所舉孺子將入於井的例子。又比如，當人們觀賞影視劇時，看到悲傷的情節就難免流淚，如果在這時不僅不傷感反而發笑，那麼，這個人一定是「拂人之性」，是一個很可怕的惡人。這種同情心不僅對人是如此，還會擴展到萬物生靈，過去農村一些「善人」連螞蟻都不願踩死，這是因為在他們看來，螞蟻雖小，也是一條生命，這也與佛教不殺生、道家中之「慈」即反對武力傷害的思想是一致的。這種基於惻隱同情之心所生發出來的愛心善意，不僅會停留在心情與心意上，而必然會見諸實踐交往中的善行利行中。

善行一定是在人際利益關係中有利於他人，別人才會覺得你是一個好人和善人，因此，朱熹解忠為「盡己之謂忠」，而馮友蘭先生則將「忠」解為「盡己為人」為忠，「若只盡己而不為人，則不是普通所謂忠的意義。曾子說：『為人謀而不忠乎？』盡自己的力量為人謀是忠，否則是不忠。但若為自己謀，則無論盡己與否，俱不發生忠不忠的問題」〔註8〕。這即是說，任何一種善良必然是為人利人的，盡己就是主體必須有所付出和奉獻，其行為的目的是「為人」「利人」。因此，在生活中常見一些善良的人或者好人，總是一事當前，先替別人打算，樂於奉獻。這種利人之行有大有小，小的可見之於任何一種具體的善行中，見人吃力時搭把手，對別人的一個微笑和禮貌，大的功德如遇到災難時的救人財產性命、捐錢捐物，平時的助人求學、修橋鋪路、慈善公益，等等。更大的善行就是那些聖人如佛祖、聖雄甘地、馬克思等「為人類工作」。雖然奉獻巨大，但發心都是對人類生靈的那份愛心和善意。善行不僅是這種行為上的實際利益奉獻，一個人是否有愛心善意，人們其實在交往中都會感受到的，如能否彼此同情、相互理解和尊重，還是事事以個人為中心、自私自利。

善良除了具有這種正面的愛心善意外，還有其反面價值的限制，即一個

〔註8〕 馮友蘭，《新世訓：生活方法新論》〔M〕，北京：生活・讀書・新知三聯書店，2007年，第14頁。

善良的人首先是一個不害人的人，孟子有一句話說的就是這個意思，而且非常準確：「人能充無欲害人之心，而仁不可勝用也」（《孟子‧盡心下》）。這就是說一個善良的人首先要擴充自己的無欲害人之心，這樣愛人之仁愛感情就會不可勝用而愛心永駐。總之，從善良就是人的愛心與利行的角度看，它相當於傳統美德中的仁與忠在個體身上的凝結。

人為什麼要做一個善良之人？這個問題似乎與「人為什麼要行道德」有同類性，這正好證明善良在人的私德中的基礎地位，你選擇什麼你就是什麼樣的人，道德是人的尊嚴和人性的光輝，一個期求活出個人樣、不甘墮落的人自然會崇德向善，做一個善良的人在這種意義上不是為了什麼，而是我們自身自我完善、安身立命的需要。「平日不做虧心事，半夜不怕鬼敲門。」「君子坦蕩蕩，小人長戚戚。」做一個善良的人應該成為我們每一個人最基本的道德追求，否則我們就會變成壞人或者惡人。

做善良之人可能嗎？有人可能相信「馬善被人騎，人善被人欺」，這種現象在社會生活中也不能說絕對不存在，否則就不可能有這種感歎了，但是，中國文化或者中國人的主流價值觀還是相信「善有善報，惡有惡報，不是不報，時間沒到」，「禍福無門，唯人自召」。另外，行善積德並不是一個純粹的功利回報算計，更重要的是求得自己的心安即安身立命，因此，「吾欲仁，斯仁至矣」，「吾日三省吾身，為人謀而不忠乎？與朋友交而不信乎？傳不習乎？」（《論語‧學而》）做一個善良的人應該成為我們每一個人加強自己私德修養的首要追求。

二、論正直

善良與正直作為個人基本私德，已經寫進《新時代公民道德建設實施綱要》關於個人私德的表達中了：「推動踐行以愛國奉獻、明禮遵規、勤勞善良、寬厚正直、自強自律為主要內容的個人品德，鼓勵人們在日常生活中養成好品行。」〔註9〕這說明，此兩德是官方和民間共同認可的個人私德的重要德目。

那麼，什麼是正直之德呢？《周易‧坤卦‧文言傳》曰：「君子敬以直內，義以方外。」這句話的意思是說：我們要用恭敬心、敬畏心來規範我們的內心，要以「義」（合宜、恰當）來規範、約束我們的言行舉止。這也就是堅持道義

〔註 9〕　《新時代公民道德建設實施綱要》〔N〕，《人民日報》，2019 年 10 月 28 日第 1
　　　　版。

原則而不「枉道」即喪失原則，正如孟子所說：「枉己者，未有能直人者也。」（《孟子‧滕文公下》）一個有正直之德的人往往心有原則，行事合宜且正，直言快語、仗義勇為，不苟且、不奸詐、不諂媚、不凌弱。其反德用孔夫子提出的觀念表達就是「鄉愿」之人。「鄉愿，德之賊也。」（《論語‧陽貨》）鄉愿之人是什麼樣的人？孟子說：「非之無舉也，刺之無刺也；同乎流俗，合乎污世；居之似忠信，行之似廉潔；眾皆悅之，自以為是，而不可與入堯舜之道，故曰德之賊也。」（《孟子‧盡心下》）古之所謂鄉愿之人就是今天所謂的老好人，就是不講原則、不分是非、四面討好、八面玲瓏之人，孔夫子認為這種人實際上是道德的破壞者。為什麼呢？因為鄉愿之人不顧道義，一切行為都是在算計自己的得失，而且在外表上具有偽善性，這種人當然會破壞道德，而且在人際交往中是很危險的，因為其表面現象很能迷惑人，可到了涉及其利益時，他就會露出真面目而翻臉不認人。可見正直之德就是傳統「五常」中的「義」德在人身上的凝結。而「有義」「守義」在荀子看來是人區別於水火、草木與禽獸的根本所在，也是人之為人的根本，「義則不可須臾捨也，為之人也，捨之禽獸也」（《荀子‧勸學》）。

當我們把義與利相對時，當我們說「君子義以為質」「義以為上」時，這時「義」就代表整個道德，因此，在這種意義上也可以說「正直」就是對「義」的堅守，或者說是對道義或者正義的擔當與堅守。這可能是正直一德的質的規定性，其他的都是其行為表現。「宜者，義也。」韓愈在《原道》中說：「博愛之謂仁，行而宜之之謂義。」宜，就是善、正確或恰當，它是指對一切事物的裁斷合於節度，處理一切事物合宜，都被稱為「義」。

《墨子‧天志下》曰：「義者正也。」道家的《文子‧道德》也說：「正者義也。」總之，以「正」釋「義」較之以「宜」釋「義」，使「義」具有明顯道德意味的應然，而非寬鬆的「合宜」「恰當」。孔子的義，也明顯是一種道德意義上的正當，如在義利之間，他堅持「君子喻於義，小人喻於利」，「見得思義」，「見義不為，無勇也」（《論語‧為政》）。這都是把義當作「當為之事」或「道德上的標準」，而非考慮多方因素的「合宜」。道德上正當的、當為的一定是「合宜」的，但卻不能反過來說「合宜」的必然是正當的、當為的。因此，在現代漢語中我們常常用「正義」。

這種對正義的堅守與擔當可以體現在日常生活和具有重大義利衝突的不同場景，我們所說的「正直」一德多指一般人在日常生活中對道義的堅守。比

如，見得思義而不見利忘義，不為了自己的利益而巴結奉迎利益相關者，也不為了利益而出賣朋友，交友、處事均有原則而不是以私意為準。這種人是「靠譜」君子，而非姦佞小人。因此，孔夫子將益者三友的第一條就定為「友直、友諒、友多聞，益矣。友便辟，友善柔，友便佞，損矣」(《論語‧季氏》)。堅守義就可以做到富貴不淫、貧賤不移、威武不屈，這才是真正的大丈夫，也是立人之節、成德之基。正直一德更高的體現就是面臨義利嚴重衝突時的取捨，正直之人往往能臨難不驚，見義勇為，甚至殺身成仁，捨生取義，這種人我們已經往往已有「義士」「君子」「英雄」「聖賢」等不同層次的評價語去表達了。比如在抗擊諸如地震、水災等天災時，很多人積極投身奉獻、捐錢捐物，當別人遇到危難和困難時挺身而出、見義勇為、不怕犧牲，當在戰爭中個人生命受到威脅時，還能夠堅守道義，不叛變甚至以自己的生命去保守機密、維護道義，這些人就是我們所說的義士、君子、英雄。我們平常人在日常生活中也許很少碰到這種極端境遇，但這些人的高尚品質還是令我們高山仰止。這種人在臨變關鍵時期之所以有這樣的高尚義舉，就在於他們在日常生活中首先是一個堅守道義的正直之人。

同善良一樣，正直的人從正面價值看，始終表現出對道義、原則的內心信念與行為堅守和踐行，同時也包含不逾越、守規矩之意，同樣如孟子所言：「人能充無穿逾之心，而義不可勝用也。」(《孟子‧盡心下》)也就是說人如果能經常擴充自己的無穿逾之心，就會遵法度、守規矩，在原則問題上不可「枉道從利」，不可妥協，不可犧牲、拋棄道德原則，「窮不失義，達不離道」，這樣，義就不可勝用，會成為一位堅守道義的正直的人，甚至在面臨魚和熊掌、生與義不可兼得時而捨生取義，這樣的義士自然是正直之人的極至和楷模。

董仲舒認為，利以養體，義以養心，以仁安人，以義正我。我們每個人不僅要做一個有愛心的善良之人，也要做一個義以正我的正直之人，方顯人性的光輝和人格的尊嚴。在待人接物中以義相交，堅守原則，這樣不僅可以得人心，而且也是自己人生的安全閥。從積極義務的角度看，我們要但行好事，莫問前程。世事豈能盡如人意，但求無愧我心。做人，當：多行善事，積德積福；盡倫盡分，承擔天下道義；對所有人公平對待，不偏不倚，「無偏無黨，王道蕩蕩」(《尚書‧洪範》)；憂國憂民，利濟蒼生，「修己以安百姓」(《論語‧憲問》)，使「老者安之，朋友信之，少者懷之」(《論語‧公冶長》)；自覺增強義務意識，不斷提升人的道德境界。「孔子說：『德不孤，必有鄰。』」夫施德者貴

不德，受恩者尚必報；是故臣勞勤以為君，而不求其賞；君持施以牧下，而無所德。故《易》曰：『勞而無怨，有功而不德，厚之至也。』」（劉向：《說苑·復恩》）中國古人十分欣賞這種「厚道」的品格，把它視為人的一種美德。一般來說，正直之人必是厚道之人，因為他們懷義相交，厚德待人。

三、論真誠

「真誠」一詞表達個人私德，在現代中文語境中，似乎有更多的正面道德肯定的語感。「誠實」也有讚揚的意思，但似乎更為中性，我們不用「誠信」是因為「內誠於己，外信於人」，信是一個人的誠之心性和品質的外在發用，在現代社會雖然作為人際間的「信」德較之傳統社會變得更加重要了，但當我們這裡論及個人基本私德時，我們還是要首選「真誠」。

真與假相對，誠與偽相反，誠，就是「不自欺、不妄之謂也」，是真實、誠信、表裏如一，不偽善、不欺瞞，做老實人。真誠無妄，心口一致。言行一致，行為始終一貫。率性而為，做性情中人。既不欺騙別人，也不欺騙自己。這些可能是一個真誠的人的一般心性和行為的特徵。作為一種心性的內在德性，「真誠」就是《大學》所說之「誠意」，就是在內心深處保持真誠。意誠最主要是外不欺人、內不自欺、表裏一致，「如惡惡臭，如好好色」，強調思想動機的真誠、端正。

信與誠，在中國古代是互訓的，含義是相同的。許慎《說文解字》云：「誠，信也」，「信，誠也」。「誠則信也，信則誠也。」（《河南程氏遺書》卷二十五）正是因為誠與信的相通與相互依存，才使得誠與信逐漸演化為一個統一的道德範疇——誠信之德。所謂誠，就是不自欺，誠實無妄，表裏如一。所謂信，在古代最初是指在神前祈禱時，實事求是，不敢妄言，後來用在人際關係上，是指不說謊話騙人，能說必能行，內外相統一。所謂內誠於己，外信於人。誠是人內在的德性，信則是誠的外在表現。誠於中，必信於外。古人認為，誠是信的基礎，信生於誠，無誠則無信，如諸葛亮曾說「不誠者失信」（《諸葛亮集》卷三「便宜十六策·陰察」），張載說「誠故信」（張載：《正蒙·天道》）。

「誠」字一般指向內心，指一種真實、誠懇的內心態度和內在品質，而「信」則涉及自己的外在言行，涉及與他人的關係。單純的「誠」重心在「我」，是關心自己的道德水準，關心自己成為一個什麼樣的人；單純的「信」字則重心在人，是關心自己言行對他人的影響，關心他人因此將對自己採取何種態

度。「信」字有「誠」字所沒有的一種含義：這含義就是「信任」，「信任」就不是一己之誠，而是必須發生在至少兩個人以上的關係之中。在現代，比較強調信用的關係性和制度性，而不僅僅是個道德品質問題。

人有心性品質上的誠，必然發用體現為外在行為上的言行一致，這種言行一致可體現為以下方面：其一，對人言真實無偽，「無便曰無，有便曰有。若以無為有，以有為無，便是不以實，不得謂之信」（陳淳：《北溪字義・忠信》）。對人不可作無根之談，做到「君子之言，信而有徵」（《左傳・昭公八年》）。其二，說話算數，不可「口惠而實不至」（《禮記・表記》）。要嚴格踐約，不違背自己所許諾的諾言，「不食其言」，切不可「面諾背違」，「陽是陰非」。其三，常常「言顧行，行顧言」（《中庸》），言行一致。所以朱熹對信又作了這樣的說明：「信是言行相顧之謂。」（《朱子語類》卷二十一）朱熹弟子陳淳曾說：「信有就言上說，是發言之實；有就事說，是做事之實。」（《北溪字義・忠信》）信不僅要求人們說話誠實可靠，而且辦事也誠實可靠。孔子說：「信以成之，君子哉！」（《論語・衛靈公》）便是對事而言。做事之誠即全神貫注，用盡心力，實際上就是「敬」，因此，我們經常誠敬連用，有真至精神是誠，常提起精神是敬。朱熹曾說：「凡人立身行己，應事接物，莫大乎誠敬。誠者何？不自欺，不妄之謂也。敬者何？不怠慢，不放蕩之謂也。」（《朱子語類》卷一百一十九）

真誠是一個人私德的基本要素，能夠真誠地對待自己，才能「仰不愧於天，俯不怍於人」（《孟子・盡心上》），心安理得，活得坦蕩。只有自己真誠，才能感動人，吸引人，受人尊重，因為真誠就是一種道德力量。《中庸》認為，「不誠無物」「至誠不息」，「自誠明，謂之性，自明誠，謂之教」，思誠修誠是一個人修養之要務，「唯天下至誠，為能經綸天下之大經，立天下之大本，知天地之化育」。「誠者，天之道也；思誠者，人之道也。」文明要求人效法天道，回歸真誠無妄，即「反身而誠，樂莫大焉」，唯有誠，才能悅親有道，行善有道，才能有真仁真義，無誠必然是假仁假義。

由於真誠在人的私德和品質中也是一個最基本的因素，它和善良、正直一樣都是做人的基本道德底色，因此，各民族文化都特別重視這一品德的教育和塑造。生活在中國文化環境裏的很多人，在兒時可能都聽老祖母或者自己的媽媽講過「狼來了」的故事吧！這個故事寄託著父母親祖對子孫要成為一個誠實的人的道德期待。《論語》記載說：「子以四教：文、行、忠、信。」（《論

語・述而》）信被列為四教之一，可見其備受重視。老百姓也經常說「君子一言，駟馬難追」，「海嶽尚可傾，一諾終不移」等，這些都是對誠信作為人的基本私德的重視。誠信為立身進德修業之本。子曰：「人而無信，不知其可也」（《論語・為政》），「信則人任焉」（《論語・陽貨》）。「人不信實，諸事不成」（石成金：《傳家寶》卷一「從事通」），「言非信則百事不滿（成）」（《呂氏春秋・貴義》）。朱熹把忠誠、講信用看作人安身立命的根本，不如此，便失去了做人之道。他說：「人道惟在忠信，不誠無物。人若不忠信，如木之無本，水之無源，更有甚底。一身都空了。」（《朱子語類》卷二十一）陸九淵把誠信看作人區別於動物的重要標誌，人不講誠信，就和動物無異。「人而不忠信，何以異於禽獸者乎？」（《陸九淵集・主忠信》）

現代社會是陌生人社會，現代經濟是契約經濟，現代生活也變得日趨複雜化，這一切都特別需要社會誠信與信任，試想現在的網絡經濟如果沒有誠信，如何能夠存在與運作？因此，現代社會不僅需要誠信之德，而且需要通過制度和技術建立誠信體系和機制，但這一切背後還不都是人在做嗎？正如前面所說，信是以誠為基礎的，因此，培育人們的真誠美德不但是基礎，而且是永恆的主題。

四、論儒雅

「儒雅」表達私德，與「文雅」類似。「文雅」因文而雅，「腹有詩書氣自華」，但較之「儒雅」似乎多了些文化的智力要素之感，而「儒雅」約定俗成，使人聯想這種雅是由儒家這個強調道德為本的學派所塑造的一種人格特質，不僅強調了德性的內涵，而且具有中國特色。因此，用「儒雅」比「文雅」更準確些。其實文化與道德本就是一種屬關係，文化的核心與靈魂就是道德，因此，在這個意義上二者的表達並沒有本質的區別。

具有儒雅品質與氣質的人是什麼樣的？這表現在他們的言談舉止、穿著打扮、待人接物都體現出有禮、委婉、文雅從而凝結其身形成一種氣質，並給人留下一種綜合的文明印象和美感。由於他們胸有文墨，因此，說出來的話總是有文采、有趣味，文明禮貌、恭敬待人。他們的舉止即態勢語言總顯得很有修養，即坐得正、站得直、行如風，行為有矩守禮，有自我控制感，不會讓自己的行為給別人帶來麻煩和不適。他們的穿著打扮總是那麼得體，符合文化時尚，體現對別人的尊重，注意自我形象，善於根據不同季節和時間場合，穿出

自己的文明與風格來，即使是小的配飾，也別具匠心。正如孔子所說：「君子正其衣冠，尊其瞻視。」（《論語·堯曰》）穿衣並不是一味追求奢侈豪華，而是「衣錦尚，惡其文之著也」（《中庸》），崇尚樸素與低調。他們待人接物總是奉行恭敬、辭讓的禮的精神，尊人卑己，克盡倫分，客氣有禮。甚至，他們還有非常優雅的個人愛好和健康的生活方式，比如，琴棋書畫、品茗插花等，這樣的人顯然是具有儒雅之品性和氣質的雅人與雅士而非俗眾。一位儒雅有修養的人可能既有外在風度又有內在涵養，德性就是這種內外的統一。

顯然，這種儒雅品質、氣質的來源自然是全部文明與「禮」德經過主體學習修養而在其身上的凝結。孟子說：「辭讓之心，禮之端也」（《孟子·公孫丑上》），「禮之實，節文斯二者（仁、義）是也」（《孟子·離婁上》）。《禮記》說：「禮儀之始，在於正容體，齊顏色，順辭令。」（《禮記·冠義》）在中國古代，禮的要求遍及社會生活的各個方面。正如荀子所說：「衣服有制，宮室有度，人徒有數，喪祭械用，皆有等宜」（《荀子·王制》），「容貌、態度、進退、趨行、由禮則雅，不由禮則夷固僻違，庸眾而野」（《荀子·修身》）。「有禮者敬人」，而「敬人者人恒敬之」（《孟子·離婁下》）；禮是教導人在言行舉止上有合宜的行動，達於時時事事皆中節的中庸境界。禮對於個人來說是其全部文化與道德修養的外在體現，對於人際來說，它是對別人的尊重與謙讓，因此，顯然是一種文明與教養。

現代社會有很多反文化的現象，以說話粗魯、行為無矩為時尚風俗。穿衣打扮，追求露、透、少，硬是要把一個好衣服挖個洞才顯得新潮和酷，有的是內衣外穿，有些人穿衣服竟連隱私線都暴露無遺，有的人在公開場合和自媒體平臺穿的之少被人批評為幾乎到了軟色情的程度。在人際交往中，有的人缺乏基本的恭敬和辭讓精神，對長上、對別人無論言談舉止都沒有表現出應有的尊重。比如，晚輩稱自己父母為「老爺子」「老媽」；在公共生活中不是禮讓而是爭搶；在大眾生活與文化中人們盡力在滿足和發洩自己感官性的欲望，如暴飲暴食、追求外在刺激，而很少關注自己的精神世界和內在修養。這諸種現象都與我們中國文化的禮儀之邦和君子之道的價值取向相反，難道這就是現代化嗎？固然，在現代社會中，這種現象並不違法，按照現代自由主義的思想理念，現代社會似乎人們只要不違法，公民就可以做他想做的事，但是，作為一名文化與倫理學工作者，如果對這種現代文化的粗俗化不進行反思批判的話，公序良俗將日趨墜落，儒雅之士將越來越少，顯然有損於禮儀之邦的文明形

象，也無助於中華民族整體道德素質的提升。因此，在當前培育個人私德的過程中，還是應該弘揚傳承我們的禮文化，努力培養儒雅之士。

儒雅之士的現代培育，首先要求我們在觀念上正本清源，撥亂反正。分清什麼是野蠻與文明、文化與反文化、文雅與粗俗、自由與教養、個性與良俗公序，如果不對這些在觀念上加以釐清，就會喪失培育儒雅守禮之士的良好社會環境，就會潛移默化地消解道德和文明。在現代社會中這只能靠社會輿論的正確引導而不能強制。當然，這其中也有質和量的規定性，比如在公共場合穿得少、露、透可能被看作是失德或者不雅，但如果是裸體，即便在西方也會被警察抓起來。有的人以行為粗俗為美，有的人以奇異個性為美，這些都體現出對保守主義的文化態度的反動。我們並不是要一味地復古，而是要增強文化與文明意識，以個體的儒雅品德彰顯文明、文化和禮儀之邦的風範。

五、論溫和

溫和，是儒家追求和諧的文化精神在主體人格身上的體現，一個人溫文爾雅到極致可能就具有某些儒者氣象了。

追求和諧是中國傳統人生與道德智慧的價值目標，除了追求人與自然的和諧、人自身的身心和諧外，重點在於追求人和。倡導「和為貴」是中國傳統倫理道德的一大特色和精華。文化培育人格，長期生活浸潤在這種文化環境裏的人，如果學習、認同並踐行了這種和諧價值觀，那麼，久而久之，自然就會形成一種溫和而不暴戾的性格。

那麼，什麼是溫和之德呢？筆者曾撰有拙文《論和德》，指出：「人的道德品質是一種經常的、持久的行為方式，是主體身上體現出來的某種境界和精神氣象，以此而思考公民之和德，筆者認為，它主要體現為：公民主體自我修養的中庸溫和；公民在人與人之間的友善親和；公民在組織與團體生活中的團結求和；公民在社會生活中的守禮達和。中庸、友善、團結、守禮是和德在公民行為方式上的體現，也可作為社會建設和德的主要行為準則和善惡評價標準；而溫和、親和、求和、達和就成為公民和德的一種修養境界、性格特點。」〔註10〕中庸溫和是性格，而友善親和、團結求和、守禮達和則是這種中庸溫和性格在人際、團體、社會生活中的行為發用和體現。當我們在分析個人私德的時候，應著力分析其主體心性或者德性的內涵。

〔註10〕肖群忠，《論和德》〔N〕，《光明日報》，2005 年 2 月 22 日第 8 版。

溫和之德的根本就是中庸的思維方法、行事風格和人生境界。「中庸」最早見於《論語》。孔子說：「中庸之為德也，其至矣乎！民鮮久矣。」（《論語·雍也》）中庸之道在孔子那裡是指行為的恰到好處，這是道德實踐的最高境界，也是實行道德的最好辦法。據宋儒說，不偏不倚謂之中，恒常不易為之庸，中就是適度、適宜、恰當，中就是合乎禮的無過無不及，是價值標準。「庸」為對「中」的固守，庸有「用」和「常」兩種意思，因此，中庸也可解釋為「用中」。中庸作為人的一種德性，在任何時間、地點、場合、境遇都能夠使自己的行為得體，處事得當，也就是「中行」，「言必當理，事必當務，是然後君子之所長也。凡事行，有益於理者立之，無益於理者廢之，夫是之謂中事。凡知說，有益於理者為之，無益於理者捨之，夫是之謂中說」（《荀子·儒效》）。具有這種中行之德的君子，行事不偏激，這種用中的精神，本質上是對禮義道德的奉行，「居仁由義，自然心和而體正。更要約時，但拂去舊日所為，使動作皆中禮，則氣質自然全好。《禮》曰：『心廣體胖』，心既宏大則自然舒而樂也」（張載：《經學理窟·氣質》）。有了這種修養，必然在性格上就會具有一種圓融溫和的儒者氣象。他們遇事冷靜，待人溫和，能容乃大，心態和平，不固執己見，兼容並蓄，彼此唱和，美人之美。「和」是生命之本，「和」需要清除貪念，不貪常清靜，萬物自和諧，溫和之人較少因人際關係而產生如氣憤、苦惱、抑鬱等不愉快的情緒，即使偶而有之也會因為自己的德性而能克服之。中和的實質是「發乎情而下乎禮義」，「能以中和理天下者，其德大盛；能以中和養其身者，其壽極命」（董仲舒：《春秋繁露·循天之道》）。中和或者溫和，既是個人私德有修養的表現，也是一種很高的人生境界，必然使人能達到「富潤屋，德潤身，心廣體胖」的良好效果，實現「仁者壽」的健康幸福人生。

六、論豁達

豁達，顯然是一種智慧和覺解滲透在人身上的氣質凝結，反過來說，一個人如果沒有高度的人生與道德智慧和高遠的人生覺解，是很難達至真正的豁達的。

「世事洞明皆學問，人情練達即文章。」人要形成豁達的私德和性格，肯定離不開道德智慧和人生智慧。道德是一種實踐理性和實踐智慧，它告訴我們如何過一種善和幸福的生活。如何正確地行動？要做什麼樣的人？應該履行

什麼樣的義務？要具有何種美德？這些問題的解決離不開人生實踐、價值觀選擇，也離不開人倫關係的處理和自己的修身養性與安身立命。我們認為「道德智慧」的內涵或主要內容可以概括為以下四個方面：人生覺解、價值澄明、知世明倫、修身立命。人生大道的覺解，可以從根本上決定我們人生實踐中的基本價值取向和道德選擇。一個追求道德智慧的人，總是要能夠分清是非善惡，才能稱得上有道德智慧，這就是價值澄明。知世故、明人倫是道德智慧的又一重要方面。所謂「人世」也就是人與人組成的現實社會的人倫關係，道德智慧無非是一種審時度勢、善處人際關係的明智。知世故要求人們能夠審時度勢，知先後、掂輕重、擇緩急，體現為實踐過程中的明智恰當。「識時勢」就是通常所說的「審時度勢」，也即道德主體在行道過程中對於「道」之行與不行的現實性及可行性的客觀條件的判斷。所謂「明人倫」就是要求我們瞭解自己與他人、環境的關係，善識人。「知人者智，自知者明。」（《老子‧第三十三章》）具有自知之明，正確地認識自己，被儒家看作比「使人知己」「知他人」更為高明的德性，儒家將之視作君子的基本德性之一。這一見解與儒家強調的「反求諸己」思想是一致的。知己是道德智慧的認識活動，而修身則是道德智慧的實踐活動。要改變世界先改變自己，心外無物，反求諸己，這樣才能遇事想得開，放得下，從而也能真正地素位而行，安身立命。

以上所說的道德智慧是一個人具備了豁達的認識與智慧前提，真正的大智慧必然是道德的覺悟、人生的大覺解。凡是豁達的人不僅是認識上清楚，關鍵還在於態度和行為上能夠真正放得下。在面臨義利、人際、群己衝突時能夠放棄自我利益，在順逆、榮辱、名利、進退甚至生死考驗面前也能從容對待，那才是一個真正豁達的人。比如，孔夫子就其個人一生的命運來看並不是很順，為了傳道可謂是顛沛流離，困於陳蔡之間，但他仍能絃歌不斷，這才是真正的豁達。顏淵也是「一簞食，一瓢飲，在陋巷，人不堪其憂，回也不改其樂」（《論語‧雍也》）。這種「孔顏之樂」不僅是儒家樂觀主義精神的體現，也是二聖豁達人格的再現。

我們生活在世俗社會的常人只要學習儒家的道德智慧和人生智慧，就可能成為一個豁達的人，不必像莊子這位大隱士那樣「齊彼是」「齊是非」「齊善惡」，因為他在山中獨自隱居，在一定意義上已經脫離了世俗生活，自然是非善惡對他來說已經不重要了，可是對於我們生活在世俗世界裏的人來說，豁達並不是不分善惡是非，一味做和事佬，否則就是前面所說的「鄉愿」之人。但

莊子的思維方法對我們無疑還是有一些啟迪和參考價值的。一個人要豁達，想得開、放得下，就不能太較真，大是大非有原則，小是小非則要「難得糊塗」。莊子追求精神的自由和超脫的精神境界對於我們想要成為豁達的人也是有啟迪價值的。要獲得這種精神自由，人就要從追逐名利和恐懼死亡的雙重精神枷鎖中解脫出來，達到「忘物我」「齊生死」的精神境界。功名利祿，都是過眼雲煙，人們要從思想上放下並看輕這種外在的功名利祿，獲得精神的自由，自然無為，無求無待。「寵辱不驚，看庭前花開花落；去留無意，望天外雲卷雲舒。」「死生，命也，其有夜旦之常，天也。人之有所不得與，皆物之情也。」（《莊子‧大宗師》）佛教也教人參透生死、看破紅塵、放下一切，這種基於宗教覺解的豁達，雖然不是常人都能做到的，但卻是我們培育自己豁達品性時的一種思想資源。

一個豁達的人不會那麼斤斤計較，不會那樣小家子氣，會對別人很包容，嚴以律己，寬以待人，從而善處人際關係；會有大覺悟、高境界，既利於人，又利於自己人格的完善和境界的提升。顯然這是人的一種個人美德，我們每個人都應在人生長河中努力培育養成。

結語

上面分別論述了個體私德的六種基本德性，從總體上看，就是古代儒家所說的「五常」加「和」德，即仁、義、禮、智、信、和，也許這樣講更容易認知與記憶。之所以給出了不同的排序，是有思考邏輯的，主要立足於這幾種德性在現代人生活中的重要性，仁與義居於首、次，這是符合古今道德生活的內在規律的。《易傳》有言：「立天之道曰陰與陽，立地之道曰柔與剛，立人之道曰仁與義。」我們在生活中會經常「仁義道德」連用，說明仁義是全部道德的核心與靈魂，這兩種道德凝結在個人身上主要體現為「善良」與「正直」，而這也是一個人私德中最重要的品質。之所以把「真誠」排在第三位，是因為在筆者看來，「信」在現代生活中其重要性較之古代社會更重要了，要建立現代誠信社會，也需要不斷加強個人私德方面之「真誠」品質的培育。

如果對上述六種基本私德再進行另一角度分析的話，可以說前三德具有更多的人際間的內投射性，而後三者則較多地呈現為一種外投射性。這裡的意思是說，無論是「善良」「正直」還是「真誠」，都是主體做出了某種有利於他人的行為，而別人對其評價為具有這種品質，也正是上述錢穆先生所說的德性

的概念，即出於心性發自於外又回到心性。而「儒雅」「溫和」「豁達」這一組德性則大多呈現為主體對外在的文化與文明成果經過主體的積極學習與掌握，對人生的認識與覺解而在自己身上形成的一種內在素質、行為風格和人生境界，因此，我們覺得它具有相對於前三個德性的內投射性（由內而外），而它的特點稱為外投射性（由外而內），這樣也有助於我們進一步掌握這幾種德性的基本性與普遍性及其邏輯聯繫。

如果說「真誠」是人的內在心性之德，而「儒雅」則是人的外在行為文明。傳統中國，儒家文化以和諧為價值觀，以追求和諧有秩序的社會為理想，文化塑造人格，這種文化長期浸潤，必然在主體身上形成「溫和」之個人美德。把「豁達」放在最後，是因為這種德性是智德在人身上的凝結，智慧或者道德能力，是對實質德性的一種支持性精神資源，雖然在道德生活中是不可或缺的，但智力智商只有投射運用到道德上，才能夠成德，如果僅僅為智，那也可能成為算計、心計、權謀、狡詐等。當然它如果與道德結合，就成為一種「道德智慧」，從而成為德性，如果再上升為「人生覺解」，那就更是一種大智慧、大境界了，但較之前五者而言，就德性本身來說它畢竟不是那麼純粹，但又是道德所不能離開的，因此，將之放在最後。各大宗教都是強調德智雙修，但必須是智與善、與德的結合，否則便是奸智，不僅不能為善，而且會助惡。

本文將這幾個德目視作個人私德的基本德性，暗含了傳統「五常」之德與和諧的精神，「常」者，恒常、普遍之意，和諧則是儒家的基本價值觀與理想，這正說明，人類道德生活是有其古今不變、延續傳承的基本價值的，另外，也證明古人「五常」與和諧的概括是精準的，是具有跨越時代的精神價值的。

原載《倫理學研究》，2022 年第 3 期